How-nual Shuwasystem Industry Trend Guide Book

図解入門
業界研究

最新 コンサル業界の動向とカラクリがよ〜くわかる本

業界人、就職、転職に役立つ情報満載!

[第5版]

廣川 州伸 著

秀和システム

はじめに

みなさんは、「ChatGPT」に代表される生成AIを活用しておられますか。

生成AIはクライアントの業界に関わる重要な課題ですから、コンサルタントもひとごととするわけにはいきません。実際、生成AIによるパラダイムシフトはコンサル業界にも及び、筆者も生成AIの持つ意味について深く掘り下げておく必要を痛感しました。

そこで2023年のゴールデンウィーク中、1日2〜3時間ほど、毎日、生成AIとの対話を試みました。その内容は著作権の関係で提示することはできませんが、生成AIには長所と短所が混在していました。ただ、筆者の結論としては「少なくとも2025年まではは生成AIはコンサルタントの脅威ではなく、むしろチャンス」だと感じています。生成AIが苦手なことでコンサルタントが得意なことは、まだ残されていました。

本書では、激変するビジネス市場の本質をとらえ、自ら変革を進めるコンサルタントの心得から、コンサル業界の動向などマクロの課題まで、幅広く解説しています。特にビジネス環境の激変について掘り下げた第1章は、コンサルタントを目指す人も、すでに現場で活躍されている人も、またコンサル以外の業界にいるみなさんにも参考にしていただけると思います。

私たちはいま、変化の真っただ中にいます。2016年以降、世界は5つの激震により、人類史上初めてといっていい変革の時代を迎え、根本的な対策が求められています。しかし、それは類いまれな難題ではあるものの、実力のあるコンサルタントにとって大きなチャンスでもあります。

コンサル業界に興味を持ったみなさん、本書を通してぜひ、激変の背景を理解し自ら考え、それぞれの業界で、どんな戦略、どんな仕組みを使ってイノベーションを起こせるかを検討してください。そして、2026年以降にやって来る新しい景色を一緒に眺めてみませんか。きっとステキな未来図が広がっているに違いないのですから。

2024年2月　ビジネス作家　廣川州伸

コンサルの仕事で幸せになれる人、なれない人

コンサルタントになるために、特別な資格は必要ありません。自分で「コンサルタントです」と名乗ればなれます。だからといって、誰でもコンサルタントの仕事ができて顧客から信頼され、仕事で幸せになれるわけではありません。どんな職業でもそうですが「向き・不向き」があります。

コンサルの仕事で幸せに慣れる人

この本を手にとったあなた

□コンサル業界に、とても興味関心がある
□社会や経済の出来事にも興味関心がある
□人や社会の役に立ちたい気持ちが強い

↓

第１の関門

■資料についての習慣
※疑問に思うことがあれば本や資料を集めて調べることが苦にならない

第２の関門

■考える人になる
※課題に対して感性的な答えだけで済まさず、深くじっくり考えることが好き

第３の関門

■コミュニケーション
※自分の考えや思いを整理し、わかりやすく他者に伝えることが得意だ

第４の関門

■アントレプレナーシップ
※いずれ独立し、起業して自分の考えている事業を立ち上げたい

↓

ゴール

■コンサルタントになろう～最初はコンサルティングファームに入り、転職を重ねて、自分の道を進もう

この本を読むと得られるナレッジ

□ここ数年、コンサル業界はなぜ激変したのか、その背景
□コンサルタントになるリスクには、どんなものがあるのか
□コンサルタントは、生成AIと上手く共存していけるのか
□コンサル業界の全体構造と個別ファームのポジショニング
□コンサルタントになれる人の特徴と、必要なスキルの内容
□一流クライアントが求める一流コンサルタントの必要条件
□最新ICTのポイントと、求められるコンセプトデザイン展開
□コンサルタントになったら実現する自らのキャリアプラン
□経済産業省が心配する2025年の崖とコンサルのスキル
□政府が掲げるSociety 5.0の社会とコンサルタントの関係
※以上の中で3項目以上に興味があれば本書は役立ちます

最新コンサル業界の動向とカラクリがよ～くわかる本［第5版］

第3章 激動を超えて躍動するコンサルタント

第4章 コンサル業界の戦略論

第5章 コンサルファームの実態

資料編 平成30年間の総括

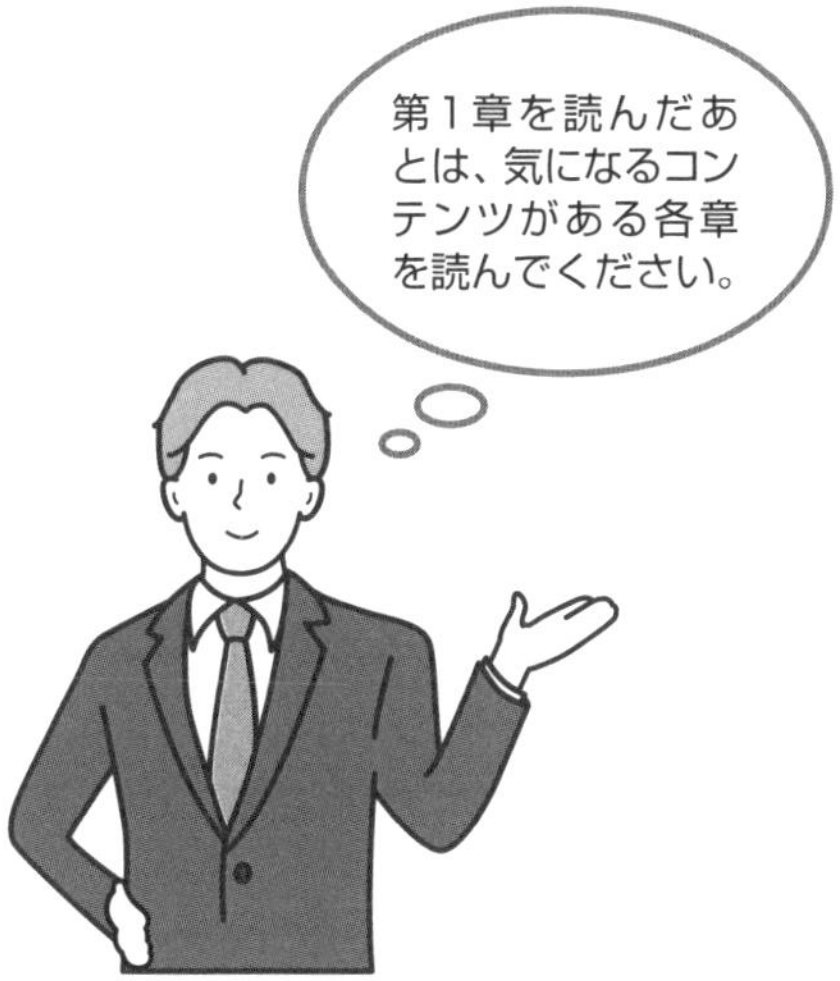

第1章を読んだあとは、気になるコンテンツがある各章を読んでください。

コンサルタントになろう！

コンサルタントのキャリアプラン（コンセプト図解）

コンサルタントは事業を推進するディレクターであると同時に、市場を創造するプロデューサーでもある。

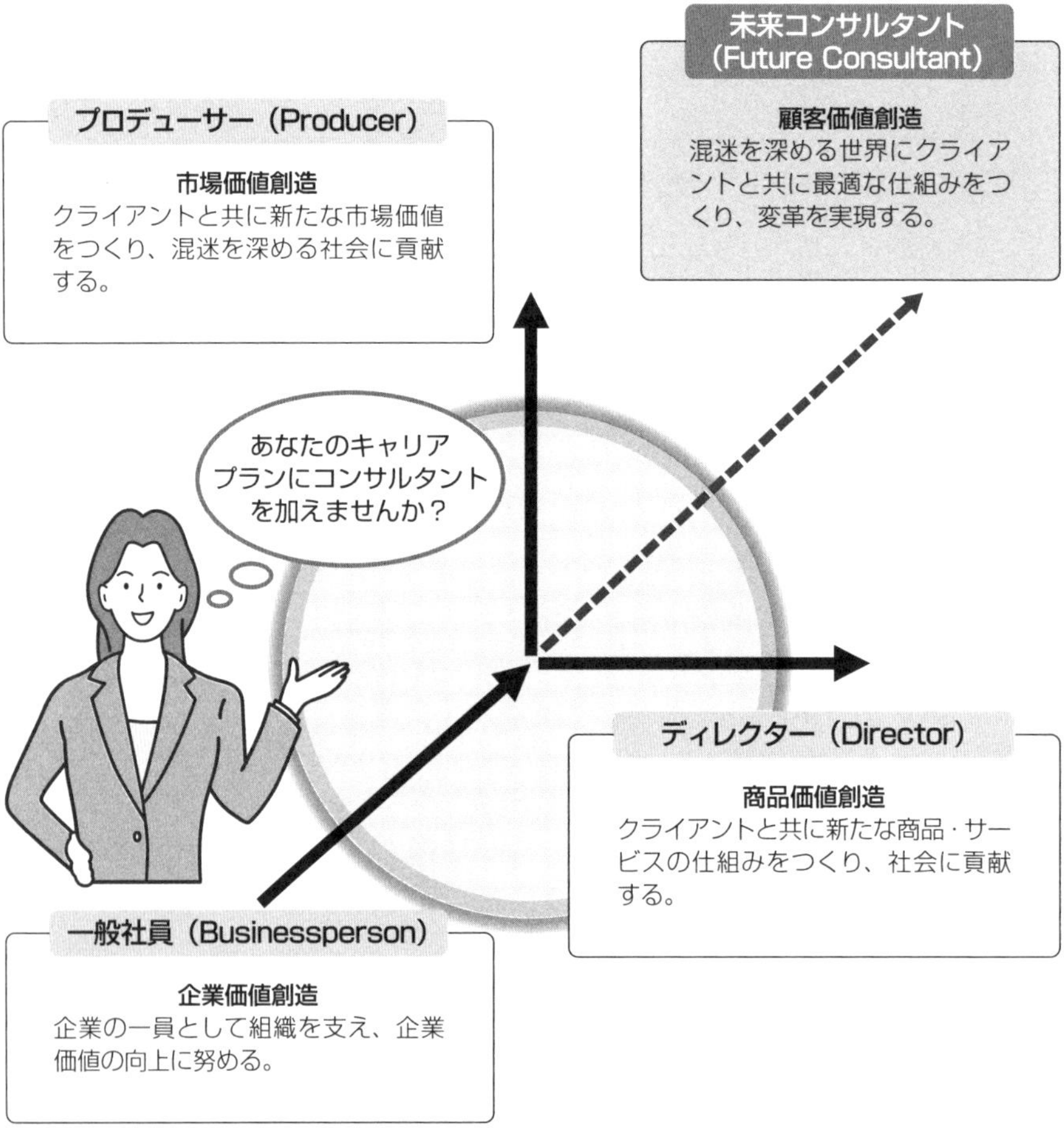

未来コンサルタント（Future Consultant）
顧客価値創造
混迷を深める世界にクライアントと共に最適な仕組みをつくり、変革を実現する。
プロデューサー（Producer）
市場価値創造
クライアントと共に新たな市場価値をつくり、混迷を深める社会に貢献する。
あなたのキャリアプランにコンサルタントを加えませんか？
ディレクター（Director）
商品価値創造
クライアントと共に新たな商品・サービスの仕組みをつくり、社会に貢献する。
一般社員（Businessperson）
企業価値創造
企業の一員として組織を支え、企業価値の向上に努める。

第1章

コンサル業界激震の背景

まず、コンサル業界に激震が走っている「背景」について、コンサルタント目線で考えていきましょう。

ここ数年のコンサル業界で起きたトピックを知ることは、すでにコンサル業界に身を投じている人には、新たな時代にチャレンジするためのモチベーションになるでしょう。これからコンサルタントを目指す人には、最高の人生を手に入れるためのインセンティブになるはずです。

第１章から読むことをおすすめしますが、先にコンサル業界の基本的な仕組みや事業活動を網羅的に知りたい場合は、第２章から読み進め、最後に第１章を読んでください。先の見えない時代には、ともかく始めてみることが重要です。

Section

1-1 コンサルタントの変質

コンサル業界の激震

時代が変わると企業の成功要因も変わります。10年前の成功戦略も、いまでは有効に働かないこともあるでしょう。そこでコンサルタントの出番となります。

コンサルの仕事が変わってきた

かつて、**コンサルタント**といえばクライアントにとって「指南役」「指導者」「先生」でした。コンサルタントは特別な知識を武器に、これから進むべき方向を示すと共に、どのようなプロセスで進めば目的を達成できるか、明確に示してくれる存在だったのです。

今日でも、そのようなコンサルタントは多く残っていますし、**コンサルファーム**＊の中でもトップクラスはカリスマ的な魅力を持って、クライアントを成功に導く貴重な指南役です。しかし多くのコンサルタントはいま、上から目線ではなく、クライアントの目線に近づいています。そして、クライアントの経営陣に「寄り添う」タイプ、目標に到達するプロセスを「並走する」タイプが増えてきました。

これはビジネス市場が、コンサルタントがズバリと定義できるような単純な構造から、とても一言では表現できない複雑な構造に変化していることも大いに関係しています。

コンサルタントは、過去の成功事例を調べて法則性を見いだすことで「指南役」としての権威を保ってきました。ところが、ビジネス市場が複雑になるにつれて、10年前に**エクセレントカンパニー**であった企業の知見が「時代遅れ」になってしまい、コンサルタントの指導で進めた事業が成功しにくいという現実に直面したのです。

そこでコンサルファームは具体的なコミットメントを掲げ、事業推進プロセスにまで気を配り、そこにも積極的に関わることで、成功の確率を高めていきました。

激震の背景にあるもの

ビジネス市場がデジタル化の進展で大きく変化していく中、コンサル業界は、それを「チャンス」だととらえてき

Term **コンサルファーム**　コンサルティングファーム（コンサルファーム）は、事業戦略や業務改革、システム構築など、企業の経営課題に対して解決までに導く企業のこと。ファーム（farm）は「農場」から転じたもので、ビジネスでは「会社」「企業」の意味となる。

ました。どのように対応すればいいかと迷っているクライアント企業のドアをたたいて、「私たちに戦略立案をサポートさせてください」と申し出ました。

特に経済産業省が「**2025年の壁**」なるものを公言したことで「うちのDX対応は大丈夫か」と考えたとき、多くのクライアントは、自社の情報システム部門だけで対応するのは無理があると感じていました。

コンサル業界に戦略や組織変更の指南を頼む場合、クライアントには「自社で進められないことはないが3年はかかる」「中途採用でナレッジのある人材を補強するとコストが合わない」という課題がありました。ビジネス環境の激変に対応するには、少なくとも最初の1年間は、コンサルタントの支援を仰いだほうが時間とお金の節約になります。

ビジネス市場のパラダイムを変える「チャンス」は、DX対応だけではありません。

冷静に世界市場を俯瞰《ふかん》すれば、2016年以降、すべての大手企業は、業種を問わず、社会の構造そのものが根本から変化していくパラダイムシフトの時代を生きています。自力で対応できる企業は限られています。多くの企業が、知恵と時間の短縮を求めてコンサルファームに頼ったのです。

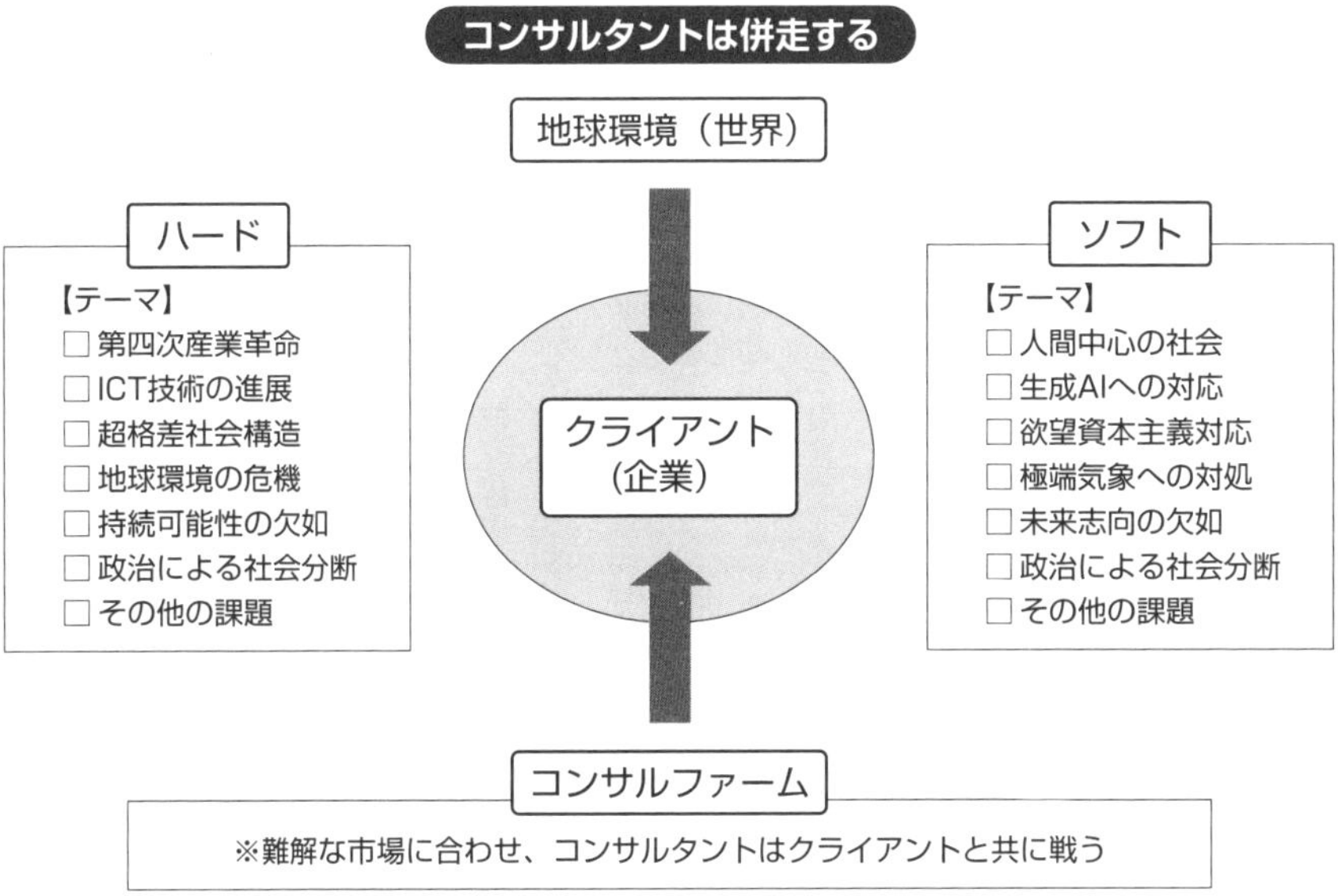
コンサルタントは併走する
地球環境（世界）
ハード
【テーマ】
□第四次産業革命
□ICT技術の進展
□超格差社会構造
□地球環境の危機
□持続可能性の欠如
□政治による社会分断
□その他の課題
ソフト
【テーマ】
□人間中心の社会
□生成AIへの対応
□欲望資本主義対応
□極端気象への対処
□未来志向の欠如
□政治による社会分断
□その他の課題
クライアント
（企業）
コンサルファーム
※難解な市場に合わせ、コンサルタントはクライアントと共に戦う

Point

変化への適応　進化論の創出で知られるダーウィンは語った。この世界で生き残るのは、最も強い種ではなく、最も変化に適応できた種だ——。コンサルタントは、クライアントがニーズや経営環境の変化に柔軟に対応できるよう支援している。

Section

1-2 ベンチマークのないDX

コンサル業界激震の背景① （2016年～ 第1の波）

2016年以降、大手コンサルファームはデジタル化投資ニーズに支えられ、IT人材を大量に採用。自らDXを実施し、その知見でクライアントに食い込み成長を遂げました。

■これまでの教科書が通用しない

コンサルファームは、経営に役立つ考え方、戦略をクライアントに提示するため、これまでは市場における「エクセレントカンパニー」を**ベンチマーク**＊し、そこにある成功法則を発見。その知見を結集させて蓄積したノウハウをもって、クライアントを成功に導いてきました。

しかし、そのコンサル手法が成立するには、市場の構造自体が「激変しないこと」が重要な条件となります。

例えば、一般的に「コンサルファームは不況に強い」と信じられてきました。それは、不況にもかかわらず成長している企業の事業を調べ、そこから多くのクライアント企業が真似したい経営戦略などを導き、それを指導することができたからです。

クライアントに必要な知見を提供できれば、不況下でもコンサルファームのビジネスが成り立っていました。

ところがその手法は、例えば第三次世界大戦に突入して国家が非常事態宣言を発令し、経済がどうにもならない状態になったときには、まったく通用しません。

同様に、例えば新型コロナウイルスによるパンデミックがあれば「指南できるコンサルタントはない」ことになります。なぜなら、ベンチマークしてきた企業事例も「まったく新しい事態」には対応していないからです。

デジタル化が進んでAI（人工知能）の能力が人間の能力をはるかに凌駕《りょうが》する現代の市場にも「前例となるベンチマークすべき企業」は、ほとんどありません。

これまでと同じことを前提に経営を進めていたら、知らず知らず別の方向に進んでしまうということもあります。教科書やマニュアルの類いは参考程度にとどめ、内容を精査することが課せられる時代になりました。

Term **ベンチマーク（benchmark）**　本来は測量で利用する水準点を示す言葉。転じて金融、資産運用の指標銘柄など、比較に利用する基準を指す。マーケティングでは、企業の経営手法を観察して普遍的な「成功への基準」を発見することで、自社が目指す競合他社の意味合いで使われることも多い。

■DXの有効性を自ら実証する

私たちはいま、人類史上「初」の大きな分岐点に差しかかっています。2023年まで、私たちの仕事や人生では、どこかに必ず未来に進むための「知見」がありました。歴史に学び、分析手法に学び、行動原理を学び、小さな失敗を糧として未来へと備えてきました。

しかし、その知見をまとめた教科書が、いま、役立つのかどうか不確かになっています。それが「本当に役立つか」と考えたとき、「初めてのことなので、よくわからない」というのが正直なところです。

そこで心あるコンサルファームは、DXが有効かどうか、自らの会社で試してみることにしました。クライアントにDXを勧めるためにも、まず自社スタッフがDXに取り組む。そこで得られた知見を、これまで外部のエクセレントカンパニーをベンチマークしたように詳細にチェックし、仮説を立て、スピーディに実証しながら、クライアントに役立つスキルやツールの知見をまとめる、という戦略を立てました。教科書を自作自演でつくり始めたのです。その結果、コンサルファームは内部にデジタル化に詳しい人材が必要となり、どんどんスタッフが増えていきました。

世界を襲った5つの激震

【2016年～】第1の波
DX Shock
➡「2025年の崖」を乗り切るためのデジタル化による改革が必須となる

【2018年～】第2の波
Sustainability&Climate Shock
➡SDGsを実現するため、特に気候変動リスクへの対応が必須となる

【2020年～】第3の波
Pandemic Shock
➡新型コロナウイルス感染拡大による経済閉鎖。パンデミックへの対応が必須となる

【2022年～】第4の波
Ukraine＆Gaza Shock
➡ウクライナへの軍事侵攻、ガザ地区での報復合戦で、分断への対応が必須となる

⬇

【2023年～】第5の波
Generative AI Shock
➡生成AIの進化により、あらゆる業界で仕事の中身を点検・変革することが必須となる

Point
デジタル化の潮流　コンピュータやネットワークの進化、都市インフラの整備といったハード面にとどまらず、世界経済や人々の価値観など、社会のパラダイムそのものを変えていく。世界は、とっくに「見本のない時代」に突入し、コンサルタントの知見が求められている。

Section

1-3 DXは中堅・中小へと波及

コンサル業界激震の背景②（2016年～ 第1の波）

現在進行しているデジタル化は、人類が初めて経験する潮流となります。もともと過去の知見の中で何が有益なのかは、試行錯誤で探り当てるしかなかったのです。

■人類史上初の大きな分岐点

前節で述べたように、私たちの仕事や人生では、未来に進むための「知見」が必ずありました。歴史や分析手法に学び、行動原理を学び、小さな失敗を糧として未来へ備えてきました。コンサルタントは、それらの知見を武器とし、クライアントの代わりに必死で勉強し、調べ、考えて出した結論を、わかりやすくプレゼンして、通常のスタッフの労働対価の10～100倍の価値を創造してきたのです。

もっとも、彼らの知見をまとめた教科書は難解で、読むのに長い時間がかかります。自社スタッフが、そこにある知見を身につけて運用できるようになるまでには、才能がある人でも数年かかるかもしれません。

そこで、コンサルファームを活用することは「時間を買うこと」だとみられています。いわゆる**タイパ（タイム・パフォーマンス）***がいいわけです。コンサルファームには、それぞれ膨大で、深く、何よりも実際のクライアントに提示して得られた暗黙知が詰まっていました。

■教科書も自分でつくる時代に突入

第1の波であるDXのショックを、コンサルファームはチャンスに転換できました。クライアントは、これまでICT専門企業に頼っていたDX業務をコンサルファームに委託。一方、コンサルファームはDX人材を雇用して体制固めを進めつつ、自らDX化を体験しながら知見を蓄積し、提示することで市場を拡大してきたといえます。

ところで、2016年頃から始まったDXですが、日本の大手企業は米国に追い付きつつあるものの、中堅・中小企業はまだまだこれからという状況です。それゆえDXの波は、少なくとも2025年までは続くでしょう。

Term **タイパ（タイム・パフォーマンス）** コストパフォーマンスを「コスパ」と略すように、タイム・パフォーマンスを略して「タイパ」としている。その意味は、自分が費やした「時間」に対する満足度の度合いを示す。日本語では「時間対効果」と訳されている。

2025年の崖

■多くの経営者が、将来の成長、競争力強化のために、新たなデジタル技術を活用して新たなビジネス・モデルを創出・柔軟に改変するデジタル・トランスフォーメーション（＝DX）の必要性について理解しているが……

・既存システムが、事業部門ごとに構築されて、全社横断的なデータ活用ができなかったり、過剰なカスタマイズがなされているなどにより、複雑化・ブラックボックス化

・経営者がDXを望んでも、データ活用のために上記のような既存システムの問題を解決し、そのためには業務自体の見直しも求められる中（＝経営改革そのもの）、現場サイドの抵抗も大きく、いかにこれを実行するかが課題となっている

➡ この課題を克服できない場合、DXが実現できないのみでなく、2025年以降、最大12兆円／年（現在の約3倍）の経済損失が生じる可能性（2025年の崖）

放置シナリオ

■ユーザー：

・爆発的に増加するデータを活用しきれず、デジタル競争の敗者に

・多くの技術的負債を抱え、業務基盤そのものの維持・継承が困難に

・サイバーセキュリティや事故・災害によるシステムトラブルやデータ滅失・流出などのリスクの高まり

■ベンダー：

・技術的負債の保守・運用にリソースを割かざるを得ず、最先端のデジタル技術を担う人材を確保できない

・レガシーシステムのサポートに伴う人月商売の受託型業務から脱却できない

・クラウドベースのサービス開発・提供という世界の主戦場を攻めあぐねる状態

※2018（平成30）年9月7日経済産業省DXレポート～ITシステム「2025年の崖」の克服とDXの本格的な展開～サマリーより

2022年7月の段階でのDX進展状況

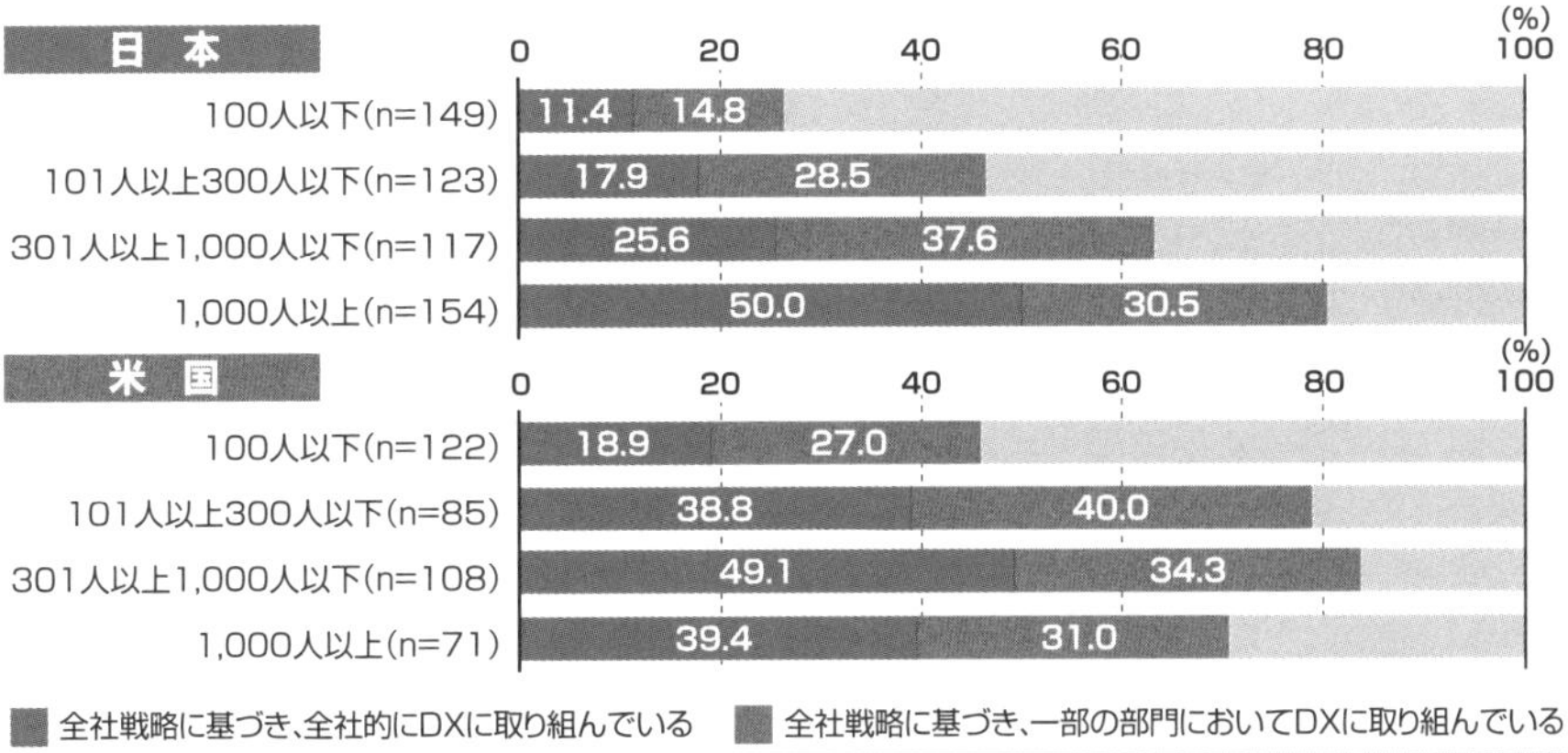
日本
0
20
40
60
80
100
(%)
100人以下(n=149)
11.4
14.8
101人以上300人以下(n=123)
17.9
28.5
301人以上1,000人以下(n=117)
25.6
37.6
1,000人以上(n=154)
50.0
30.5
米国
100人以下(n=122)
18.9
27.0
101人以上300人以下(n=85)
38.8
40.0
301人以上1,000人以下(n=108)
49.1
34.3
1,000人以上(n=71)
39.4
31.0
全社戦略に基づき、全社的にDXに取り組んでいる
全社戦略に基づき、一部の部門においてDXに取り組んでいる

※出典：「DX白書2023」（独立行政法人情報処理推進機構）よりまとめる

Section 1-4 コンサル業界激震の背景③（2018年〜 第2の波）

企業からの強い要請

第1の波「DX」を乗り切ったコンサル業界は、第2の波「サステナビリティ（持続可能性）＆クライメート（気候）」のショックを経験し、投資家の目線も変わりました。

■SDGsが世界のパラダイムを変える

2015年9月の国連サミットでのこと。持続可能な開発目標（SDGs*）は加盟国の全会一致で採択され、「**持続可能な開発のための2030アジェンダ***」に記載されました。日本の多くの企業も、17ある国際目標のいくつかを掲げ、地球上の「誰一人取り残さない世界」を目指しました。

ただ、世界的な目標が掲げられると「総論賛成だが各論反対」の声が上がるのも、よくあることです。例えば、気候変動の原因となっている地球温暖化の対策では「CO_2を一番多く排出しているアジアの大国こそ真剣に取り組むべき」と主張できます。また民間企業の間では「大手企業から率先して取り組まなければ実効性はない」といった正論が跋扈《ばっこ》することになります。一方、SDGsは個別企業がバラバラに対応していては解決できない課題であり、そこにコンサルタントが活躍できるチャンスがありました。

自社でコストをかけて進めるSDGsの取り組みは、社会貢献が基本的な価値観としてあるので、利益追求が主目的である民間企業の社内では、なかなか提案しにくい分野でした。そこで外部のコンサルファームに相談することになります。社内で異論が出ても「コンサルタントが言うなら、予算を組みましょう」という結論を得ることができました。

その結果、民間企業の経営理念も、自社のステークホルダーの利益だけを追求するものから、「社会」や「地球環境」へも貢献したいというものに変わってきています。

いわゆる品格のある、襟を正した企業を目指す場合に、自社だけで推進するのは難しいものです。それゆえ第三者の立場でありながら、深いところではクライアントのことを考えてくれるコンサルファームに施策立案を委託するパ

Term

SDGs　Sustainable Development Goalsの略。

アジェンダ（Agenda）　政治分野の国際会議などでは「行動指針」の意味で使われる。また、ビジネスにおけるアジェンダは「会議の議題」「議事日程」などをまとめた資料のことになる。

ターンは、自然の流れでもあったのです。

■欲望資本主義からの脱却

20世紀では、地球環境保全への貢献は「お題目」に近いものがありました。多くの企業は具体的な行動を「後回し」にしましたが、それが自分の会社の存続に影響することも、だんだんわかってきました。特に深刻と思われ、各企業が具体的な対策をとることを余儀なくされたのは、SDGs目標の13番目「気候変動に具体的な対策を」の部分です。

２０１０年以降、世界各国は深刻な異常気象に襲われ、特に国連でSDGs目標が確認された２０１５年以降、世界各国が「１００年に一度の極端気象」に見舞われることとなりました。地球は有限の大気で囲まれた「閉じた空間」ゆえ、自国だけ気候変動の影響を受けないことは科学的にありえません。例えばドバイのように閉ざされた高層ビル群で、快適な空気の循環を維持して生活するという方法はあるものの、とても非効率であり「お金持ち」しか生存できません。それは理不尽で、一般生活者からは「欲望資本主義」と見えてきました。地球そのものは誰の専有物でもありません。ごく一部の富裕層の欲望を満たす生活を続けていると、大切な地球環境が破壊される方向に進んでいくのです。

一部の人間の行きすぎた欲望で地球は破滅する!?

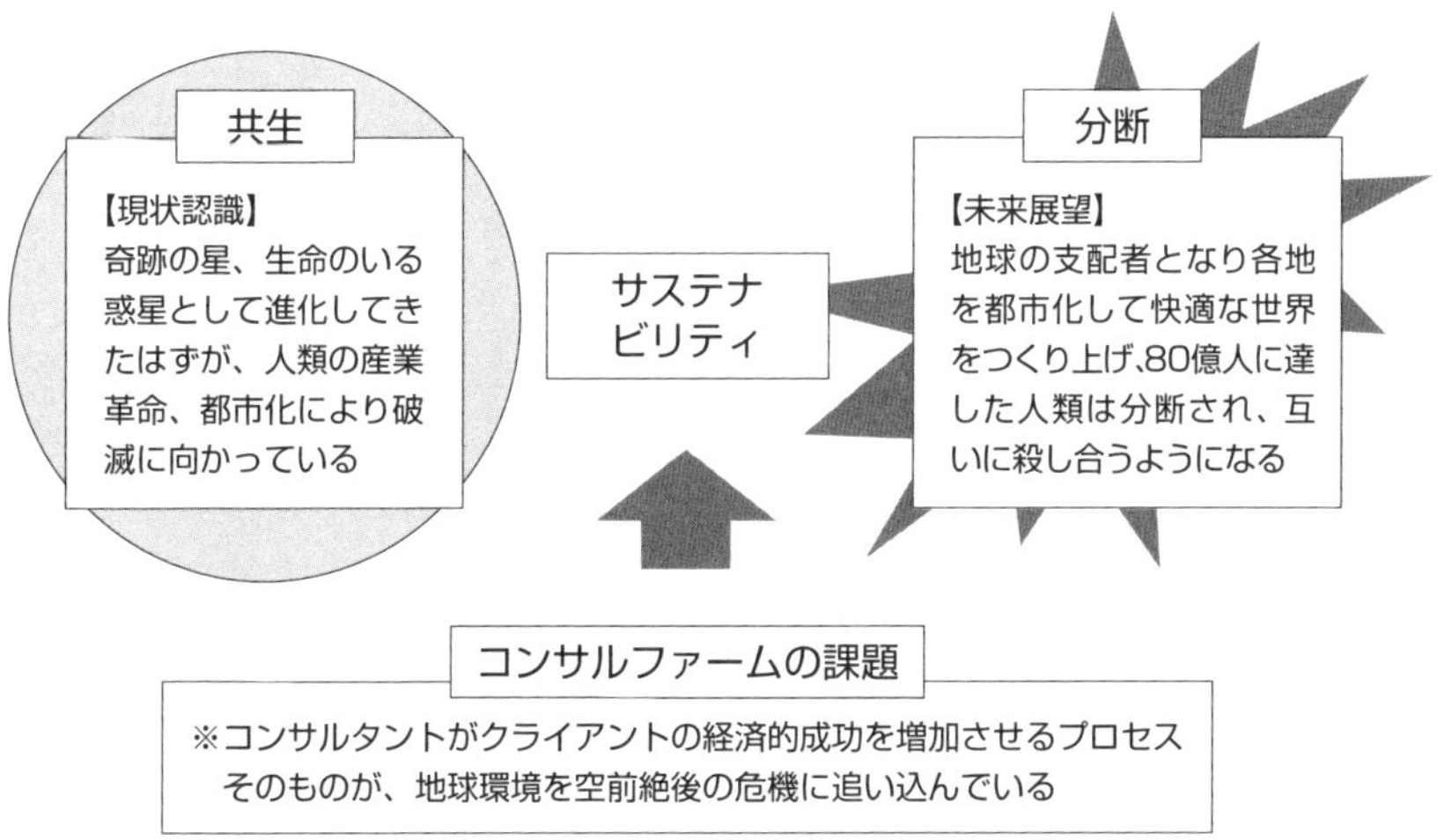
共生
【現状認識】
奇跡の星、生命のいる惑星として進化してきたはずが、人類の産業革命、都市化により破滅に向かっている
サステナビリティ
分断
【未来展望】
地球の支配者となり各地を都市化して快適な世界をつくり上げ、80億人に達した人類は分断され、互いに殺し合うようになる
コンサルファームの課題
※コンサルタントがクライアントの経済的成功を増加させるプロセスそのものが、地球環境を空前絶後の危機に追い込んでいる

Point

地球規模で考える　人類は、自らの欲望を具現化することで地球という奇跡の星の支配者となった。しかし、30年前から指摘されていた地球温暖化の危機も解決できない人類は、自らの過度の欲望が招いた気候変動に悩まされる。一部の利己的で恥知らずな欲望による格差拡大で、最大の危機を迎えつつある。

Section

1-5 持続できる条件の変化

コンサル業界激震の背景④（2018年～ 第2の波）

国連主導型のSDGsは社会貢献の世界版でした。利己的な欲望資本主義ではなく、多くの人々と地球環境を守るという使命感のある事業にスポットが当たったのです。

●行動するにはモノサシが必要

世界各国の企業はいま、SDGs対応について、新たな基準（モノサシ）によって投資家から判断される時代となっています。例えば**CDP**＊という英国の団体が発行し、集計・公表しているモノサシがあります。CDPは、日本でも2005年から活動しています。CDPの気候変動に関する調査は、2022年の時点でグローバルレベルで20回目、日本を対象としたものは17回目となりました。

日本企業を対象とした調査では、2006～2008年は150社を対象として質問書を送付しましたが、2009年から対象を500社に拡大。2011～2021年には**FTSEジャパンインデックス**＊に該当する企業を基本として選定した500社を中心に質問状を送付してきました。そして2022年、気候変動に対する開示要請の対象企業が東京証券取引所のプライム市場上場企業の全1841社に拡大。その結果、これまで具体的な取り組みにまで踏み込めていなかった大手企業も、SDGs、とりわけ気候変動対策に具体的数値目標を掲げなければ、投資家の評価が得られないというリスクに直面することになりました。

ちなみにCDPの質問への回答は、最終的に環境対策の進捗度合いを示す指標としてA～Dのスコアが付与されます。2022年の気候変動分野では、日本企業の中で最高位のAにランクされた企業は75社でしたが、国・地域別で日本が最多となっています。

CDPのスコアは、企業にとっては2つの意味づけがあります。1つ目は、ステークホルダーのなかでも投資家の評価が高まること。2つ目は、毎年質問に応じることで社内に社会貢献意識が広まることです。

Term

CDP　Carbon Disclosure Projectの略。英国の慈善団体が管理する非政府組織（NGO）であり、投資家、企業、国家、地域、都市が自らの環境影響を管理するためのグローバルな情報開示システムを運営。2000年の発足以来、グローバルな環境課題に関するエンゲージメント（働きかけ）の改善に努めてきた。

SDGs 推進のモノサシ

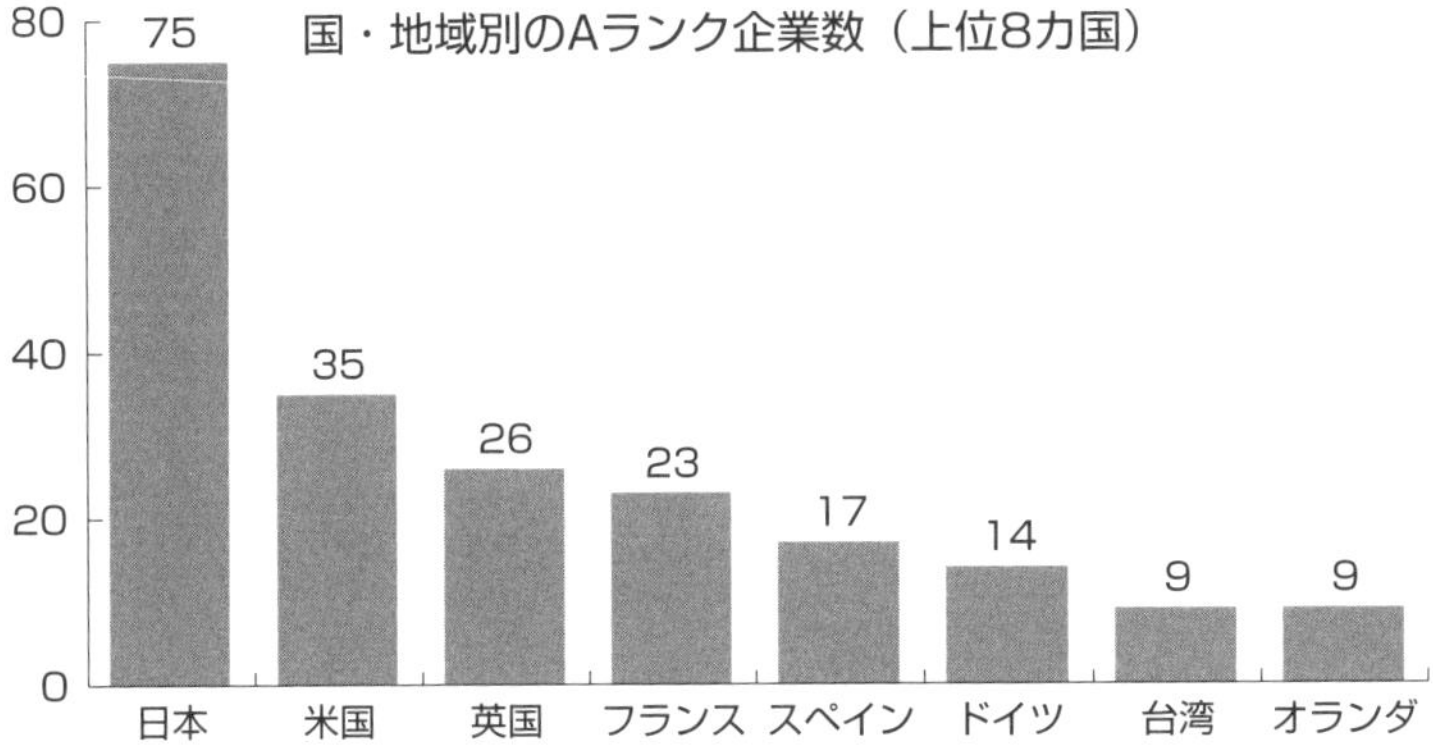
国・地域別のAランク企業数（上位8カ国）
80
60
40
20
0
75
35
26
23
17
14
9
9
日本
米国
英国
フランス
スペイン
ドイツ
台湾
オランダ

▼A ランクの主な企業

企業	国
アパレル	
Burberry Group	UK
Formosa Taffeta Co.	Taiwan, China
Kering	France
LVMH	France
PUMA SE	Germany
VF Corporation	US
バイオ技術・ヘルスケア・製薬	
大塚ホールディングス	Japan
小野薬品工業	Japan
塩野義製薬	Japan
第一三共	Japan
武田薬品工業	Japan
中外製薬	Japan
AstraZeneca	UK
Bayer AG	Germany
Johnson & Johnson	US
Koninklijke Philips NV	Netherlands
Lundbeck A/S	Denmark
Novartis	Switzerland
Novo Nordisk A/S	Denmark
SANOFI	France
食品・飲料・農業関連	
アサヒグループホールディングス	Japan
味の素	Japan
キリンホールディングス	Japan

企業	国
コカ・コーラ ボトラーズジャパンホールディングス	Japan
サントリーホールディングス	Japan
住友林業	Japan
明治ホールディングス	Japan
日本たばこ産業	Japan
Anheuser Busch InBev	Belgium
British American Tobacco	UK
Carlsberg Breweries A/S	Denmark
Coca-Cola Europacific Partners	UK
Danone	France
Diageo Plc	UK
Farmer Brothers	US
Grupo Bimbo, S.A.B de C.V.	Mexico
Heineken NV	Netherlands
Imperial Brands	UK
Mars	US
Phillip Morris International	US
REMA1000	Norway
ホスピタリティ	
Caesars Entertainment	US
MGM Resorts International	US
インフラ関連	
大林組	Japan
清水建設	Japan

※出典：CDP

Term **FTSEジャパンインデックス**　FTSEジャパンインデックス（日本指数）は、日本の大型株と中型株の動向を示す株価指数。FTSEは世界のESG（環境・社会・ガバナンス）投資の代表的なインデックスを提供している。そのうち日本企業が構成銘柄となっているのが「FTSEジャパンインデックス」。

Section

1-6 何のために存在するのか

コンサル業界激震の背景⑤（2018年～ 第2の波）

大手コンサルファームは、クライアントに未来図（Vision）、使命（Mission）、価値（Value）の再構築を提言しましたが、効果的な事例は「自社がどう対応したか」でした。

■SDGsが企業哲学の見直しを迫る

大手コンサルファームは、変化に直面しているクライアントに経営理念の再構築を提言しましたが、その事例として最も効果的なものが「自社が、どのように現在の市場に対応しているか」という事例です。

今日、時間をかけて経営理念を再構築している時間的余裕のないクライアントは、コンサルファームに問い合わせ、会社起業の哲学、価値観、行動規範など、いまのビジネス市場に対応した内容に変更しています。

1980年代、バブル期の日本ではコーポレート・アイデンティティが問われました。しかし、その中身は、依頼先が大手広告代理店が中心だったことからわかるように「外から見えている外装を世界標準に整える」ことが中心でした。ありていにいうと、中身までは、強く問われることがなかったのです。

しかし、今回のSDGsの流れは、CDPの評価がエビデンスとなって株主に提示されることからわかるように、内容を伴わない「絵に描いた餅」「お題目」で済ますわけにはいきません。そこで大手企業の経営陣は、広告代理店を通さず、直接、コンサルファームに発注することになったのです。

クライアントは、「表面を取り繕うだけでは、激しい市場の変化についていけない」と理解していましたし、「自社のミッションを明確にしなければ、変化の時代に生き残ることができない」ことも、直観として理解していました。

本来、社長以下の経営陣が真剣に再構築しなければならないミッションですが、それを実行するには、いまという時代を見る明確な視点が必要となります。その部分は、コンサルファームの得意分野でした。

Point

奇跡の星　太陽系の1惑星にすぎない「地球」は、雄大な宇宙時間の中で、生命の星となり、進化の覇者としての人類が支配する奇跡の星として今日を迎えている。地球環境の課題は、人類の叡智（えいち）により解決できるはずであり、経済活動を続ける企業の課題は「地球環境に寄り添う」ことだろう。

投資家も地球の未来に目を向けている

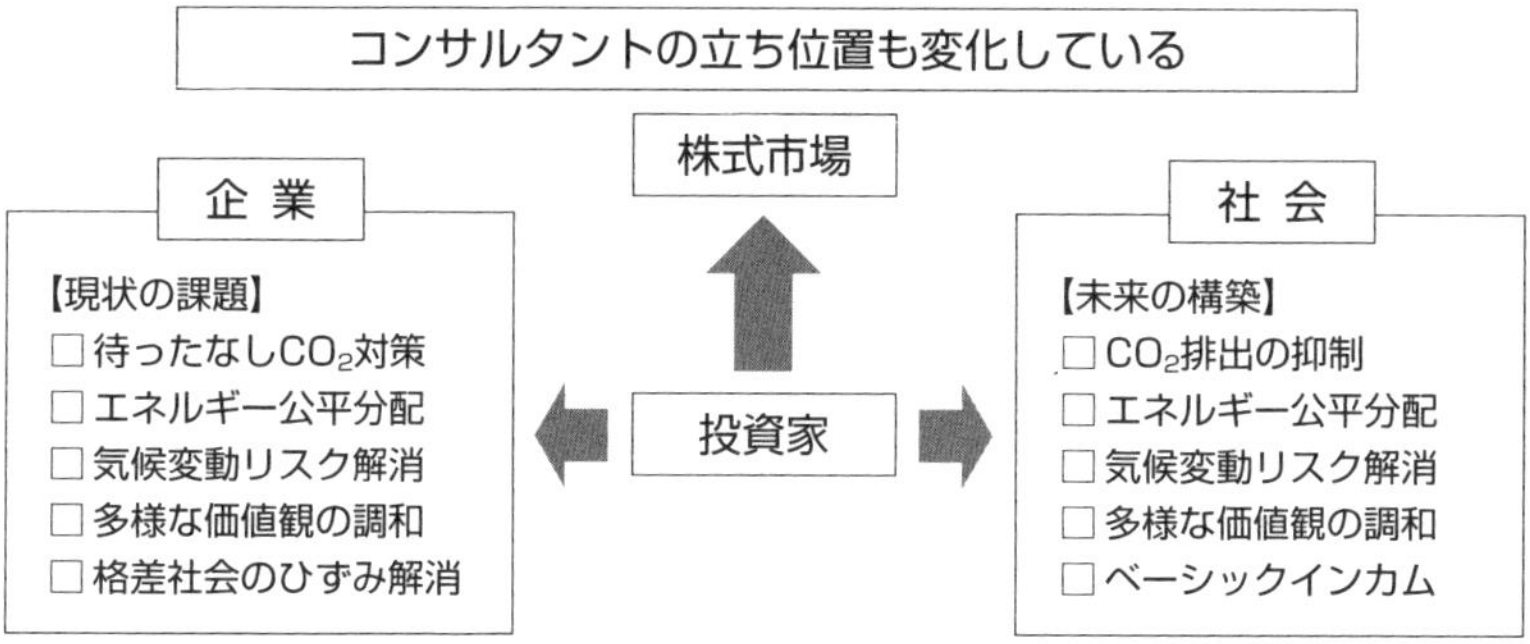
コンサルタントの立ち位置も変化している
株式市場
企 業
【現状の課題】
□待ったなしCO_2対策
□エネルギー公平分配
□気候変動リスク解消
□多様な価値観の調和
□格差社会のひずみ解消
投資家
社 会
【未来の構築】
□CO_2排出の抑制
□エネルギー公平分配
□気候変動リスク解消
□多様な価値観の調和
□ベーシックインカム

※コンサルタントはクライアントが投資家に気に入られるようサポート

Column

何が真実か、判定しにくい時代

2010年代の中頃、米国のテレビに「国際気象学者」が出てきて、「地球温暖化は偽りだ」と主張。当時の大統領は彼の言葉を引用し、「地球温暖化はフェイクニュース」と言い続けました。彼は米国テレビ局の討論番組に出演し、環境専門家を前に「あなたのデータは古い」とフリップを示します。そのグラフでは「地球の気温」の値は横ばいに見えました。

ディベートに呼ばれた環境専門家が「そんなデータは見たこともない」と驚くと、国際気象学者は「こんなことも知らないのか」と怒鳴り、環境専門家を「能なし」とののしり、真面目な専門家は黙ってしまいました。

ところが、その様子を見守っていた英国のテレビ局が国際気象学者を本気で調べました。そして大変なことがわかったのです。

まず国際気象学者は、彼のプロフィールで勤務先とされた大学にはいませんし、論文も書いていません。「では、彼は一体誰だ？」ということで、英国テレビ局のスタッフが米国に飛びました。そこでようやく、国際気象学者の正体がわかった。彼は「役者」で、討論番組に呼ばれると、用意されたシナリオどおりに演じていただけだというのです。

ここから先は、みなさんもネット検索して英国のドキュメンタリー番組を英語バージョンで見ていただくと面白いかもしれません。

インターネットではフェイク事案が展開され、マスコミも取り上げるようになります。そのとき重要なのはファクト（事実）であり、客観的機関によるエビデンスチェックです。生成AIの時代、この教訓はますます重要となってきました。

Section
1-7 パンデミックショック
コンサル業界激震の背景⑥（2020年～ 第3の波）

2020年以降も絶好調が続くとみられていたコンサル業界に、第3の波が襲いました。しかしファームは逆にチャンスを見いだし、オンライン会議で存在感を示しました。

パンデミックで世界市場は凍り付いた

2020年初頭、世界を**パンデミック***という激震が襲いました。パンデミックは「地理的に広い範囲の世界的流行」について使う言葉で、「非常に多数の感染者や患者を発生させる流行」を指しています。したがって新型コロナに限らず、新型インフルエンザやエイズ（AIDS）にも使われました。

ここでポイントになるのが、全世界に広く影響することです。どんな政治体制にあっても、どんな社会情勢であっても、どんな経済状況であっても、パンデミックは大きな影響を与えます。

実際、2020年3月以降、世界中で非常事態宣言がなされ、人の行き来は強く制限されました。ワクチンによる予防手段が広がるまで、また広がったあとも、国・地域単位で社会閉鎖や経済閉鎖が進み、各国内では法律によって外出禁止令が出されることもありました。

そのような状況では、グローバルな視野で経済活動を行っていた企業は、いずれも事業の推進がしにくくなり、またまったくできない状況に追いやられ、経済活動は著しく制限され、市場は冷え込みました。クライアント企業が、激震に耐えるすべを模索して停滞しているわけですから、コンサル業界も影響を強く受けないわけはありません。特にグローバルな視野でコンサル業務を進めていたファームは、スタッフの移動もできず、世界各国の支店で立ち往生するコンサルタントも多数出てきました。

進んでいたDXに活路を見いだす

ところが「逆境に強い」コンサル業界は、パンデミックの衝撃にも耐え、クライアントにパンデミック下での価値創造戦略などを打ち出してチャンスをつくりました。

Term
パンデミック（Pandemic） 世界的な規模で、高い罹患率で症状が発生し、ある疾患が広がって大流行すること。過去に天然痘や結核、ペスト、インフルエンザなどがパンデミックを引き起こしたが、2020年以降、新型コロナウイルス感染症が加わった。

ワクチンが製造されて普及し始めると、アフターコロナのV字回復戦略などを矢継ぎ早に提案することで、自らも業績のV字回復を実現しました。そのときに役立ったのがオンライン会議です。すでにICT技術者を大量に採用して自らのDXにチャレンジしていたコンサルファームは、クライアントにオンライン会議を勧め、パンデミックの対応に追われる経営陣を救いました。

　パンデミックがなければ、日本企業のDX化は遅々として進まず、事業推進スピードを加速できないまま、2023年のアフターコロナ時代を迎えていたかもしれません。その場合は、経済産業省が警鐘を鳴らしていた「2025年の崖」を目前にして、右往左往していたはずです。

　コンサル業界は、コンサルタントという「人」が基軸となって動いています。コンサルタントは経営陣と直接会い、情報だけでなく、経営陣の事業にかける思いや情熱など、言葉やビデオ画像だけでは伝わらない「場の空気」を感じることで、有益な提案をして決断を促すことができます。

　それゆえ、コンサル業務はオンライン会議だけで完結することはありません。しかし、DXを推進していたコンサルファームは、クライアントと接触する業務の8割をオンライン会議で進め、乗り切ることができました。

パンデミックは収まったのか

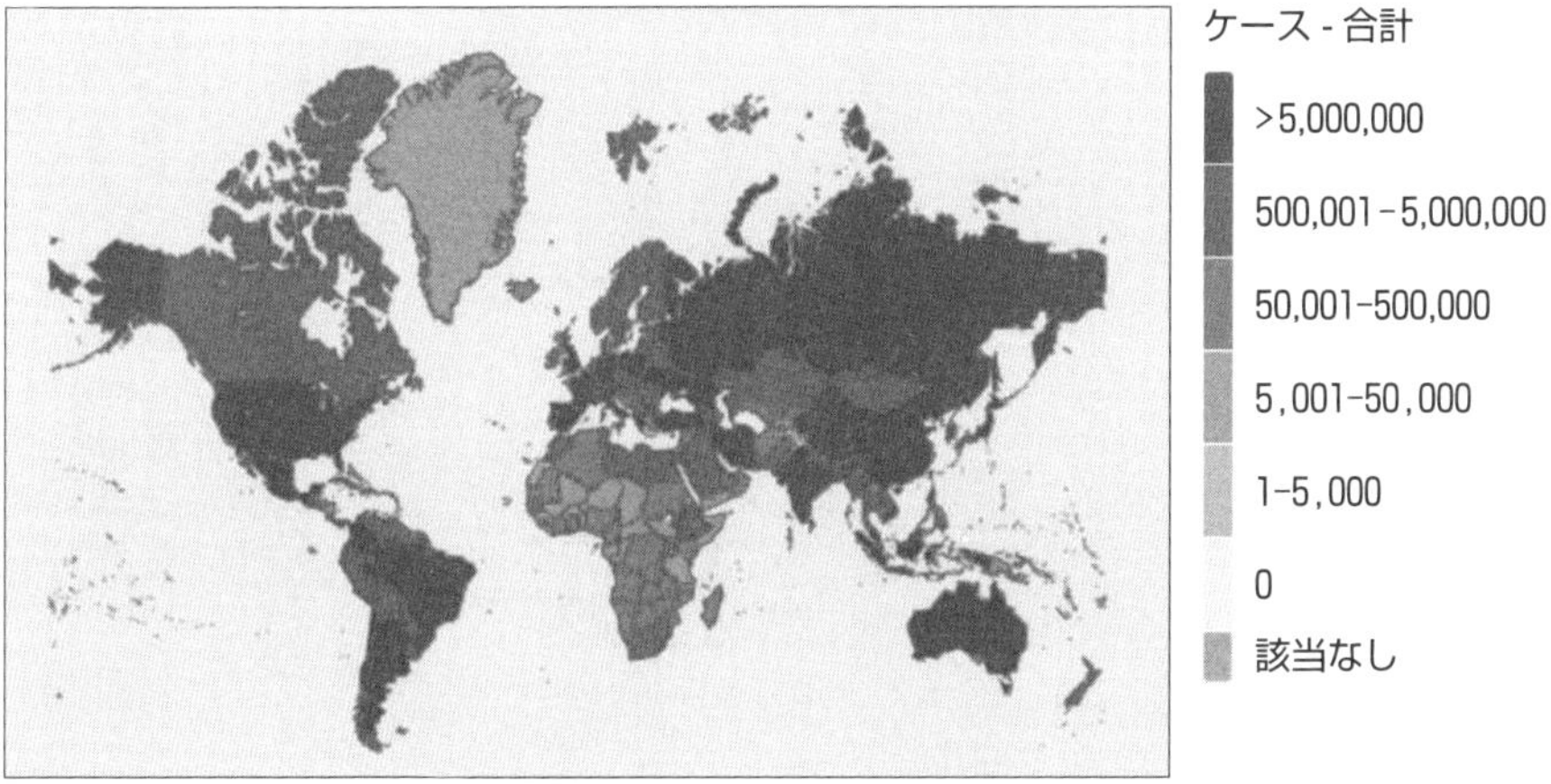
ケース - 合計
>5,000,000
500,001-5,000,000
50,001-500,000
5,001-50,000
1-5,000
0
該当なし

※出典：WHO新型コロナウイルス感染症（COVID-19）ダッシュボードより。
※数字はWHOでまとめた世界各国・地域別のCOVID-19による感染数。主にWHOの症例定義に基づく検査で確認された感染を反映。ただし2023年12月現在は統計の発表はしていません。

Point **パンデミックへの対応**　世界的には、2023年11月8日午後6時15分（中央ヨーロッパ時間）の時点でCOVID-19感染者771,820,937人が確認され、死者6,978,175人とWHOに報告された。また2023年11月4日現在、合計13,534,474,309回分のワクチンが投与されている。

Section
1-8 この世界は崩壊と隣り合わせ

コンサル業界激震の背景⑦（2022年〜第4の波）

激震に耐えてきたコンサルファームでしたが、2022年3月に始まったロシアのウクライナへの侵略は、第4の波としてコンサル業界にも強いショックを与えました。

■コンサルタントは平和産業

コンサル業界は、基本的に平和を前提として成り立っているのです。軍事関連のコンサルタントも少なくありませんし、軍需も重要なニーズではあるものの、多くのコンサルファームは自らを平和産業だと考え、世界が平和であることを前提に経済活動を組み立てています。

例えばロシア軍の**ウクライナ**＊侵略により、ファストフード店のマクドナルドはロシアから撤退しました。その戦略について、コンサルファームは正直な話、「軍事は専門ではないので見守ることしかできない」のです。

もし米中でも戦争が始まったら、ビジネス市場は大混乱に陥り、あらゆる知見は応用がきかなくなるため、ひたすら平和を願うことしかできません。そこに登場して活躍できるのは、それまで地下に潜って軍事戦略を組み立ててきた一部のコンサルタントだけです。

名称は「戦略」となっていますが、コンサルファームが得意なことは平和を前提としたビジネス行為です。平和産業であることを前提としながら、戦時下に突入するリスクは常に考えておく必要があります。第4波の**ウクライナ＆ガザショック**は、その事実を私たちに突き付けています。

■世界の分断がビジネス市場を変える

ウクライナ＆ガザショックにより、私たちは世界が分断され、戦争状態に陥るというリスクにも真剣に向き合う必要が出てきました。これまでは「まさかそこまで」と思っていた状況を、いとも簡単に、あっさりと越えられることを、ウクライナで起きている戦争が示していたのです。

ウクライナ＆ガザショックでは世界中の市民生活に多大な影響が出てきましたが、改めて世界を見渡してみると「火

Term
ウクライナ　面積は60万3700平方キロメートル（日本の約1.6倍）。ロシアの侵略前の人口は4159万人（クリミアを除く）（2021年：ウクライナ国家統計局）。人口構成はウクライナ人（77.8%）、ロシア人（17.3%）、ベラルーシ人（0.6%）、モルドバ人、クリミア・タタール人、ユダヤ人等（2001年国勢調査）。

種」は多く、戦時下にある国も、また戦時下に入りそうな国も少なくありません。そもそも、世界はひとつではなく、国連が正しく機能しているのか、紛争を解決する場となりうるのか、疑問が浮き彫りになりました。

特に第二次世界大戦の敗戦後、平和憲法と米国の安全保障に守られてきた、いわゆる平和ボケの日本にあっては、戦争はひとごとであり、臭いものにフタをして、そのまま冷凍保存しているような状況にありました。そこに、平和で文化的で美しく豊かな国のウクライナに戦車が入り、大量の爆弾が投下され、ミサイルが撃ち込まれ、軍隊が進軍する様子が伝えられたのです。

このウクライナ&ガザショックにより、私たちの世界がどのようなリスクにさらされているのか、ビジネスを推進する上でもどのようなリスク対策をすればいいのか、真剣に考えることが必要だと思い知らされました。もはや日本も、平和ボケしている時代ではなくなっていたのです。

現在、「世界が米国企業の一人勝ち」となる中、急速に「**脱グローバル化**」が起きています。世界はいま、いくつかに分断されています。この事実は、グローバル市場でビジネスを展開している企業はもとより、グローバルに活躍する企業を支えるコンサルファームにも大きな影響を与えます。

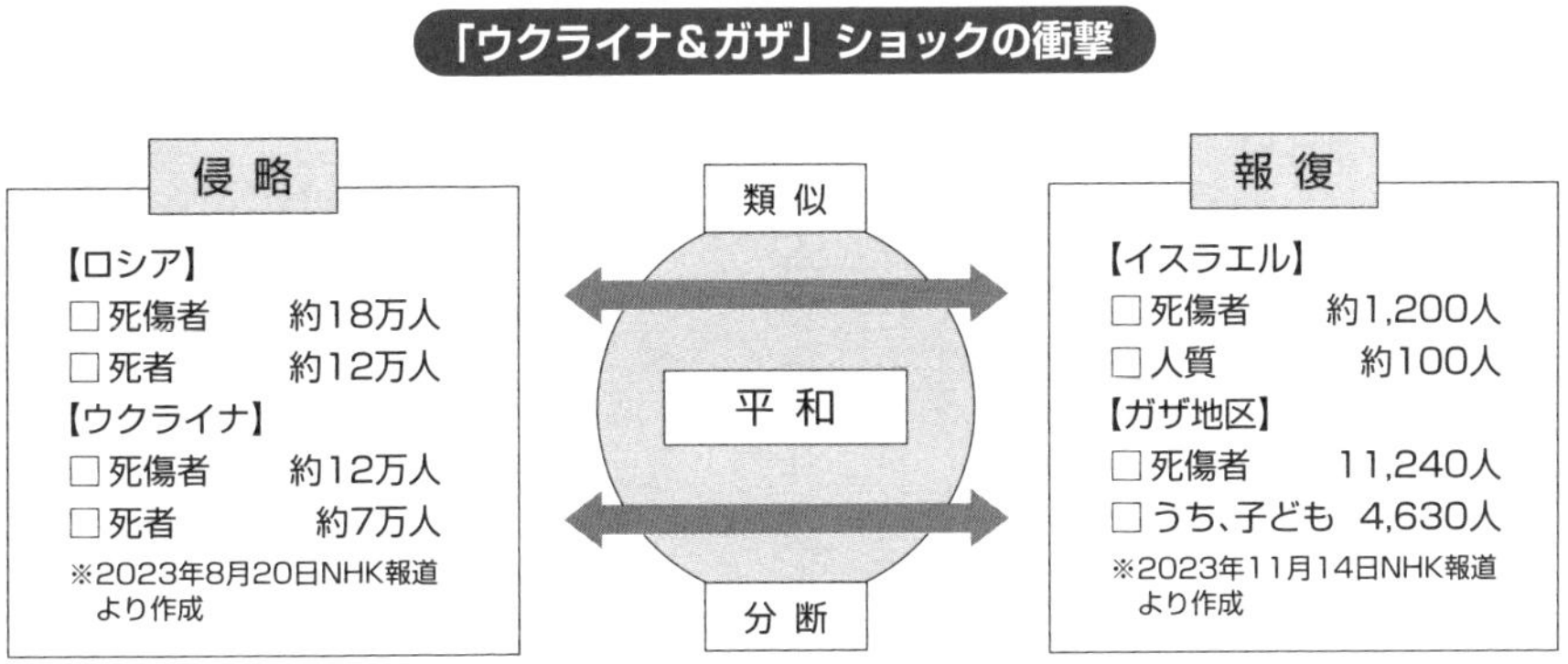
「ウクライナ&ガザ」ショックの衝撃
侵略
【ロシア】
□死傷者　約18万人
□死者　約12万人
【ウクライナ】
□死傷者　約12万人
□死者　約7万人
※2023年8月20日NHK報道より作成
類似
平和
分断
報復
【イスラエル】
□死傷者　約1,200人
□人質　約100人
【ガザ地区】
□死傷者　11,240人
□うち、子ども　4,630人
※2023年11月14日NHK報道より作成

※米国・EUは、ロシアの侵略を断罪しながら、イスラエルの報復を支持するダブルスタンダードを選択。世界はますます複雑化し、経済価値を生まない「分断」の危機に陥っている。

Point **戦争の時代が続く**　20世紀は「戦争の時代」といわれていたが、21世紀になっても世界は戦争を止めるすべを持たない。いざというときは国連が機能すると信じられていた時代は終わったのかもしれない。数字は便宜上の「量」でしかない。リアルな出来事については、量とともに「質」にも思いを巡らせる必要がある。

Section

1-9 平和を維持するビジネス

コンサル業界激震の背景⑧（2022年～ 第4の波）

例えばいま、第三次世界大戦が勃発したら、ビジネス関係のコンサルタントの話を聞きたい経営者はいなくなり、それまで地下に潜っていた別のコンサルタントが姿を現します。

■コンサル業界への影響

どの市場でどんなビジネスをするにしても、それは市場の安定を大前提としています。世界が戦争状態に陥ってしまったら、軍事専門のコンサルタント以外は、全員が失業することになるでしょう。

繰り返しになりますが、コンサルタントの仕事は、市場が平穏な状況でなければ成立しません。クライアントが安心してビジネスを推進できる状況でなければ、どんなビジネス戦略も成り立つことはありません。

そのことを、コンサル業界では「暗黙の了解」としてとらえ、深く考えることはしてきませんでした。米国の元大統領が自国経済第一主義を打ち出し、世界各国を分断し始めたときも、コンサル市場は米国企業の利益の分け前をもらう戦略でビジネスを進めることができました。

■平和な日本は世界一幸せな国？

米国が、特定の国と直接的な戦争状態に入ることはしないため、コンサルファームの主流は、シンクタンクを除いて米国市場と強く結ばれていました。それゆえ、ICTについてもDXについても、日本市場でコンサルファームと契約する最大の利点は、米国との関係性にありました。

グローバル市場で戦うためには、米国とつながっているコンサルファームと契約し、間接的に、国際市場とつながることが不可欠でした。

日本の中小企業は国内が主戦場ですが、大手企業は世界を狙わなければ成長できません。そのとき、米国のコンサルファームとの関係性が、**アドバンテージ***になっていました。ところが、それらはあくまでも「平和」を前提としたビジネスの話となっていたのです。

Term

アドバンテージ（Advantage） ほかより有利な点や好都合な点を持ち、ほかより優位な立場にあることから生じる利益、強みなどのこと。

■ダブルスタンダード

何らかの情報に接して判断を下さなければならないとき、常に意識しておくべきことの1つに「本音と建前」があります。特に国際情勢など、情報ソースが限られているときに「大本営の発表」をうのみにするわけにはいきません。ウクライナ問題にしてもガザ問題にしても、立場が変われば事実として公表される内容も変わります。

ウクライナの場合なら、ロシアが一方的に力で侵略しているように見えますが、支援している米国もまた、第二次世界大戦後、常に戦争を仕掛け、軍事機器の製造・輸出で利益を得てきた経緯があります。単に「人道的な視点」だけで動いていると見るわけにはいきません。

世界を動かしている論理は決して1つではなく、少なくとも〝表があれば裏もある〟という**ダブルスタンダード**になっています。そこで、1つの事象を複数の視点からとらえ直すことが求められています。コンサルタントの「様々な視点から事象を多角的にとらえる技術」は、ここでも役立っています。

世界には無数の「正義」が渦巻いている

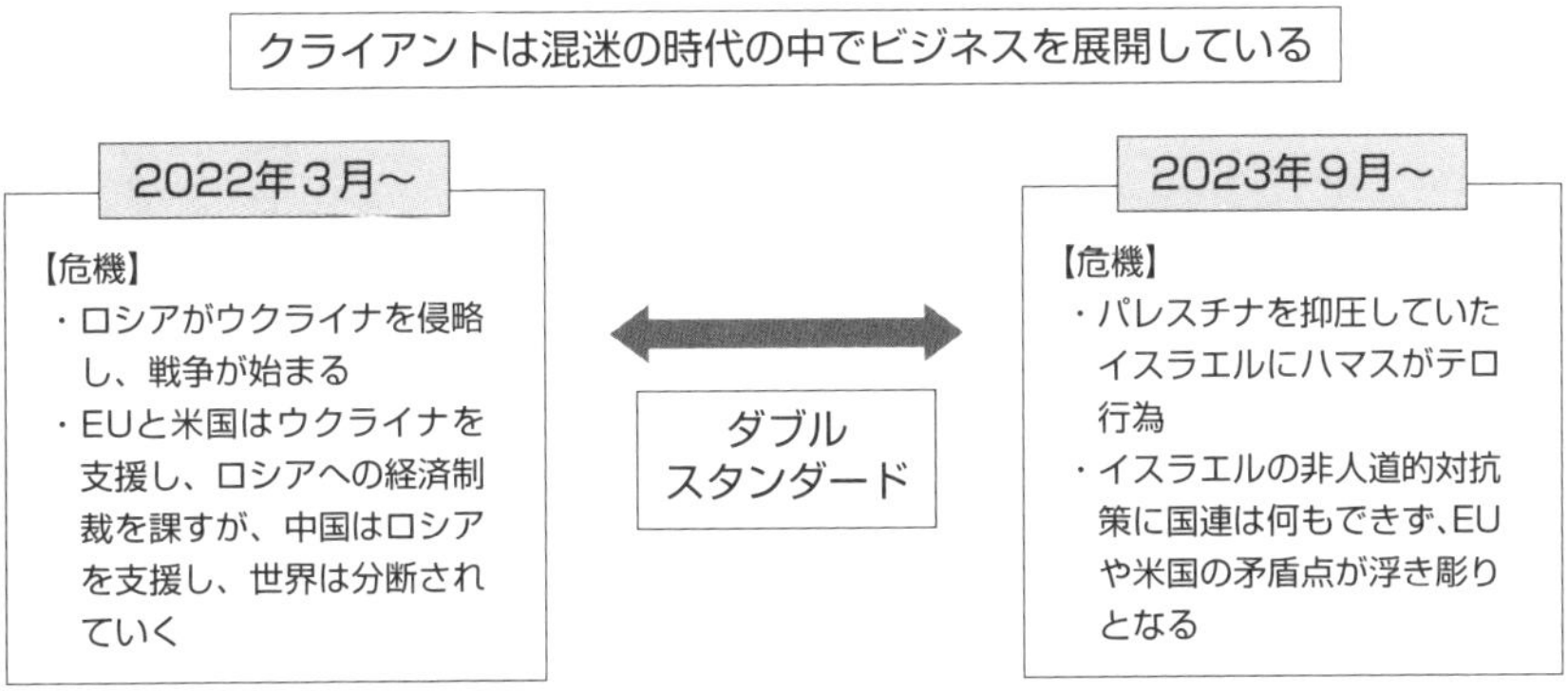
クライアントは混迷の時代の中でビジネスを展開している
2022年３月～
【危機】
・ロシアがウクライナを侵略し、戦争が始まる
・EUと米国はウクライナを支援し、ロシアへの経済制裁を課すが、中国はロシアを支援し、世界は分断されていく
ダブルスタンダード
2023年９月～
【危機】
・パレスチナを抑圧していたイスラエルにハマスがテロ行為
・イスラエルの非人道的対抗策に国連は何もできず、EUや米国の矛盾点が浮き彫りとなる

※一般的に、コンサルタントはクライアントと接しているときには政治や戦争の話は避け、経済の話に転換することが多い。クライアントから話題を振られ、うっかり乗ってしまうと「立場の違い」が明確になる。

Point **本音と建前**　コンサルタントは今日、世界経済を支配するダブルスタンダードないしマルチスタンダードの解消という世界規模の課題に直面している。コンサルファームの多くは「平和」を前提としてクライアントと寄り添っているが、ただ寄り添うだけでは戦争に巻き込まれるリスクが表面化してきた。

Section
1-10 日本企業の強みを生かす

コンサル業界激震の背景⑨（2022年〜第4の波）

このような時代にあって、日本のコンサルファームはどのような評価基準で日本企業を分析し、コンサルすればいいのでしょうか。

■コンサルファームの評価基準

DXという旗印のもとで「変革」を推し進めてきた日本でも、2018年以降もコンサルタントは増え続け、2020年からのパンデミックを経た今日でも、コンサルファームの特需は続いています。

その状況にあって、コンサルタントは米国を源流とする価値観でビジネスを展開するように指導するのか、日本独自の道を行くのか、あるいは第三の道を模索するのか、難しい立場に立たされています。

2017年にはコンサル業界について、「これからの日本も第四次産業革命が進むのでコンサルの出番」だと書きましたが、いまは、米国流経営を勧めるのか、日本独自の道を勧めるのか、日本の企業にも脱グローバルの推進を勧めるのか……など、誰も正解を知らない課題に直面しているのです。その意味では、コンサルファームは受難の時代を迎えているのです。

変化が激しい時代は、コンサルファームそのものの「存在意義」が問われます。これまで「米国のコンサルファームとつながっている日本支社」というだけで「売り」になったファームが、**パーパス経営***をしているか？　ビジョンは？　ミッションは？　バリューは？　といった基本的な部分も明記しておかないと、優秀な人材が集まらなくなっています。

日本企業の「存在意義」も、2020年以来のパンデミックを経て大きく変わりました。それらの企業を指導するコンサルファームは、その変化を「自ら起こす」立場となって初めて、存在感が出るのです。

■サイバー空間にも影響する

いま、本質的なところで混乱が起きています。

Term

パーパス（Purpose）経営　社会に対してどのような存在意義を打ち出し、どう貢献するのかを明確に定義して経営すること。「Purpose based management（パーパスに基づく経営）」とか「Purpose driven business（パーパスを原動力にしたビジネス）」のように表現される。

インターネットが世界をひとつにしたはずが、ICTの最先端を走っているGAFAなどに知的財産権を押さえられ、その結果、一番重要でビジネスを進めるための個人データそのものを米国に握られるジレンマがありました。

ただ、デジタル化は世界の隅々にまで浸透しています。10年前には考えられなかったのですが、中国、インド、アラブ／イスラム諸国、アフリカなど、どの国にもスマホやコンピュータ、AIが普及しつつあります。デジタル技術は、分断された世界の枠組みを簡単に超えていったのです。

そこにロシアのウクライナ侵略で、リアルな世界が「自由な政治体制の（欲望）資本主義国家」と「独裁の政治体制の（恐怖）資本主義国家」のように対立を深めると、デジタルツインの片方であるサイバー空間においても、GAFAやマイクロソフト、IBMなどが構築した情報インフラに支配される市民と、独裁制の監理下にあるICT組織が提供する情報インフラに支配される国民との分断が起きます。サイバー空間で「真偽」を判断するのは大変難しく、一方の陣営から見た真実は他方の陣営から見た虚偽になることも多々あります。政府も市民も、世界がいま、どうなっているのか、リアルに起きている「現実」ですら、きちんと判断することが難しくなってきました。

メタバースのルール

デジタル化が進む中、リアルな世界が分断されていくと、いずれ「個人情報」の取り扱いについても、それぞれの国で独自に定めることになります。例えば、欧州市場で急速に「地域の個人データは地域で処理する」という動きが広がっていますが、デジタルツインの時代には「リアルな世界のルール」と「**メタバースのルール**」は深く関係してきます。

リアルな世界が分断されているのに、メタバースのサイバー空間で敵国の市民同士が仲よくコミュニケーションをとるといった世界観は成立しません。私たちが進めているデジタル化は、リアルな世界をどのようなルールで動かしていくべきか、という根本的な課題を突き付けています。

サイバー空間とリアルな空間との関係が問題となります。

Point

コンサルタントの立ち位置　クライアントに寄り添うコンサルタントの立ち位置は、政治信条や宗教、価値観などに対してニュートラルが理想。ただし、ニュートラルでありながら、「人間尊重」「社会貢献」「平和産業」というテーマを掘り下げ、いざというときに判断を間違えないように準備しておくことが求められている。

Section
1-11 生成AIのインパクト

コンサル業界激震の背景⑩（2023年～ 第5の波）

日本においても、AI（人工知能）の活用において、これまでとはまったく別の次元の社会インフラが登場しました。それが生成AIによる第5の波です。

ChatGPTのインパクト

2022年11月にオープンAIとしてChatGPT*が公開されると、社会に大きなインパクトを与えました。

ChatGPTが一般人に公開されるまで、私たちビジネスパーソンの中で「これからDXで消滅する職業が多くなるにしても、たぶん、自分は大丈夫」と思っていた人たちも、度肝を抜かれることになりました。

それは、囲碁・将棋のジャンルでAIソフトが人間の名人を負かした当時の状況と似ています。

ChatGPTの登場は、コンサルファームにも、そこに所属しているコンサルタントたちにも、そして経営者たちにも、大きな影響を与えることになります。

コンサルタントには、事実を確認するスキル、これまでの知見をもとに「最適な対応策」を導くスキル、それを論理的に整合性のとれた文章でわかりやすく表現するスキル、リアルな会議の場で共有できるコミュニケーションのスキルなどが不可欠となります。

現在のChatGPTでは、そこまでのスキルは実現されていません。しかし世界中のユーザーが、様々なケースで補正を加えてChatGPTに学習させれば、どうでしょう。

例えば将棋の世界で「指した一手の意味」がわからないにもかかわらず、名人でも数パーセントの確率でしか勝つことができない「神の手」を指す将棋AIが生まれたように、世界中のコンサルタントが脱帽する調査リポートを、ほんの数分で完璧に仕上げるコンサルAIが誕生することでしょう。将棋AIの進化のスピードを考えたら、遅くとも2025年、大阪万博が開かれている頃には、それが実現しているはずです。

Term
ChatGPT　高度なAI技術により、まるで人のように自然な会話ができるAIチャットサービス。2022年11月に公開され、無料で利用できる革新的サービスとして急速に普及した。

そのコンサルは信頼できるか

世界が激変する中、コンサルタントに限らずすべてのビジネスパーソンは「環境が変わっても、変わらない重要な何か」を求め、そこに大きな価値を認めるようになりました。

変わること、変化することを受け入れ、適応するように行動するとき、変わらないもの、変えてはいけないものについての強い基準がなければ、変化に対してどのように対応すれば生き残れるのか、その判断ができなくなります。

クライアントは、大きな波が押し寄せる中で、コンサルファームの門をたたき、どのような心構えで、どのような戦略で、どのようなスキームで新しい時代に対応していけばよいのか、サポートを受けます。そのとき、決して安くはない費用を支払うため、クライアントはコンサルファームからやってきたコンサルタント・チームを「値踏み」し、命運を託すことができるか、真剣に考えます。

クライアントは技術力、プレゼン資料の品質、提案の信ぴょう性、自社の業界事情に詳しいかなどの情報力も気にしますが、何より重視するのは「信頼」に関わる感覚です。これは、リアルな空間で一対一にコミュニケーションをとることでしか得られない感覚です。

Column　トップクラスは信頼スマイル

ある種のコンサルタントは、クライアントのトップの意向を受け、あるいは自分の立場をよくするために、事実とは異なる内容を平気で語ることがあります。ある意味で、平気で「ウソ」をつく人々です。特に外資系で鍛えられた秀才型コンサルタントは、打ち合わせで「正論」を提示し、新規事業案件などを全否定することがあります。

おそらくMBA取得のときにディベートで切磋琢磨《せっさたくま》して「ああいえばこういう」という反射神経を身につけてしまったのでしょう。彼の論理は完璧に見え、一度聞いただけでは「どこで間違えているか明確に反論できない」という気にさせます。よくあるのが、前半は正しいのに結論が別の内容に飛躍するケース。前半が正しいだけに、用心しないとウソを見破ることができません。

文脈（コンテキスト）によって意味は変わります。一つひとつの文章が正しくても、それを連ねていくときに「真逆の意味」に導くことも可能です。

それゆえに、コンサルファームのトップクラスは何よりも「信頼」を大切にします。彼らは「信頼という名のスーツを着ている笑顔がステキな人」であり、クライアントの課題に誠実に向き合い、寄り添い、共に課題解決に立ち向かえる人なのです。

Section

1-12

コンサル業界激震の背景⑪（2023年～第5の波）

常識から問い直す

生成AIの「ウソ」を見抜くスキルは、やはり「論理」となります。正しい知恵がなければ、その「真実らしい言い回し」に惑わされるかもしれません。

■論理の流れに注目する

例えば「AならばB」「BならばC」という**文脈・コンテクスト**＊があるとしましょう。

この「AならばB」も「BならばC」も、それぞれ正しい（と感じられる）とします。

ここから、普通のビジネスピープルは「AならばC」と主張します。いわゆる三段論法というものですが、これには注意が必要です。

「AならばB」が正しく、「BならばC」が正しくても、「AならばC」と無条件にいえるかどうかは、全体の構造と文脈を子細に検討しなければわかりません。

私たちは、理路整然と「AならばB」「BならばC」「するとAならばC」と語られると信じてしまいます。コンサルタントは、そこに疑問を持ち始めます。

三段論法が成立する文脈

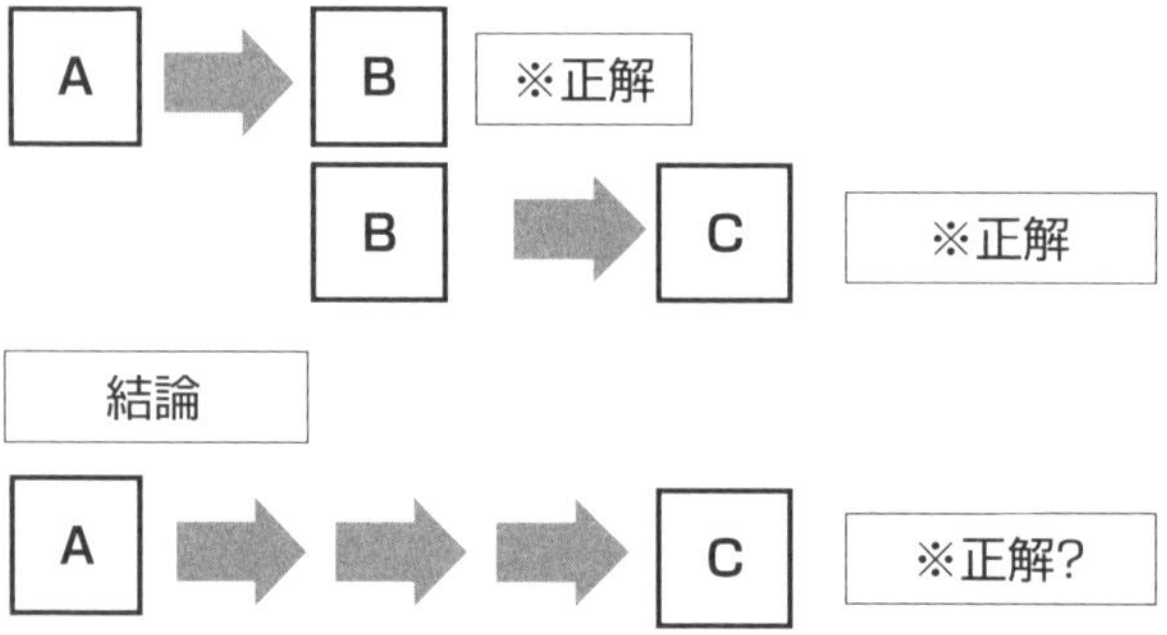

※文脈①「A(お金がたくさんある)」➡「B(美味しいものが食べられる)」
文脈②「B(美味しいものが食べられる)」➡「C(幸せになれる)」
文脈③「A(お金がたくさんある)」➡「C(幸せになれる)」……かな?

Term **文脈・コンテクスト（Context）** 背景、状況、場面を意味する。ビジネスシーンでは、「文脈（コンテクスト）を読んで対応する」のように使用される。IT用語としては、プログラムを実行するために必要な各種情報や設定を意味する場合が多い。

直線的でなければ三段論法は成立しない

結論を先にいいますと、「AならばB」、「BならばC」が正しいときに、「AならばC」と結論づけられるケースは「特別な場合」でしかありません。

実は、AとBとCが直線的に並んでいる、ある意味では「一次元」で、序列をつけたら覆せない関係のときにのみ、**三段論法**が成立するのです。

その感覚を悪用し、「AならばB」と真実を語っておいて、「BならばC」で偽りの結論を導き、あたかも「AならばC」を真実のように見せかける話法が横行しています。

途中まで正しいと、論理が飛躍しているのに、結論まで正しいと思い込んでしまうのです。

例えば下図のような「三すくみの関係」では、三段論法は成立しません。

個人でいえば、互いの関係が「上司と部下」のような直線的な関係でしか、三段論法は成立しないのです。

三段論法が成立しない文脈

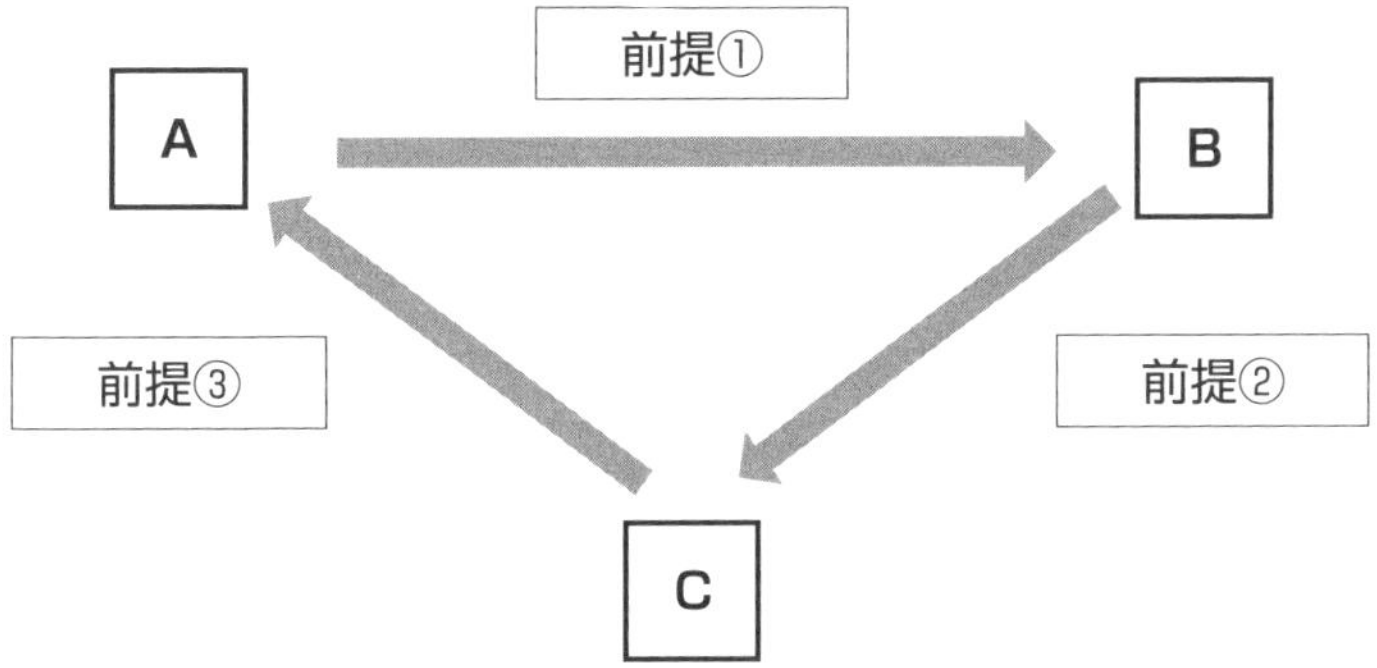

【前提①】A（グー）はB（チョキ）に勝つ
【前提②】B（チョキ）はC（パー）に勝つ
【前提③】C（パー）はA（グー）に勝つ
※ポイント「A➡B」「B➡C」から「A➡C」とすると、「グーはパーに勝つ」という主張になり、虚偽となってしまう。

Point **フレーム問題** 生成AIは文脈（コンテクスト）を正確にとらえるのは苦手。これは「フレーム問題」といわれている。コミュニケーションを目的とした文章の「つくり方」が、人間と生成AIとでは異なる。文脈の背景には「論理」があり、生成AIの「一見正しい文章」も、人間は違和感を覚える。

Section
1-13 エビデンスの質が問われる

コンサル業界激震の背景⑫（2023年～ 第5の波）

みなさんは囲碁や将棋をたしなみますか？ その事例は、生成AIとビジネス市場の関係性を考える上でも、重要な視点を与えてくれます。

SNSでは「事実か事実でないか」という判断基準より「面白いかどうか」という評価基準が強く出てきます。それゆえ週刊誌には、タイトルで注目させ、内容を読むと「それほどでもないのでガッカリ」という記事が少なくありません。

ときには、タイトルと内容が、どこも一致していないことさえあります。ともかく「注目を集めるタイトル」がなければ、誰もクリックしてくれないので、まさに井戸端会議の乗りで、コミュニケーションが進んでいるのです。

しかし、コンサルタントに求められている能力は、井戸端会議を円滑に進めるというものではありません。しっかりしたエビデンス、裏づけのあるデータをもとに、正しい論理展開を進めて、クライアントが陥りがちな「安易な結論」ではなく、実践的にも役立つような、ときに目からウロコが落ちるような新鮮な知見を引き出してくれること――そこにコンサルタントの存在意義があるのです。

■生成AIは井戸端会議がお好き

AIによるビッグデータ活用は、思いがけない「知見」を提示するかもしれません。そして気がつけば「支配していたつもりが支配する」ことになっているのかもしれません。

また、そもそも論として独裁国家がAIを活用すれば、それはシンギュラリティに近づき、人類を破滅させるかもしれません。それゆえ筆者は、コンサル業界は、平和な民主主義体制でこそ成立するビジネスだと、改めて認識したいと考えています。

コンサルタントにとって、ChatGPTは「**チューリングテスト**＊は通るが、東大の入試には対応できない」段階に来ています。それは、ChatGPTの本質が「人間への対応」でにあって「事実の考察」ではないからでしょう。たとえていうなら「井戸端会議」をするようなものです。例えば

Term **チューリングテスト** 1950年にアラン・チューリングが『Computing Machinery and Intelligence』の中で書いたもの。人間の判定者が機械と人間との確実な区別ができなかった場合、この機械はチューリングテストに合格したことになる。AIの性能を表す基準の1つとして使われている。

米国プラットフォーマーの陣取り合戦（2023年11月現在）

【Google】 □広告・検索	※生成AIを検索エンジンの脅威ととらえ、独自にチャットAI【Bard】を公開している
【Amazon】 □電子商取引	※クラウドサービスの強化とECサイトでの広告サービスの強化を図りつつ、生成AI分野への進出を模索
【Meta／Facebook】 □SNS・アプリ	※SNSの広告収益が鈍化する中、将来の柱としてメタバース事業に注力し、生成AI活用を模索
【Microsoft】 □端末・クラウド	※生成AIブームの先駆けとなったOpenAI社とのパートナーシップを拡大し、生成AIの覇権を狙う

※コンサルタントは、米国プラットフォーマーの動向を見極め、クライアントに最適なジョブ展開を提言する。

出所：総務省「情報通信白書 令和5年版」より作成

Column

生成AIがウソをつく理由

生成AIが導き出す「回答」は、たくさんある推論の「1つ」にすぎないので、事実（仮説）と照らし合わせると「ウソ」に見えることもある。

【リアルな社会】

正解のない世界

➡すべて仮説にすぎない

※例えば、人間は

【①】時間がある
➡リセットがきかない
【②】重力がある
➡どこでも上下関係がある
【③】感情がある
➡論理だけでは割り切れない

という世界に生きている。

【ICT技術】

デジタル化

➡ゼロかイチの世界

【AI技術】

推論で予想

➡それらしい語を提示

【サイバー空間】

正解のある世界

➡推論の1つにすぎない

※生成AIは、膨大な資料の中から「この単語の次には、この単語が来る」という文例をもとに、「最も成立しやすい単語」を選択してから、文章を整える。
そこには仮説も文脈も、意味の整合性もないものの、「それらしい文章」に整える力で、まとめ上げている。

Point

人類との共生　AIは、クルマにたとえられる。クルマは人間の能力をはるかに超えて進化したが、オリンピックがなくなることはなかった。しかし、生成AIの場合、クルマ社会のように「人類と共生できるかどうか」は未知数。AIのクオリティは、いずれ人類の想像を超える領域にたどりつくだろう。

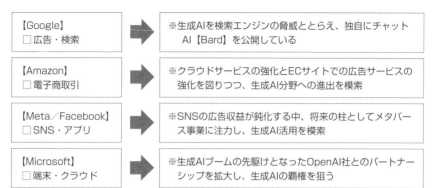

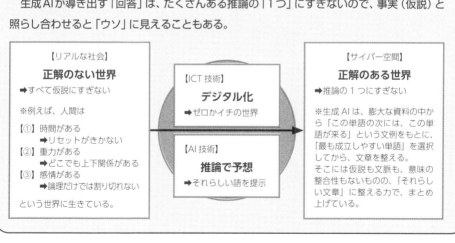

Section
1-14 激震の向こうにあるもの

コンサル業界の激震を超えて①

コンサル業界は、「DX」「Sustainability & Climate」「Pandemic」「Ukraine & Gaza」「Generative AI」という5つの波による衝撃に耐えてきましたが、これらの波は序章にすぎませんでした。

■世界は大きく変化してきた

これまでの波を振り返ってみましょう。

もともと2016年に始まった第1の波「**DX Shock**」は、「2025年の崖」を乗り切るためのデジタル化による改革を説きました。ターゲットは2025年だったのです。

DXへの対応をスタートさせているとき、2018年から気候変動に目がいき、経営リスクとしても無視できない気象災害が増えてきて、第2の波「**Sustainability & Climate Shock**」がありました。これはSDGsを実現する対策が中心で、特に気候変動リスクへの対応が求められました。

SDGsへの取り組みが軌道に乗り始めた2020年3月、世界は第3の波である「**Pandemic Shock**」を迎えます。コロナ禍による経済閉鎖で、あらゆる国の企業が、パンデミックへの対応を模索しました。

出口が見えない状況が続きく中、科学技術の極みであるワクチン接種が火種となり、ネット上のデマやフェイクニュース、利害関係のある同業他社の送り出した医師や学者の「警鐘」も影響して、世界は「ワクチン派と反ワクチン派」、「マスク派と反マスク派」のように分断されました。

企業も、パンデミック対応を決める政府の方針に従うことになり、経済活動も暗くて長いトンネルに突入したのです。

その出口が見え始め、分断解消を模索し始めた2022年3月、第4の波である「**Ukraine Shock**」が起きました。ロシアによるウクライナへの侵略で、改めて世界が分断されていることが明確となり、**欲望資本主義**＊と恐怖資本主義の戦いが始まりました。

戦争が長期化し、世界を統一的に平和に導くはずの国連

Term
欲望資本主義　ノーベル経済学賞受賞者のスティグリッツは、「米国などの超大国の迷走の先に、資本主義には何が待っているのか」と問いかけている。貧富の格差が拡大し、一部の富豪が富の多くを獲得できる資本主義は「行きすぎ」だとして断罪し、限りない欲望を抑える経済を模索する考えを表明。

安保理が「何の役にも立たない」状況が続きました。

　民間企業も新しい国際秩序のもとでのビジネス活動を模索していましたが、米国中心のICT企業の「外側」から、第5の波「**Generative AI Shock**」がやってきました。

　ここでコンサル業界にとって重要なことは、2023年に始まる第5の波による仕事の中身の点検や変革は、コンサル業界にも求められていたということ。第1の波も、その後の波も、すべて優等生として乗り切り、逆にビジネスチャンスに変換してきたコンサル業界ですが、第5の波は、自らの業務の総点検を強いられるものでした。

■5つの波は持続している

　2016年以降、世界経済は5つの激震を経験したわけですが、その影響は、少なくとも2030年までは続くとみられています。DXも、コロナ禍対策も、ガザ地区の破壊も、SDGsも、ロシアによるウクライナへの侵略も、生成AIへの対応も、いずれも一過性の出来事ではありません。それらの影響は世界規模であり、どれも数年で消えるような小波ではありません。戦争の影響は長引き、世界構造が「平和」に戻るためには、相応の時間が必要となっています。

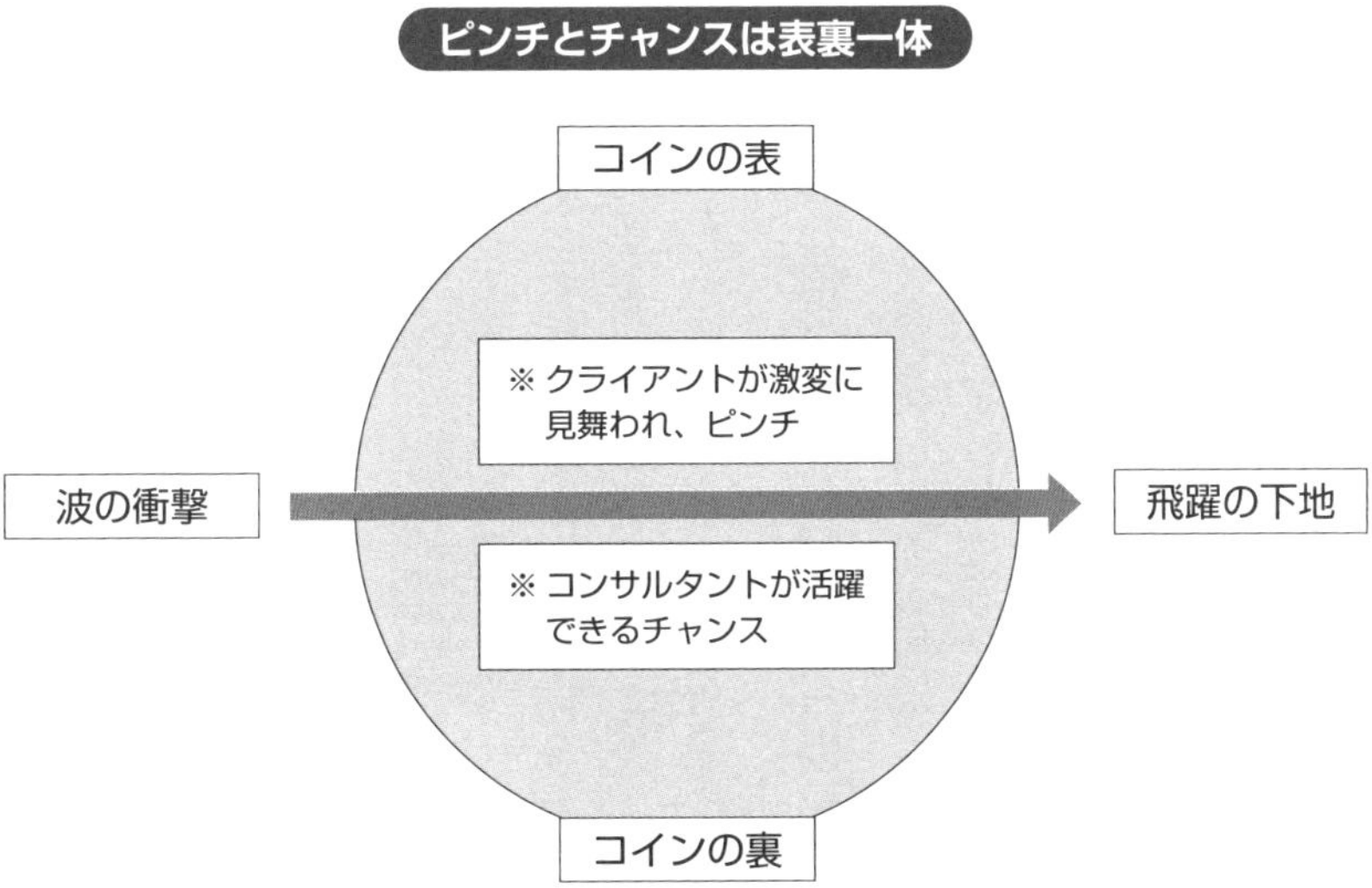
ピンチとチャンスは表裏一体
コインの表
※ クライアントが激変に見舞われ、ピンチ
波の衝撃
飛躍の下地
※ コンサルタントが活躍できるチャンス
コインの裏

Point

正解のない世界　日本市場を襲った激震は、2025年までは容易に解決しない課題。コンサルタントにとって問題となるのは、2026年以降にどうなる可能性があるかという未来予測。これは「正解のない世界」であり、未来についての明確なビジョンを提示できるコンサルタントが生き残れることになる。

Section
1-15 世界を変える第6の波

コンサル業界の激震を超えて②

2016年以来の5つの波は、世界のビジネス市場に大きな打撃を与え、2023年12月現在、その影響は続いています。それらを総合させた大波がパラダイムシフトです。

■第6の波は「Paradigm Shock」

コンサル業界の目は、先を見ていました。

もともと、クライアントが見通せない未来について、あたかも「そこに行って確認してきたかのように語る」ことが上手なコンサルタントですが、様々な波を乗り切った先の未来に、第6の波が見え隠れしていることに気づくのも早かったのです。

早ければ2025年、日本では大阪万博が開かれている頃、世界は第6の波に見舞われているでしょう。その波には様々なテーマが混在していて、何が起きているのか、なかなかスッキリとは指摘されないかもしれません。しかし、何がトリガーとなるにせよ、そこから始まるイノベーションがビジネス市場の激変をさらに加速させ、世界は、かつてのカンブリア紀のようなカオスに陥ることになるかもしれません。

あるいは白亜紀末に恐竜が倒れたように、GAFA*といわれて恐れられていた巨大ICT企業も、そこで生き残るために、何かをしなければならないと気づくことになります。それが、第6の波「Paradigm Shock」です。

■想定外が重なればパラダイムはシフトする

例えば、第1の波「DX Shock」の先には「量子コンピュータの登場」があり、第2の波「Sustainability & Climate Shock」の先には「世界の穀物が全滅するような極端気象連鎖」があり、第3の波「Pandemic Shock」の先には、グリーンランドの凍土に封じ込められていた超新型コロナウイルス登場」によるパンデミックの本番が控えています。

例えば第4の波である「Ukraine & Gaza Shock」の先には、膠着《こうちゃく》状況が続く戦場を打破するために使っては

Term **GAFA** GAFA(ガーファ)はGoogle、Apple、Facebook、Amazonの頭文字を並べたものだったが、その後、ICTの老舗Microsoftを加えたGAFAM(ガーファム)も一般化。また、FacebookはMetaと名称を変えたためGAMAMという呼び方も出てきた。

いけない小型爆弾が使われる可能性があり、第5の波「Generative AI Shock」では、メタバースの中ではあるものの、世界が恐れていたシンギュラリティが起きてしまい、インターネットのウェブ環境がすべて生成AIに乗っ取られる事態に発展します。

どの1つの波をとっても大変な事態になりますが、これらの波は、連携ができない国際社会の足並みの乱れに乗って加速し続け、やがて他の波とも融合することで、東日本大震災のときに襲った大津波のようになって、ビジネス社会に押し寄せてくるかもしれません。そのとき、コンサルタントは何をサポートすればいいのでしょうか。

大津波そのものは、大地震が予知できないように、2026年の段階では「来たら見守る」しかありません。ただし、コンサルタントはクライアントを守るために、事前に備えておくことはできます。

大地震が起きた直後に、大津波が来るわけではありません。エネルギーが集約されるには、いくばくかの時間が必要なのです。

その1時間ないし2時間の間に、何ができるか。そこが、コンサルタントの腕の見せどころとなるはずです。

世界を襲う第6の波

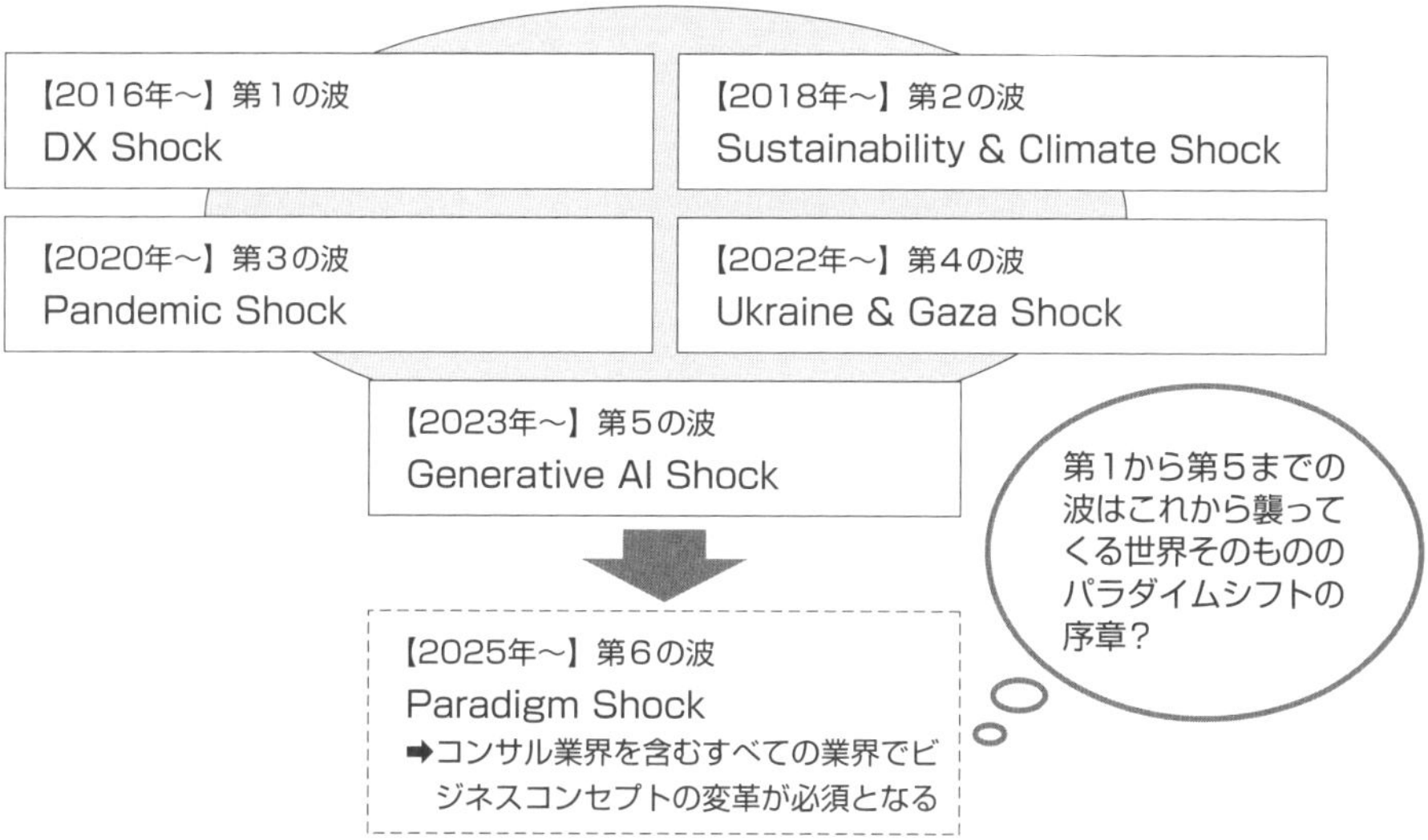
【2016年～】第1の波
DX Shock
【2018年～】第2の波
Sustainability & Climate Shock
【2020年～】第3の波
Pandemic Shock
【2022年～】第4の波
Ukraine & Gaza Shock
【2023年～】第5の波
Generative AI Shock
【2025年～】第6の波
Paradigm Shock
➡コンサル業界を含むすべての業界でビジネスコンセプトの変革が必須となる
第1から第5までの波はこれから襲ってくる世界そのもののパラダイムシフトの序章？

Point **大波を予想する**　コンサルタントの力量が問われるのは、大波が想定されたとき。高台に逃げるか、とどまるか。そもそも高台があるか、あっても、どのように行きつくか。コンサルタントは、仮の回答を用意するだけではなく、実現可能性も含めて、大波を想定したシミュレーションをしておく必要がある。

Column コンサルタントは手を抜かない

■徹底的に下調べをする

自分で取材をして記事を書き始めた頃、先輩からこんな話を聞きました。

「取材に行くときには、原稿は8割くらいつくっている。その文脈に沿って、本人の生の感想を聞き出すことが、取材の目的となる」

また、別の先輩からは、こんな話も聞きました。

「取材は、下調べをしすぎると聞く前から内容がわかってしまう。すると、その気持ちが顔に出て、答えるほうは乗ってこないので、つまらない記事になる」

どちらも、心理を言い当てている気がしました。その後、500人くらいの会社経営者に取材させてもらった筆者は、今日では、いずれも正しいと思っています。多くの場合、心理とは1つではなく、相反する内容であっても、いずれも正しいというケースが出てくるのです。要するに、同じ真実でも、視点が変われば、見え方が変わるようなものです。

筆者がいま、経営者に取材をするなら、徹底的に下調べをして原稿は半分くらい書いておきます。そして残りの半分を、新たな取材で掘り起こすのです。これは、雑誌記事の取材で身につけたスキルですが、コンサルタントになってから「すべての取材に応用できる」と気づきました。

■コインの裏と表の関係

コンサルタントに必要なスキルは、聞き出す技術と伝える技術であることは間違いありません。しかし筆者は、どちらに偏っても、仕事はうまく進まないと考えています。というのも、聞く力と伝える力は、同じコインの表と裏であり、そもそも分離してとらえるものではないからです。

聞くときには伝えることを考えて質問しますし、伝えるときは聞いたときの反応を思い浮かべながら伝えます。コインの表と裏を別々にとらえることができないように、聞く力と伝える力は、分けて考えることはできません。

ただ、取材をして記事を書くという一連の作業において、重要なことが1つあります。聞くときも、書くときも、伝えるときも、何かをつくり上げるときには決して「手を抜かない」こと。それが、筆者がコンサルタントの仕事をしてきてつかんだ極意です。クライアントは、手を抜いているコンサルタントのことが、よくわかっています。「手を抜いたな」とわかりながらプレゼンを聞き、質問をし、提言を聞いているのです。

コンサルタントも人の子ですから、ときに「手を抜きたい」と思うこともあるでしょう。しかし、考えてナンボの世界にいるコンサルタントが、聞くときや伝えるときに手を抜いていると、必ずバレます。それゆえ、コンサルタントは、体調を整え、よく眠って、メリハリをつけて仕事をしているのです。

第2章

コンサル業界の躍進と停滞

コンサル業界を俯瞰し、そこで何が起きているのかを理解したとしても、次の「どのようにしたらいいのか」という課題で大きな壁に突き当たります。その壁の１つが「教科書が通用しない事態」です。

しかし、教科書が通用するのかしないのか、そのこと自体、教科書の内容を知らなければ判断できません。様々な変化に対応し、適応して進化してきたコンサル業界について俯瞰しておきましょう。

コンサル業界の全体像①

コンサル業界で起きていること

いま、コンサル業界では激しい再編が起きています。名称変更、親会社との分離、提携（買収）、株式上場もあります。ＩＴ業界からの新規参入も加速し、全体像が見えにくくなっています。

激しい業界再編の理由

現在、ビジネス市場全体が大きな構造改革の時期を迎えています。ビジネス市場で活躍しているクライアントが大きな変革期に入れば、必然的に、コンサル業界も変化しなければ生き残ることはできません。

多くの日本企業では、これまで収益を生んできた事業基盤そのものが大きくゆらぎ始めています。社内の人材で行える方策は、すでにやり尽くしました。それでも結果は、かんばしくない。そこで、少しでも体力のあるうちにと、外部コンサルファームの門をたたくことになります。

大手企業は、これまでも部分的あるいは全面的にコンサルファームを活用してきました。特に変革期にあっては、自社の判断だけではリスクが大きすぎます。そこでは外部から客観的に見た分析と判断が求められるのです。そのことはコンサルファームが最も得意とし、知恵と経験を積んできた分野でした。

各企業は、あらゆる手段を講じて生き残ろうとしています。しかし「現在」の市場・顧客・競合に対する戦術を議論しても、根本的な構造変化に対応できなければ生き残ることはできません。しかも、いま起きている変化は第四次産業革命と呼ばれる潮流の中にあり、過去の成功体験の延長で考えていては生き残れません。

生き残るために変化する

第一次産業革命*では「モノ」の変革が進み、大量生産時代に向かいました。第二次産業革命はエネルギー革命であり、世界は「電気」の恩恵を受けました。グローバル経済が始まり、世界通貨による「カネ」の変革が進みました。第三次産業革命はコンピュータの発明による「情報」の革

Term

産業革命　18世紀後半、英国で技術革新があり、機械と蒸気機関を用いる大規模な工場での生産が普及した。その結果、飛躍的に生産性が高まり、世界経済の中心が農業から工業へと大きく変化した。これを産業革命というが、その後、二次、三次と産業革命が起き、現在は第四次といわれている。

命でした。

いま、私たちは**第四次産業革命**の当事者となり、情報を高度化させたAI（人工知能）により「ヒト」の役割を大きく変える変革が進みます。第1章で見てきたように、コンサル業界は5つの激震に耐え、逆に成長を模索しました。

2016年にはDX、2018年には気候変動リスクへの対応が必須となりました。2020年には新型コロナウイルスによるパンデミックへの対応が必須となり、それが収まらない中、2022年にはロシアによるウクライナへの侵略で世界の分断への対応が必須となりました。覚悟を決めなければ国家消滅の危機に陥り、ビジネスどころではなくなります。

軍事戦略を専門とする部門があるコンサルファームは別ですが、ビジネス戦略を支援するファームの多くは平和産業として商品・サービス・人材の流通を手助けしています。平和の恩恵を受けて企業は成長し、その企業を支援するコンサルファームもまた、平和が続くことを前提に未来図を描き、支援してきました。

20世紀が「戦争の世紀」と呼ばれていたように、21世紀もまた「戦争の世紀」になってしまうと、コンサル市場もまた「それなりの需要」しか見込めなくなります。

経営資源と産業革命

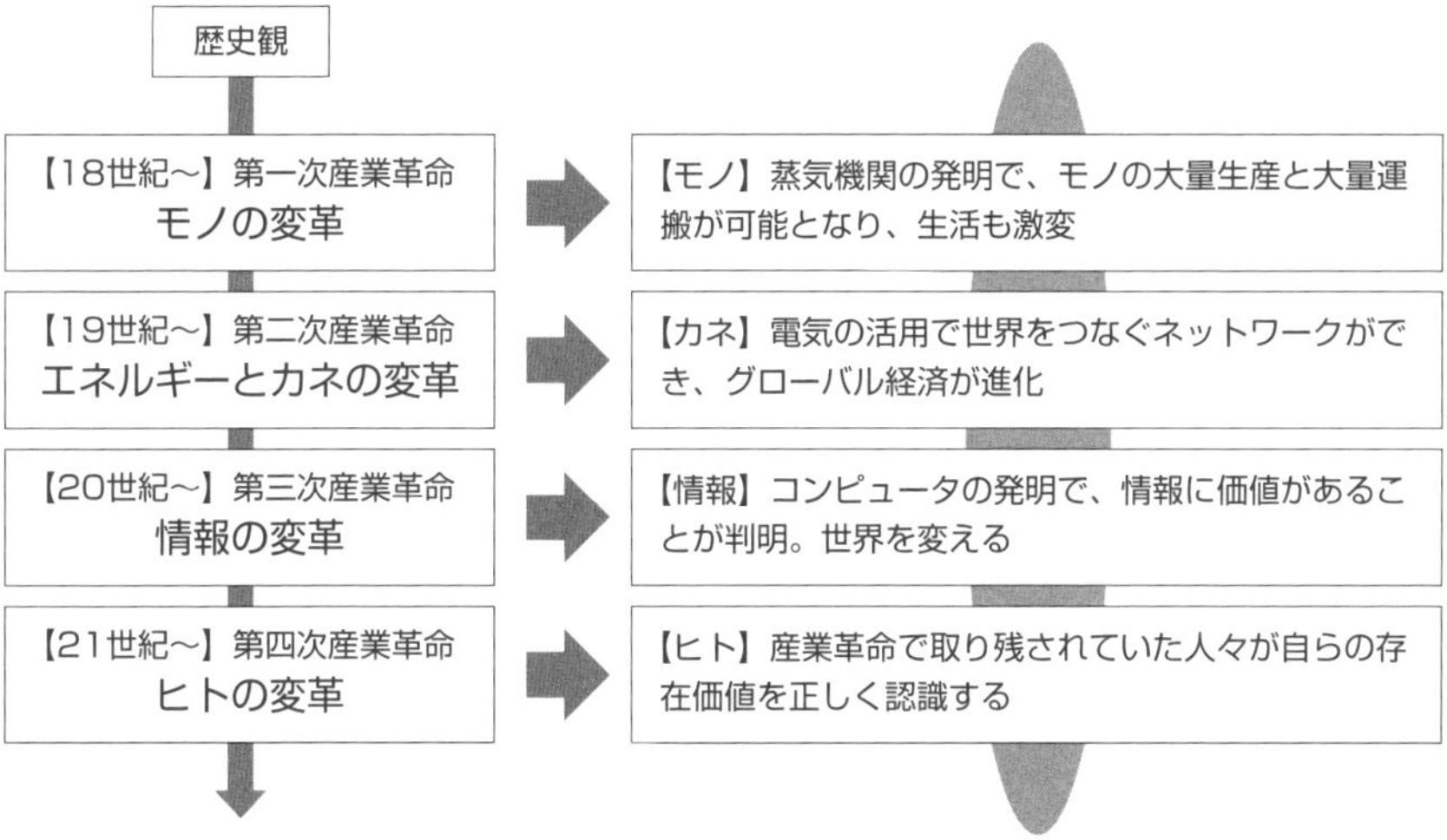
歴史観
【18世紀～】第一次産業革命
モノの変革
【モノ】蒸気機関の発明で、モノの大量生産と大量運搬が可能となり、生活も激変
【19世紀～】第二次産業革命
エネルギーとカネの変革
【カネ】電気の活用で世界をつなぐネットワークができ、グローバル経済が進化
【20世紀～】第三次産業革命
情報の変革
【情報】コンピュータの発明で、情報に価値があることが判明。世界を変える
【21世紀～】第四次産業革命
ヒトの変革
【ヒト】産業革命で取り残されていた人々が自らの存在価値を正しく認識する

※コンサルタントは歴史観をもって具体的な未来図を提供する。

Point

経営資源の視点　人類は産業革命以降に地球環境を激変させてきた。17世紀までの地球と18世紀以降の地球は大きく変容している。わずか数百年の間に、世界は都市化してグローバル経済が発展し、人口は80億人にまで膨れ上がった。その歴史を経営資源「ヒト・モノ・カネ・情報」で見ると未来が見えてくる。

コンサル業界の市場特性

成長著しいコンサルティング業界ですが、市場規模についての明確なデータは整っていません。しかし量の大きさより、毎年確実に成長する質の変化に注目しましょう。

■コンサル業界のビジネス領域

コンサルタントという肩書は、「自分でつけられる」ものの1つであり、例えば中小企業診断士や気象予報士のように、公的な資格というわけではありません。それゆえ日本、そして世界で、コンサルタントが何人いるかという統計をとるのは難しいものがあります。

コンサルタントが、そのようなブランドであるため、コンサル業界についての統計資料も事実上存在しません。業界そのものの定義が、とてもあいまいだからです。

大手コンサルファームから個人事業主まで、コンサルタントの売上を総計すればいいのですが、まずファーム自体に上場企業が極端に少ない点、また、個人事業主としてのコンサルタントそのものの定義があいまいで把握しきれないことから、「だいたいこの程度」と推測している状態です。

■オープンマインドの進行

以前は「コンサルティングを受けている」と言うと、「経営に自信がないのか」と見られることを心配する経営者もいました。それゆえコンサルファームのほうでも、どんな企業をクライアントとして、どの程度の規模のコンサルティングをしているのか、公表しない場合が大半でした。

しかし最近では、堂々と「当社はコンサルファームと提携しています」と公表する企業も増えてきました。

コンサルティング契約をする場合には、必ず守秘義務契約を交わします。そのため、クライアントに対しては特別に神経を使うことになります。コンサルタントは、「黒子に徹してナンボ」の世界でした。その代わり、守秘義務を果たす分、高額の報酬がもらえたのです。

Term

戦略系コンサルファーム　企業の経営戦略という「中枢」について、ノウハウを伝授するコンサルファーム。成熟市場においては、競争優位に立つことは容易ではない。新市場を開拓してもすぐに競合他社が追い付いてくる。そこでは常にウォッチングをし、機敏な経営判断が求められる。

■IT系コンサルの躍進

さらに統計を難しくしているのは、ＩＴ系コンサルファームの急成長です。特に１９９０年代後半から、ＩＴの導入に伴うコンサルサービスが急速に普及した結果、どこまでがＩＴ投資のコンサルであり、どこからがインフラシステム構築なのか、区別がつかなくなってきました。

21世紀に入り、例えば**戦略系コンサルファーム**＊で見れば、求められる業務内容が戦略立案や指導で終わることはなくなりました。クライアントが、その先にある成果を求めていたからです。

戦略系コンサルファームでも、実際のＩＴシステムを駆使したビジネスモデル構築から運営までを請け負い、事業によっては、実際に利益を出す部分もコミットメントするような実践主義に移行していったファームもあります。

さらにアウトソーシング（外注化）の流れもあり、コンサルファームの仕事は、それこそあらゆる企業のあらゆる事業と複雑に絡み合って進んでいく時代になっているのです。その延長に、第1章で解説した第1の波「ＤＸ」への対応がありました。

クライアントとコンサルタントは、共に変化していく

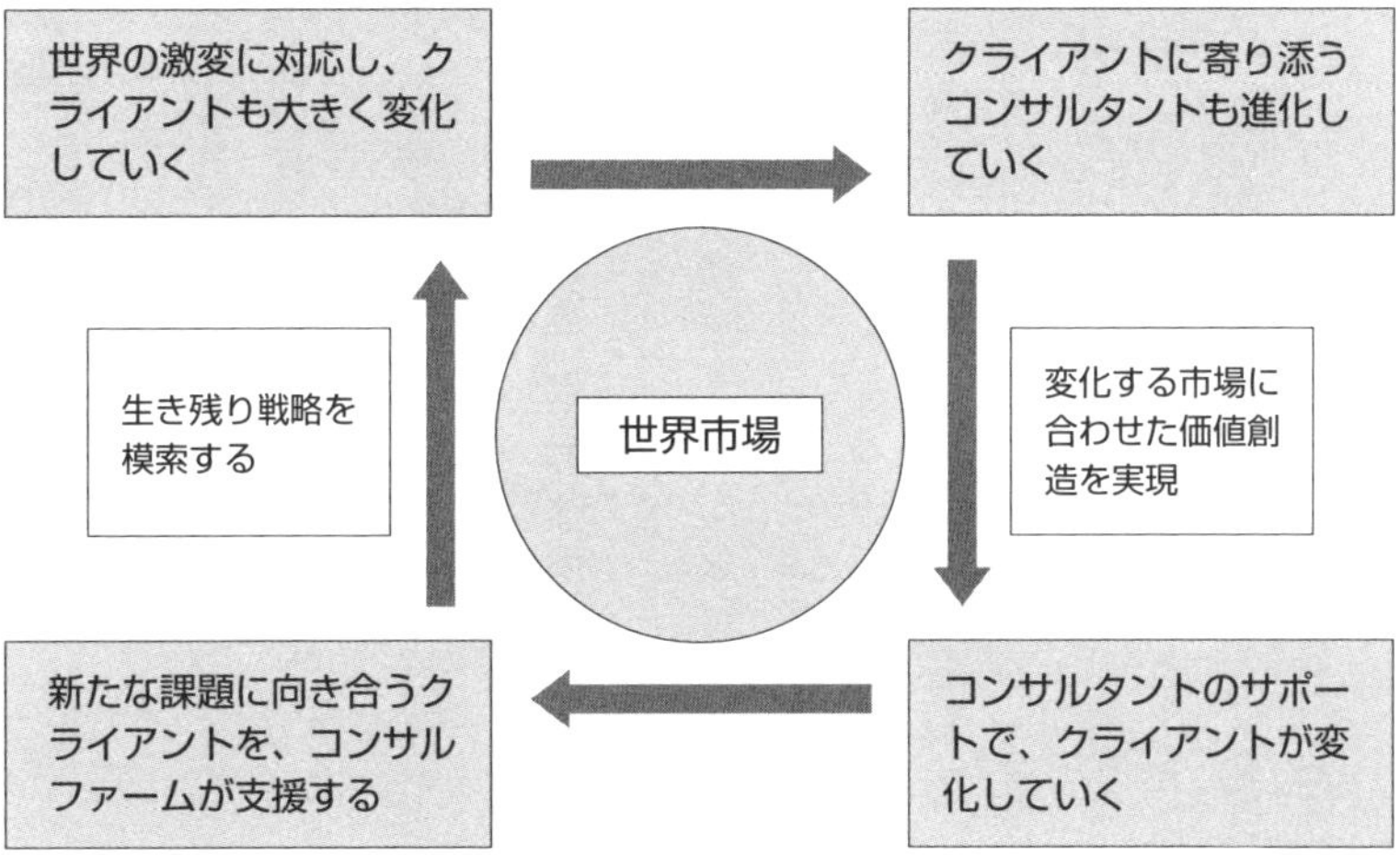
世界の激変に対応し、クライアントも大きく変化していく
クライアントに寄り添うコンサルタントも進化していく
変化する市場に合わせた価値創造を実現
コンサルタントのサポートで、クライアントが変化していく
新たな課題に向き合うクライアントを、コンサルファームが支援する
生き残り戦略を模索する
世界市場

※コンサルタントの提案する事業戦略は常に「世界市場」を意識している。

Point
ベストパートナーになる　時々刻々と変化する世界市場に、企業は適応しなければならない。コンサルタントは、そんなクライアントに寄り添い、一つひとつのジョブを通して信頼を積み上げ、なくてはならないベストパートナーとして成長していく。

Section

2-3 市場特性に注目する

コンサル業界の全体像③

ICT企業は中途採用を活用してコンサルファームの得意技を取り入れ、逆にコンサルファームはDXを推進できる人材を中途採用して社内にDX専門部隊を設けました。

■コンサル業務の線引きも難しい

コンサル業界にICT人材が入り、ICT企業にコンサルタントが入ることで、コンサル業界全体の市場規模を推定することが、ますます難しくなってきました。

「業界」とは扱っている事業を指した言葉です。同じ業界であれば似たような商品・サービスを扱い、業界内で互いに競いながら、利害関係が一致すれば業界団体として結束し、利権があれば守ることになります。

しかし、コンサルファーム全体をまとめる業界団体はありません。それでもネット検索で「コンサル業界市場規模」としてサーチすれば、様々な数字が出てきます。

一方、業種は業界から細分化したものを意味する言葉です。業界内には様々な仕事があり、それが複数の分野に分けられています。

例えばコンサルファームの場合、業界はコンサル業ですが、その中にデータ分析、戦略立案、ICTインフラの構築など、いろいろな職種（業種）があります。

コンサルファームにもICT企業にも、**データアナリスト***という職種（業種）の人はいますし、コンサルタントという職種（業種）の人もいます。そもそもコンサル業界のボーダーを難しくしている理由に、コンサル業務自体に明確な線引きがしにくいという事情もありました。

コンサルタントに委託したい業務には、例えば現状分析、課題の整理・解決、そして業務プロセス革新のためのコンピュータシステム構築などがあります。コンサル会社は、そのすべての業務に関わることもできますし、「現状分析はマーケティングリサーチ会社に、業務プロセス刷新はITサービス企業かシステム開発企業に振り、会計システムの刷新は会計事務所に振る」といった形をとることもできます。

Term **データアナリスト**　大量のデータや業務システムの実績などを収集・分析するデータ分析の専門家。データ分析によりユーザー動向や市場構造を分析する。スキルとしては数学や統計学、プログラミング、機械学習などに加え、ビジネス的視点で課題解決への道を探る力も求められる。

■市場の変化をつかむ

コンサル企業の側から見ると、例えば世界市場で2022年8月期に売上高625億ドル（1＄140円換算で8兆7500億円）の売上のあるアクセンチュアは、コンサル業界とICTサービス業界でもM&Aを繰り返して進化してきました。アクセンチュアに限らず、大手コンサルファームでは業務の線引きが難しく、コンサル分野だけ抽出することには、あまり意味はありません。それを積み上げた数字も、コンサル業務だけとは限らないのです。

それでも「だいたいの市場規模が知りたい」場合、よく引用されるのがIDCジャパンなどの調査会社の統計です。同社によれば、2021年の日本国内ビジネスコンサルティングサービス市場は約6000億円となっています。

ただし、市場規模を見るために積算する企業は上場企業が中心となりますから、実態は数倍に及ぶと見ることができます。さらに、ICT人材を吸収し、ベンチャー企業をM&Aで吸収して拡大するコンサルファームの売上はうなぎ上りになりますから、「どの段階で、どのファームを集計したのか」によって数字は変わります。それゆえ、数年間の推移（トレンド）に注目して業界の傾向を見ることになります。

市場全体より個別のコンサルファームに注目する

個別データ

- □総合系 アクセンチュアほか
- □戦略系 マッキンゼーほか
- □人事系 アーサージャパンほか
- □会計系 PwCコンサルティングほか
- □ICT系 日本IBMほか
- □M&A系 日本M&AセンターHDほか
- □シンクタンク系 野村総研ほか
- □中小企業系 船井総研HDほか
- □専門特化系（DX専門ファームほか）
- □その他

→ 加 算 →

市場規模

※個別売上を加算すると市場規模が出る

※ネットなどで公表されている情報では調査会社IDCジャパンのものが有名。同社によると、2021年度の国内ビジネスコンサルティングサービス市場は前年比11%増の5724億円だった

※丁寧に加算すると日本のコンサル市場は約1兆円で、ドイツと同程度。

Point　トレンドに注目　コンサル業界の市場規模は約1兆円となるが、その数字を他業界と比較するより、コンサル市場の特性を知るためには「トレンド（時系列データ）」に注目したい。全体の市場規模が伸びていても、就職したい個別のコンサルファームが伸びているとは限らない。

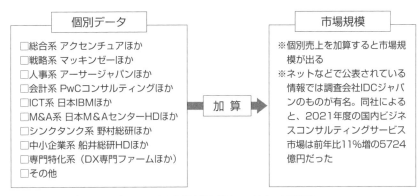

Section
2-4 コンサル業界の歴史

コンサル業界の全体像④

コンサルの意味は「相談相手」のこと。英語で「診察医」の意味もあり、顧客を「クライアント（患者）」と表現します。ここではファームの歴史を俯瞰しておきます。

■コンサルファームの誕生

コンサルタント業の始まりは、1880年。米国で設立された機械技師協会で、工場運営の効率化や生産性向上を推進した技師集団が原点といわれています。

そこで培った工場の生産管理ノウハウなどを武器として、技師たちは独立しました。米国の経済が急成長する時期にあたり、多くのファーム（企業）が誕生して活躍しました。

世界的に有名な**コンサルファーム**では、1886年に「アーサー・D・リトル」、1913年に「アーサーアンダーセン・アンド・カンパニー」、1926年には「マッキンゼー・アンド・カンパニー」が誕生しています。

その後、1943年から1946年にかけて、第二次世界大戦時のノウハウを得て人材活用が注目され、「ワトソンワイアット」などが人事関連専門のファームとして設立されました。そして、1960年前後から、景気停滞による競争激化を背景にコンサルティング業界が飛躍的に発展する時期を迎えました。1963年には老舗のアーサー・D・リトルをスピンアウトしたコンサルタントが「ボストン・コンサルティング・グループ（**BCG***）」を設立。そのBCGをスピンアウトしたコンサルタントによって、73年に「**ベイン・アンド・カンパニー***」が誕生しています。

コンサルファームは、分家独立のような形で生まれることが多いのです。これもまた、業界らしさをかもし出しています。

■ICTによるデジタル革命が業務革新を牽引《けんいん》

もともと顧客企業の経営・戦略指導が専門のコンサルタントですから、実力がついてくれば独立して自分流のコンサルビジネスを展開できます。

Term
BCG　戦略系コンサルファームの大手。5-3節参照。
ベイン・アンド・カンパニー　戦略系コンサルファーム。世界19カ国に約2800名の従業員を配している。

他社に教えるだけでなく、自らリスクを負って会社経営をしてみたくなるのも、仕事柄当然のことでしょう。

その後、ICTの進展と共に、コンピュータシステム構築とコンサルティング手法とがリンクして、新たな経営刷新ビジネスが立ち上がります。コンサルティング業界の主役にIT関連企業が名乗りを上げました。市場が成熟化して商品・サービスでの差別化が難しくなるにつれ、ICTで経営を効率化して生き残る手法に注目が集まります。

時代は下って2000年。世界の会計事務所でビッグ・フォーの一角である「アーンスト&ヤング」は、コンサルティング部門を売却しました。2002年には、老舗のコンサルファームである「アーサー・D・リトル」が経営破綻。経営指南役の倒産は、いかに経営が難しい時代に入っているかを、まざまざと見せ付けてくれました。

21世紀になり、コンサルファームは大躍動を続けます。その成功要因を一言でいえば「市場の変化と共に変わる顧客の声に応えた」ことにあります。

コンサル会社には、同じ業界の競合企業で支援をしたときの体験から来る「知のリソース」が蓄積されていますし、他業界の事例もわかるはずです。

コンサル業界を支える歴史観

なぜ、コンサルタントが必要になったのか①

【〜18世紀】 狩猟・農耕社会	※農耕ができる土地に定住、囲い込んで外敵から身を守る生活を続けて、少しずつ子孫を増やした
【18世紀〜】 第一次産業革命	※大量生産と大量運搬が可能となり、世界各地に市場が生まれ、資本家がビジネスを展開する
【19世紀〜】 第二次産業革命	※石炭や石油でエネルギーを得るシステムが生まれ、大量生産体制が整い、グローバル経済が進化
【20世紀〜】 第三次産業革命	※情報をもとにビジネスを展開すれば大きな利益が得られると判明。戦争とビジネスの時代に
【21世紀〜】 第四次産業革命	※世界の都市化が進み、ICTの進化で労働効率がアップ。80億人を幸福にする未来を模索

※世界は混迷を極め、多様な課題が噴出し、コンサルティングが必要に。

Point

コンサルテーマも進化した　日本では、いち早く「人間中心の社会」(Society 5.0) のビジョンを打ち出したが、世界は肥大化し続ける欲望のコントロールがきかず、ごく一部の成功者が、本来は人類共通の財産であるはずの地球環境を独占。コンサルタントも、社会貢献、人類の幸福訴求等のテーマとも向き合うことになる。

Section
2-5 コンサル業界の確立

コンサル業界の全体像⑤

どの企業が、どんな理由で成功したのか。逆にどんな理由で失敗することがあるのか。コンサル会社の語る企業経営のコツは、自社の経営にとって重要な羅針盤になりました。

■コンサル業界成長の理由

21世紀初頭、世界のビジネス市場はICTの進展とグローバル化により、新たな次元に突入していきました。高速化・大容量化していくインターネットを使ったプラットフォームの登場により、企業は「顧客との直接取引」ができるようになりました。これまでメーカーと小売店をつないでいた中間事業がなくなり、商品・サービスはプラットフォームを通して、顧客と直接的にやりとりされるようになったのです。そのため、あらゆるビジネスが、根本から組み立て直す必要に迫られました。旧来のビジネス構造から脱して新たな**プラットフォーム***を構築するか、その仕組みを利用することができた企業は業績が伸びます。

逆に出遅れた企業は伸びが止まり、対応を怠った企業は低迷しながら資産を食いつぶし、やがてきれいに消滅していくことになりました。

一般的に変化は、それが起きている業界の内部にいると気づかないものです。業界の外側にいれば、業界全体を大きく俯瞰することができ、変化している現実ばかりか変化の理由についても冷静に分析することができます。

それゆえ、コンサル業界を上手に活用して、業界の変化を明確にとらえていた企業は、変化に対応することができました。それが21世紀に入って、コンサル業界が確実に成長してきている理由にほかなりません。

■理由がわかれば模倣できる

昨日と同じビジネス環境が続いているなら、コンサルタントは必要ありません。経営者が自分で分析し、自分で判断して事業を進めても、同じように成功するでしょう。

また、何の競争関係もない社会なら、他社と競う必要も

Term
プラットフォーム　商品やサービスの提供者と利用者をつなぐ基盤（プラットフォーム）のこと。それを提供するビジネスを**プラットフォームビジネス**と呼んでいる。プラットフォームを提供するプラットフォーマーは、プラットフォームという場を提供するビジネスに徹することになる。

なく、政府や自治体などの雇用主に言われたことを誠実に守って商品・サービスを提供していれば、大成功はないかもしれませんが、失敗もないでしょう。ここでもコンサルタントは必要ありません。

さらにいえば、その市場が未成熟なブルーオーシャンで「つくれば売れる」状況にあるならば、どうでしょう。例えば大発明をして特許をとり、自社以外は供給できない商品・サービスがある場合も、ひたすら製造したりサービスを提供したりすればいいのですから、経営に工夫は要りません。何も高いコストを支払ってコンサルタントに仕事を依頼する必要はないのです。

例えば戦略系コンサルタントが必要となるのは、企業が自力で解決できない経営課題に直面している場合です。そして戦略系コンサルファームは、クライアント企業に代わって過去の事例を広く深く研究することで、存在感を示すのです。誰も病気にならなければ病院も医師も要らないのと同様に、困っているクライアントがいなければ、コンサルファームは必要ありません。

2016年以降に世界中が大きな激震に見舞われ、パラダイムシフトが起きている今日の状況こそ、コンサルファームを成長させていると見ることができるのです。

コンサル業界の存在意義

なぜ、コンサルタントが必要になったのか②

コスト パフォーマンス	※コンサルタントには変化に対応する知見があるので、結果として自社でするより安くできる
タイム パフォーマンス	※コンサルタントは課題を迅速に整理するので、成果が上がるまでの期間を大幅に短縮できる
ナレッジ マネジメント	※コンサルタントとは強い秘密保持契約を結ぶので、自社にある知見が外部に漏れるリスクがない
コンセプト デザイン	※コンサルタントは得られた知見をわかりやすく提示するので、社内スタッフが共有しやすい
ベスト パートナー	※コンサルタントは、孤独な選択を迫られる経営者のよき相談相手であり、心の支えになっている

※AIにはない「人間力」がコンサルタントの価値を高めている。

Point

政治には触れない コンサルタントは、難局のかじ取りをする経営者に寄り添い、経営を支援する。そこには、市場が劇的に変化している「原因」が政治的なものではないという大前提がある。クライアントを守り、彼らが紛争や戦争に巻き込まれないような方向性を考えるのも、コンサルタントの責務になる。

Section
2-6 キャッチアップ後の長い失速

コンサル業界の全体像⑥

日本のコンサル市場は、高度成長期、バブル期を経て、経営にICTの恩恵を活用するMOT*
がブームとなりました。業務革新は経営中枢に向かい、その後失速します。

バブル期の日本は、世界でもナンバーワン

1980年代、日本の製造業は我が世の春を謳歌《おうか》していました。その当時は、世界中のどこを見ても、高いQCD（高品質・低価格・短納期）でのモノづくりができる企業は、日本以外には存在しなかったからです。

日本企業の強みは圧倒的でした。トヨタ自動車に象徴されるように、**QC（品質管理）**の手法を使った管理技術は頂点に達し、欧米からも**「ジャパン・アズ・ナンバーワン」**と賞賛され、脅威だと見られることにもなりました。

そこで米国のレーガン大統領は競争力委員会（評議会）をつくり、日本の強さがどこにあるのか検討することにしました。その結果明らかになったのは、日本は米国から仕入れたQCを日本流に改善し、完璧と思えるシステムを構築していたこと、そして流通でもカンバン方式のような独自のモデルを持っていることなどでした。

モノづくりの実践において、日本のトップはゆるぎないものと思われました。

米国がトップを奪回する秘策

その一方、欠点も見えてきました。日本は、アイデアを具体的に実践する段階においては、世界最高レベルの能力を発揮できます。しかし、肝心の基礎となるアイデアを発見する能力、仮説を立てて解決する訓練は積んでいません。その結果、高度な技術力とはアンバランスに、戦略性に欠ける部分が多々見られました。

戦いは、技術力だけで決まるものではありません。そこに戦略性がなければ、勝てる戦いも負けてしまいます。例えば太平洋戦争時、ゼロ戦の技術力がいかに優れていても、より高い位置を飛ぶB29を撃ち落とすことはできません。

MOT　Management of Technologyの略。

日本の戦闘機は、弾を使い果たして敵艦に体当たりするよりほかに、その高度な技術力を活かすすべはなかったのかもしれません。太平洋戦争飛行戦の勝利は、より高い高度を飛ぶというコンセプトの勝利でもありました。

米国の評議会では90年代に向けて「**戦略強化施策**」を打ち出しました。ICTを強化して日本を世界標準から隔離させること、特許政策を強化してアイデアの大もとについて日本を提訴し、創業者利益をきちんと回収する、などの施策が実行されました。

そしてヒューレットパッカード（HP）の会長を座長にして発足した評議会は、1990年代中盤、報告書に「もう日本を研究する必要はない」と書いて役目を終えました。

日本の技術戦略について少し触れておきましょう。経営のイノベーションが**MOT**＊人材の育成です。前述のように、日本企業の多くは1980年代に大成功を収めました。持ち前の技術力にQC手法が磨きをかけたものですから、世界に敵はいません。

しかし、その成功体験を1990年代にも引きずってしまったことが、のちの日本に「**失われた10年**（のちに30年まで延び、平成30年間に日本はトップから周回遅れのランナーになりました）」といわれる事態を招きます。

2000年からコロナ禍前の2020年までの実質GDP推移

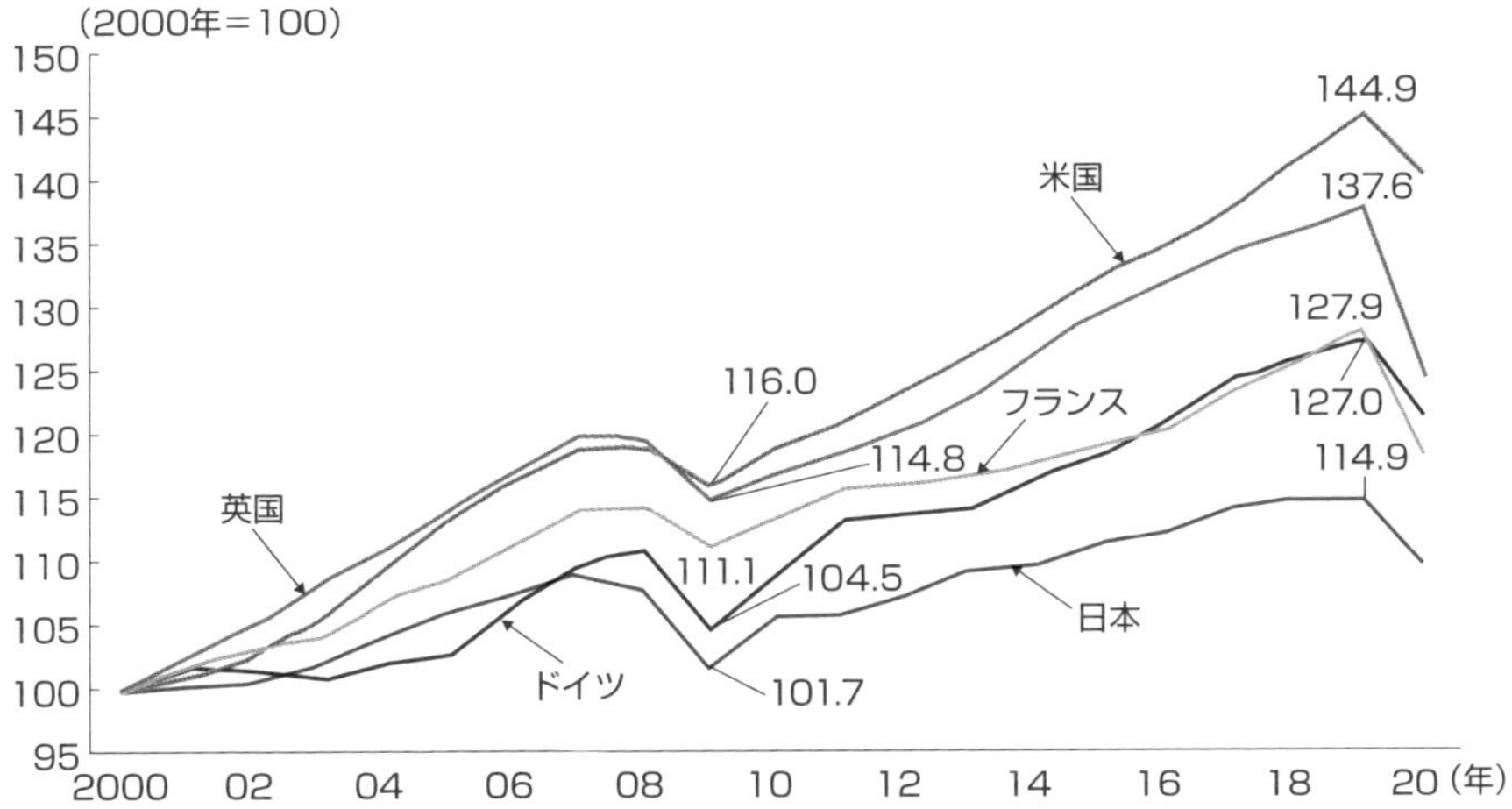
(2000年＝100)
150
145
140
135
130
125
120
115
110
105
100
95
2000
02
04
06
08
10
12
14
16
18
20
(年)
米国
144.9
137.6
127.9
127.0
114.9
116.0
114.8
フランス
英国
111.1
104.5
日本
ドイツ
101.7

※出典：内閣府「令和3年度 年次経済財政報告」

※ 2023年の実質GDPは、円安の影響もあり、日本はドイツにも抜かれて世界第4位となっている。

Point **ガラパゴス化** 日本のバブル経済崩壊後、具体的には「平成30年間」のトレンドをとらえるとわかりやすい。第二次世界大戦で敗戦国となった日本は、米国支配下に置かれながらも高度成長を果たした。しかし、平成30年間は世界の変化についていけず、多くの市場が現状維持に追われ、ガラパゴス化した。

Section

2-7 コンサル業界の課題

コンサル業界の全体像⑦

1990年代、ICTの進展でQCD（高品質・低価格・短納期）のモノづくりは、どの国でもできるようになりました。技術は、競争優位を確立する条件ではなくなったのです。

■過剰品質が致命傷となる

実際問題として、日本企業のQCD*は世界一でした。例えば米国の世界的な通信機器メーカーは、携帯電話に使用する半導体では、日本製を採用しています。

しかし、その品質は、マーケティングの視点で見ると「誤差の範囲」でもあります。日本並みの厳密なQCDでなくとも、日常生活で普通に使う分には、十分に合格点をクリアできる製品が、他のアジア諸国でも製造できるようになりました。そこが日本企業の誤算でした。

よく知られていることですが、世界のシャープは圧倒的な技術力を持ち、新たな市場で世界制覇をするとみられていました。1990年代に研究開発を続け、21世紀はシャープの液晶テレビが世界のスタンダードになっていると日本人の多くが確信していました。

ところが2000年以降、シャープの迷走が始まります。シャープには亀山工場という卓越した施設があり、そこから世界各国に向けて鮮やかな画面を持つ液晶テレビが出荷される予定でした。

その技術はブラックボックスであり、競合他社には流出しないので、世界制覇は確実だとみられていたのですが、2010年代に世界中のホテルに置かれていたのは韓国競合メーカーの液晶テレビでした。ホテル視点に立てば、「超のつく技術に支えられた多彩な機能で満たされた20万円のシャープ製品」より、「普通の技術で映像も普通だけれど操作が簡単で5万円の韓国製品」のほうが魅力的に見えました。

あっという間に、世界中の一流ホテルが韓国製の液晶テレビで満たされると、そこで液晶テレビを体験したユーザーが、家庭用として購入するようになりました。その結果、シャープの夢は消えていったのです。

Term

QCD　Quality、Cost、Deliveryの略。

明らかに戦略ミス

日本は、新製品開発は伝統的に苦手です。日本文化の多くは大陸から海を渡って伝わったものを、日本独自の仕様に改良したものでした。

海外からやってきたコンセプトを独自の仕様に変化させることにオリジナリティを発揮しています。おおもとのコンセプトは、拝借していたのです。

コンセプトには著作権がありません。アイデアを商品化するのは、アイデアを生み出すよりもはるかに複雑な経過をたどり、実験を繰り返すというように時間も労力もかかります。それで日本では長い間、アイデアはタダで、それを具現化する技術にお金が埋まっていると考えてきました。

ところが1980年代後半、米国企業は突如としてアイデアの盗用を訴え始めます。日本企業には寝耳に水。日本製品は、改良に改良を重ねていましたので、当初のコンセプトとは似ても似つかない。それでも新製品開発や研究開発時間のタイムチャージとアイデア料を払えというのです。

日本は、そのルールについていけないまま技術過信を続けました。それは、明らかにしっかりしたコンサルタントがいれば回避できた戦略ミスでした。

グーグルの売上高と純利益の推移

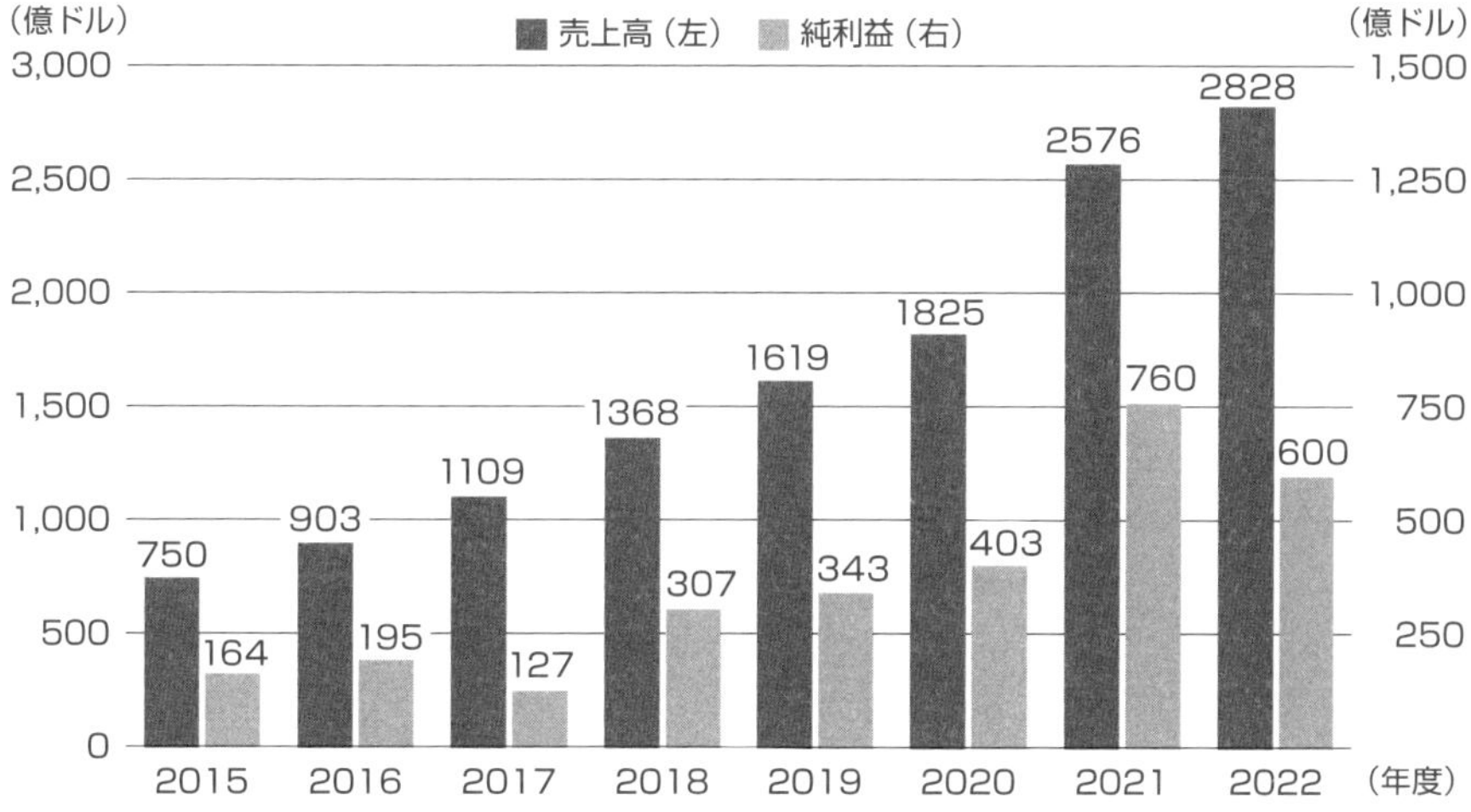

(億ドル)
売上高(左)
純利益(右)
(億ドル)
3,000
2,500
2,000
1,500
1,000
500
0
1,500
1,250
1,000
750
500
250
750
164
903
195
1109
127
1368
307
1619
343
1825
403
2576
760
2828
600
2015
2016
2017
2018
2019
2020
2021
2022
(年度)

出典:アルファベット(決算月12月)
※公開:2023.2.2(アルファベット)　グラフストックHPより引用

戦略の勝利　グーグルの親会社アルファベットは2023年2月2日に決算を発表。2022年通期の売上高は前年比10%増の2828億ドルで過去最高を更新した。純利益は600億ドルで前年比21%減。増収減益となった。

コンサル事始め

Memo

筆者は様々な仕事をしてきましたが、その中に米国の委員会資料の分析・報告がありました。行政機関が発注し、関連機関が受注した仕事ですが、大手ファームに丸投げされ、知り合いの小さなコンサルファームに２００万円で出されました。その仕事を、独立したばかりの私は１００万円で請け負ったのです。

官庁から段ボール2箱分の翻訳資料が送られてきました。それを読み、報告書にまとめる仕事です。必要な報告書の「厚み」が20センチなので、発注元が２０００万円で出した仕事とわかりました。30年前、報告書は１００万円で1センチ必要だったのです。

期限は3カ月。最初の1カ月で2箱分の資料を読み込み、次の1カ月で分析して編集方針を固め、最後の1カ月はひたすらワープロを打ち続けました。報告書の8割は資料コピーでごまかし、４センチ分に当たるA４版５００ページは自分で書き切るつもりでした。

これは本文「キャッチアップ後の長い失速」(54〜55ページ)に書きましたが、１９８６年、米国でＨＰ会長を委員長とする委員会がスタート。テーマは「なぜ日本が世界一の経済大国になれたのか。どうすれば日本に勝てるか」でした。

半導体から家電、自動車、精密機械まで、日本の主要メーカーの強み・弱みが分析されていました。明らかに米国コンサルファームがベンチマークした資料の抜粋も大量にありました。

そこで得られた結論は、「技術で勝負したら日本にかなわない」「技術力の価値を下げ、知的所有権の価値を上げる」「市場のルールを変えれば、相対的に日本は沈んでいく」というものでした。

１９９５年のクリスマス、秋葉原でパソコンＯＳが発売された頃、米国の委員会は役割を終えています。翌年の最終報告書は「もう日本は怖くない」という言葉で結ばれていました。

米国は、パソコンＯＳとアプリを開発・販売し、違法コピーは厳しく取り締まりました。パソコンソフトは、一度開発されればコピーすることで膨大な量が生み出されます。その価格が３０００円であったなら、ビル・ゲイツは普通の経営者で終わっていました。

価格を高く設定し、違法行為を徹底的に取り締まることで、ソフトは世界中に高価格で普及したのです。この戦略も、報告書に記載されていました。

日本の復活を信じている身として、メタバースや生成ＡＩ、量子コンピューティングで同じ轍《てつ》を踏まないことを願っています。

Column

ESG経営の原点

■科学は、どんどん進歩している

人間の生物としての構造そのものは、骨も臓器も心臓も脳も、ここ数千年という単位では、そんなに進化していません。しかし私たちをつつむ環境は、ハード面では鉄道・道路、航空、船舶などの交通機関、工場や農場などの生産施設といったインフラが整備され、世界中で都市化が進んでいます。ソフト面ではデジタル化が進み、インターネットで世界中のセンサーがつながり、コンピュータシステムは、ついに生成AIなる優れものを生み出しています。

科学は、人間そのものの構造は変えていませんが、地球環境そのものを、80億人もの人間が生活できるように激変させてきたのです。

自分がそんな時代に生きていることをうれしく思いながらも、コンサルタントを生業とする者として、地球全体の環境が心配でなりません。ビジネスシーンでESG経営が注目されているのも、「地球は大丈夫か」という不安が原点にあるはずです。人々の生活を豊かにすることで幸福の再生産を図りたいというビジネス人も、自分のビジネスが地球の生態系をゆがめてしまうことについては、心配でならないはず。

ではどうしたらいいかと考えたときに、工業技術を支えてきた「科学」そのものが問われてきました。なぜ地球を守れなかったのか、なぜ地球温暖化を止めることができなかったのか……など疑問は尽きません。どうすればいいのでしょうか。

■ESG経営は、地球との対話に始まる

本コラムでは、すこぶる個人的なことを書かせていただきます。

筆者は昭和の時代に東京都の板橋区で生まれ、育ちました。その頃、たまたま自宅の近くに私立大学の広大なグラウンドがあり、サッカー、ラグビー、野球の球場から馬場、変わったところでは相撲の土俵までありました。小学校に上がるまで、晴れた日にはグラウンドの芝生に寝ころび、青い空と白い雲を眺めて過ごしました。

あちこちに林があり、ケヤキや桜もありました。それで筆者は、子ども心に大きな古木を見ると近寄って挨拶し、木肌に手を置いて対話をしていました。芝生に寝そべって花を下敷きにしてしまったら、「ごめんね」などと声に出して謝ったものです。その習慣はビジネス人になっても続いていました。周りから変人と思われていたかもしれません。

ところが近年の研究で、植物も樹木も、お互いに情報交換していることがわかってきました。森林で1本の樹の葉っぱが虫に食われると、周りの葉っぱに「警戒せよ」というにおい物質（ホルモン）などを出して報《しら》せます。それどころか、大きな樹木が葉っぱを広げて太陽光を遮っていますが、その代償としてなのか、大きな木は地面近くの樹木に、自分の根を通して栄養素を分配しているともいいます。これはESG経営の原点にある「共生」の姿です。

Section

2-8 混迷を深めた21世紀初頭

コンサル業界の全体像⑧

科学技術が日々進歩している時代には、技術力が市場を開拓するキーファクターです。しかし、市場が成熟してくると、高品質の製品を製造できるというだけでは差別化できません。

■文系と理系の融合が課題

21世紀の競争優位のポイントは、**新製品開発**にあります。新製品開発に関する研究や教育は、米国では以前から盛んでした。しかし日本ではQCDが大成功したために、新製品・新サービスをいかに開発するかというマネジメントが抜け落ちていました。

科学や工学などのあらゆる技術や知識を活かしつつも、市場ニーズに合った製品やサービスを開発していく経営手法が**技術経営**（**MOT**）でした。今日でもMOTが注目されているのは、日本企業が新商品開発の**イノベーション***を中心としたMOTが必要だと痛感しているからでしょう。

日本の新製品開発での典型的な失敗例は、技術者のみが集まって新製品開発をし、その新製品を誰も必要としなかった、あるいは買わなかった——というものです。

優れた新製品は、人間の幅広い分野の英知が生み出すものです。そこに求められるのは、ただ技術に精通している人材ではありません。新商品開発を通した経営革新、イノベーション・マネジメントが可能な人材が求められるのです。

ところが日本メーカーの内部には、そのような人材が極端に不足しています。そもそも大学に進学する段階で、日本では理系と文系にはっきり分けられてしまいます。

経営という文科系の頭脳と、技術という理科系の頭脳が、一人の人間として統合されるべきですが、それが起きにくい社会システムになっています。

MOTは技術者に経営学を教えることですが、それだけなら単に技術と経営の両方を勉強した二刀流にすぎません。MOTでは、売れる新商品開発、投資効率、環境に配慮した製品など、技術以外の視点が重要なのです。

Term **イノベーション** 「イノベーション（innovation）」は直訳すると「革新」「改革」などとなる。転じて、ビジネスでは「企業による画期的な商品開発」の意味合いで使われている。技術革新により、社会に新しい価値を生み出す取り組みを指すので、その内容は技術にとどまらない。

■コンセプトデザインを希求

よく知られていることですが、1956年の経済白書において、イノベーションは技術革新と訳されました。海外の技術を積極的に導入し、それをテコに経済発展をする時代はそれでよかったのですが、今日、イノベーションは技術革新にとどまりません。

例えば販売においても、今日ではウェブサイトやアプリを介した販売方法がとられています。これは販売イノベーションです。年間に一兆円もの経常利益を稼ぎ出すトヨタの生産システムは経営イノベーションですし、宅急便やセブンイレブンは物流イノベーションです。

企業に生きる人材にしても、今日ではビジネスモデルの構築力、戦略の構想力が伴わなければ経営に携わることはできません。技術革新は、数多くあるイノベーションの中の1つにすぎないのです。日本の場合、イノベーションが「技術革新」と訳されたことに象徴されるような経済発展を遂げてきました。しかし、イノベーションは本来は非常に多岐にわたる概念です。特にソフトやサービスが中心の時代では、既存の考え方を革新し、新たな価値を生み出すコンセプトデザインが求められています。

コンサルタントに必要な「統合力」

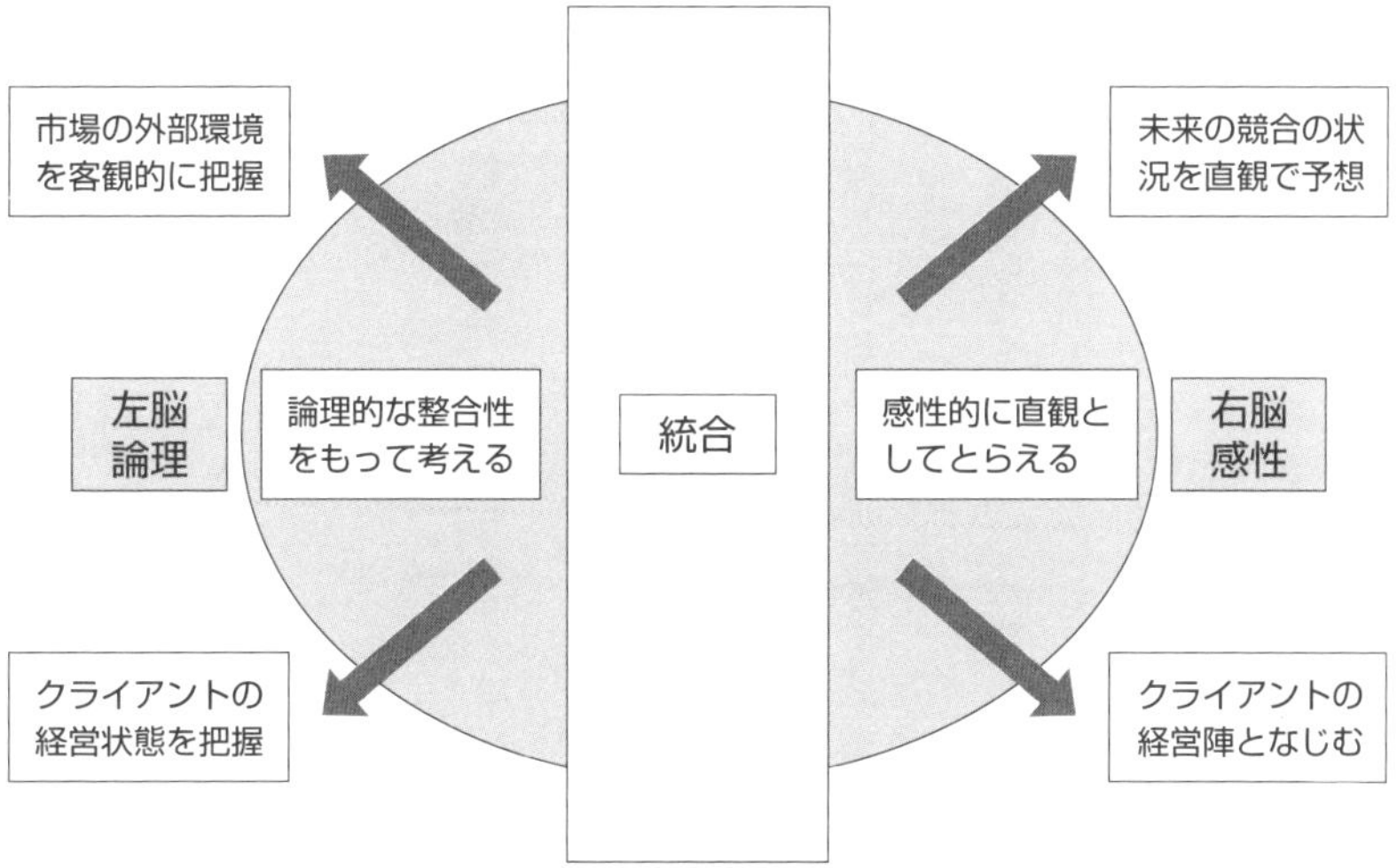
市場の外部環境を客観的に把握
未来の競合の状況を直観で予想
左脳
論理
論理的な整合性をもって考える
統合
感性的に直観としてとらえる
右脳
感性
クライアントの経営状態を把握
クライアントの経営陣となじむ

※コンサルタントの多角的思考は、論理と感性を融合させて生まれる。

Point

論理力と感性力　世界市場が日々変化している中で、未来が直線的・論理的に予測できるものであれば、何もコンサルタントに分析を頼み、意見を聞く必要はない。混迷の中にあって、クライアントが気づきにくい戦略、市場攻略の可能性など、独自の視点を提示することで「役に立つ」存在になれる。

Section

2-9 グローバル化でコンサルは不可欠に

コンサル業界の躍動①

日本企業はグローバル競争に勝ち残る必要があります。変化が激しく、経営のハードルは高くなっていますが、その分、コンサルファーム活躍の舞台が広がっています。

■戦略性を求めて

旧来の体制で事業を展開し、イノベーション（革新）を怠れば、たとえ勝ち組であっても転落する恐れがあります。また、グローバル化した市場の中で、競争優位を確立する技術革新のレベルは高度化し、サイクルは短期化しています。

事業の核となる技術のすべてを自前主義で整えるより、他社と提携した複数協業のほうが、コストパフォーマンスにも優れています。そこでアウトソーシングの検討になりますが、そのジャンルは、通常の業務レベルにはとどまりません。むしろ、戦略性を求められる経営スタッフ部門にこそ、コンサルファームの力を借りるべきではないでしょうか。なぜなら、今日の経営には**コスパとタイパ***が強く求められているからです。

■コンサルは勝つための懐刀

卓越した経営者なら、世界市場全体を俯瞰し、自社の強みと弱みを分析して、勝機を見いだすタイミングを見極められるかもしれません。ただ、世界市場の状況も1週間単位で変わります。そのような経済環境の変化に対応して、そのつど的確な指示を出せるスーパー経営者は、おそらく存在しないでしょう。

だからこそ、情報収集を調査会社に依頼し、それをどのように読んで仮説を構築するか、そしてどんな手を打つかという部分までの、いくつかの選択肢を明文化すること、ここまでの作業を、経営者と共に相談しながら展開する——それが**戦略系コンサルファーム**です。それは勝ち組になるための懐刀の役割です。コンサルファームは、一人の限界に気づいた経営者の強い味方となってくれます。

Term **コスパとタイパ**　以前よりコストパフォーマンスのことを「コスパ」と短く表現していたが、近年はタイムパフォーマンスを「タイパ」といい、最近ではスペースパフォーマンスのことも「**スペパ**」と呼んでいる。

基本はガバナンス

コーポレート・ガバナンスは欧米流の考え方。そこには、真の意味での株式市場がありますが、日本では株式持ち合いもあり、真の意味での株式市場がなかったといえます。

コーポレート・ガバナンスの日本語訳は企業統治。企業を隅々まで管理して、社会的責任を果たしつつ収益を上げる組織体にするための手法が、コーポレート・ガバナンスとなります。ガバナンス（統治）が不明確だと、企業は迷走します。ときには社会正義に反したことも行い、責任を問われることにもなります。

日本におけるガバナンスの議論にはアレルギーがあるようです。いわく「あれは欧米流の経営手法であり、日本では通用しない」というものです。確かにその一面はあります。日本ではガバナンスが明確でなくとも、企業として発展してきました。これは、「親方日の丸の護送船団方式に乗っていた」あるいは「欧米のトップ企業をキャッチアップする体制にあった」という事情があります。

しかし今日、ことなかれ主義で存続できる時代ではありません。そこでガバナンスを考え直す必要に迫られ、コンサルファームの門をたたくということになります。

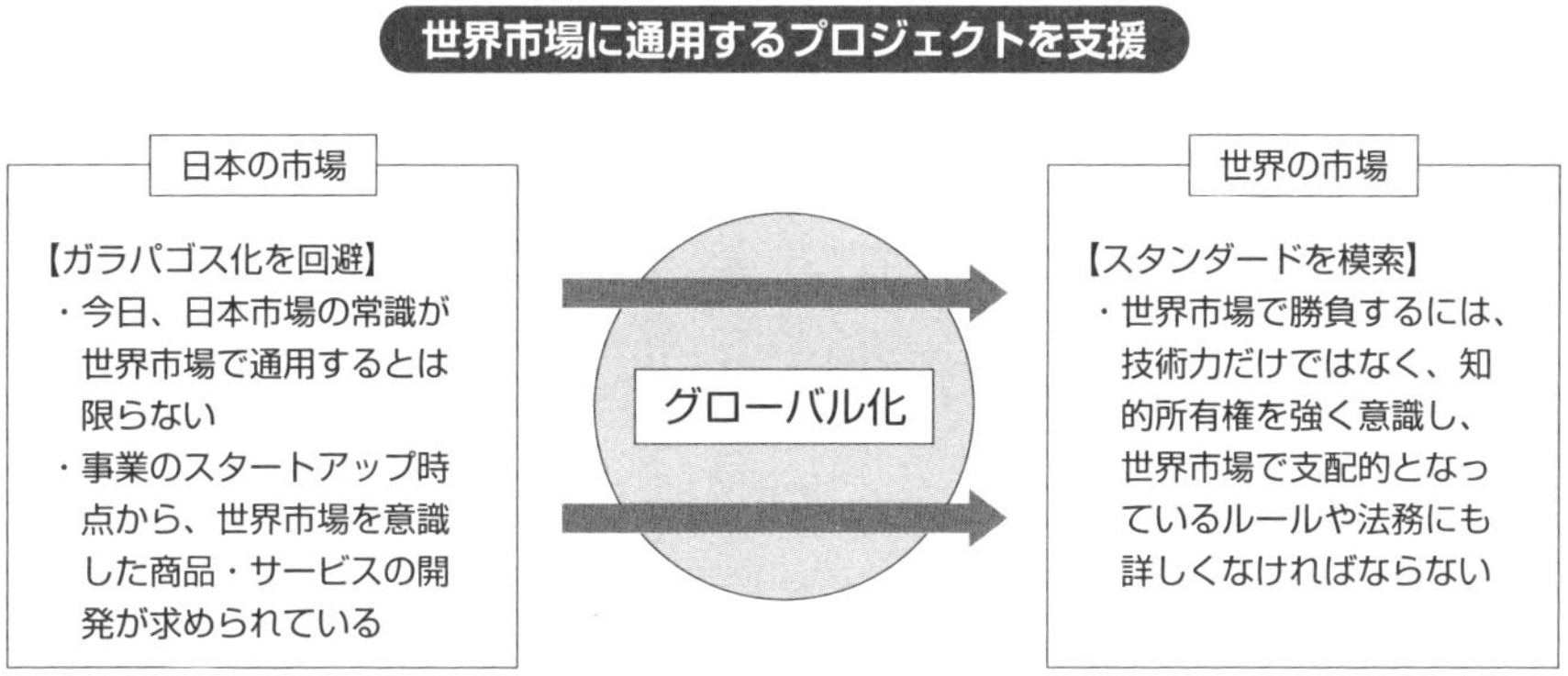
世界市場に通用するプロジェクトを支援
日本の市場
【ガラパゴス化を回避】
・今日、日本市場の常識が世界市場で通用するとは限らない
・事業のスタートアップ時点から、世界市場を意識した商品・サービスの開発が求められている
グローバル化
世界の市場
【スタンダードを模索】
・世界市場で勝負するには、技術力だけではなく、知的所有権を強く意識し、世界市場で支配的となっているルールや法務にも詳しくなければならない

※コンサルタントは、クライアントが入手しにくい世界市場の状況を提示しながら、日本市場での事業展開を支援する。

Point

複数のスタンダード　世界市場では、①世界トップになる戦略、②オリジナル技術と知財の確保、③経営者の情熱――などが必要となる。「**デファクト・スタンダード**」は、オリジナルである必要はない。世界市場は常に複数のスタンダードで成立している。

Section

2-10 コンサルタントは併走する

コンサルタント業界の躍動②

企業が投資家からガバナンスの明確化を求められることは、コンサルタントへの追い風となりました。財務データに基づく戦略的経営は、コンサルと併走することで実現するからです。

投資家からの信頼を得る

ガバナンスの議論が活性化している背景には、株式会社の経営とは何ぞやと考えた場合に、投資家の視点になって考えてみる必要が出てきたこともあります。

会社の台所を把握できなければ、危なくて投資ができない時代になりました。大手企業でも、いまはあっさり倒産して産業再生機構のお世話になる時代なのですから。

しかし、企業の台所をチェックするといっても、自分でするわけにはいきません。そこで公認会計士などに依頼し、会計処理の仕方や、その処理が正しいかどうかなどをチェックしてもらいます。

また、内部監査のシステムとして、コンプライアンス（法令遵守）の関係からのチェックも必要でしょう。

投資家は、経営者に自分の資産を預けています。経営者に任せるということは、放任することではありません。任された側には、アカウンタビリティ（説明責任）が求められます。会社の経理内容や事業の状況について、会社サイドの人間だけから説明を受けるような仕組みにしておくと、結託してウソをつく場合には、だまされてしまいます。

コーポレート・ガバナンスとは、投資家が出資をするときの保証でもあります。少なくとも、それがない企業には外国人投資家の資金は集まりません。

第三者がチェックする

日本は島国であるからか、相手を信用したがる傾向にあります。契約書を交わさなくても、お互いを信用しました。しかし欧米には、経営を任せる限りは厳しくチェックするという文化があります。相手を信頼することは、内容をチェックしないことではありません。信じるからこそ、内

Term

機関投資家　法人の大口投資家のこと。一般に「投資顧問会社」「生命保険会社」「損害保険会社」「信託銀行」「投資信託会社」「年金基金」などがある。運用資産の規模が大きく、1回当たりの売買金額も大きい。主に長期運用を行っている。大量の資金をまとめて運用するので、市場に与える影響も大きい。

部を包み隠さず出してもらって厳しく調べるということもあるのです。

日本でも、だんだんと株式市場の持ち合いが崩れ、以前よりも一般投資家や**機関投資家***の声が反映されるようになりました。欧米型に近づいているのです。

もっとも年に1回、しかも数時間で終わるような株主総会で、何のチェックができるのでしょうか。

突き詰めていくと、コーポレート・ガバナンスを実現するためには「第三者がチェックする仕組み」が必要という結論になるでしょう。

日本では、企業の業績がいいとき、株価がいいときには、ガバナンスはあまり必要がありませんでした。

1970年代、80年代の日本企業は、株主価値の創造も十分に行えていたはずです。何もしなくとも、従業員に分け前を与えられましたし、毎年の昇給もあれば、ボーナスも増えていきました。役員報酬も、全体の大枠だけつくって、その中でやっていけば問題はなかったのです。

業績の上昇が止まり、成長が頭打ちになってくると、役員は何をしているのだろうか、という疑問が出てきます。合議制をとる取締役会では、トップだけが悪いケースは少ないのですが、働けど働けど収益が伸びないのは、トップの責任ではないかという疑念がわいてくるものです。

投資家のマインドにも配慮する

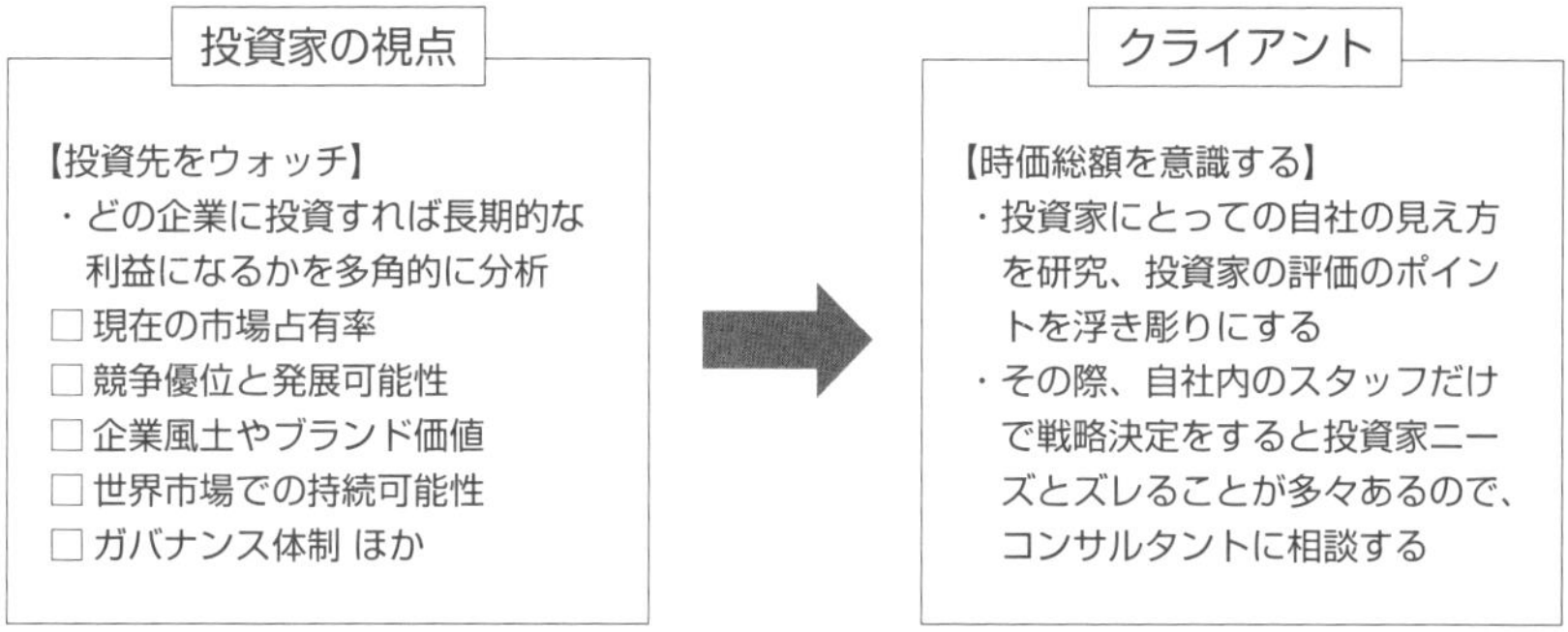

投資家の視点
【投資先をウォッチ】
・どの企業に投資すれば長期的な利益になるかを多角的に分析
□現在の市場占有率
□競争優位と発展可能性
□企業風土やブランド価値
□世界市場での持続可能性
□ガバナンス体制 ほか
クライアント
【時価総額を意識する】
・投資家にとっての自社の見え方を研究、投資家の評価のポイントを浮き彫りにする
・その際、自社内のスタッフだけで戦略決定をすると投資家ニーズとズレることが多々あるので、コンサルタントに相談する

※コンサルタントは、クライアントが入手しにくい世界市場の状況についてのデータを提示しながら、日本市場での事業展開を支援する。

Point **広い視野が必要** コンサルファームは、日本市場のみならず世界市場の動向も多角的に分析し、クライアントが市場（投資家）に情報開示をする際に、「独自の魅力」「優れた価値創造能力」「世界市場での事業戦略の優位性」など、投資家が食い付くような視点で開示できるようにすることが必要となる。

Section

2-11 ガバナンスをサポート

コンサル業界の躍動③

事業推進を得意として成長した会社は、自社で客観性を備えたガバナンス体制がとりにくいもの。そこで、コンサルファームが企業に合った提案をしていくことになります。

経営陣の実力が問われる

一般に大手企業では、経営陣が何を考えて何をしているのか、投資家のみならず、一般社員もよく知りません。

一般社員は、マスコミに発表されるインタビュー記事を見て、初めて社長の考えを知るというような状況。かつてはそれが当たり前だったのです。

ところが、市場が複雑になり、一般社員が努力しても、トップのマネジメントの失敗が響いて、会社が倒産するようになりました。その事態を見ていると、株主も従業員も、そして取引先も、「この会社、本当は危機的な状況なのでは?」という不安が募るようになります。そこで、経営陣とその関係者以外にも会社の状況がわかるように、会社の状況をある程度客観的に診断して、結果を教えてくれるようなシステムが求められるようになりました。

プロスポーツの世界では、優れたプレイヤーが、必ずしも名監督になるわけではありません。経営陣の役割も、見直されるようになったのです。

経営陣の役割分担

企業活動では、「仮説」「執行」「検証」のマネジメントサイクルを、競争力のあるレベルで実現することが基本原則となっています。

企業として持つ価値観と基本的なビジネスモデルを定義し、戦略の方向性を事業ポートフォリオの仮説として提示するのがCEO*機能となります。CEOとは、市場を分析して仮説を立て、何に資源を投資するか、何をやめるかの意思決定をして、事業全体の最終的な責任を持つ人のこと。その仮説を、徹底したレベルまでスピード感を持って執行し、結果まで導くのがCOO*機能です。COOはC

Term

CEO　Chief Executive Officerの略。
COO　Chief Operating Officerの略。

EOが決めた方向とスケジュールに従って実行します。

　日本の場合、CEOが決定しても「そうはいっても、なかなか難しい問題がありまして」とお茶をにごすケースが多いものです。しかし本来、COOは仮説が間違っているとは疑わず、CEOの決定には必ず従い、CEOの言うとおりに実行できなければ、クビになってしまうのです。

■CEOの解任劇もある

　このようなマネジメントサイクルが回り続ける限り、経営の質は高いレベルを維持できますから、安定的な企業価値の向上につながります。その信頼感が株価の上昇をもたらし、マーケットの支持が得られ、投資の資本コストが低下するという好循環が得られます。

　もしも、このマネジメントサイクルがうまく回らなかったとしたら、どうなるでしょうか。その場合には、経営上、何らかの不祥事が表に出てくるかもしれません。

　そこでCEOは、審判を仰ぐことになります。CEO解任の権限を持つボード機能が働くことになるのです。これが、いまグローバルスタンダードと称されるコーポレート・ガバナンスの議論です。欧米では、執行役員は事業の運営に失敗したら辞職となります。

CEOとしての自覚を促す

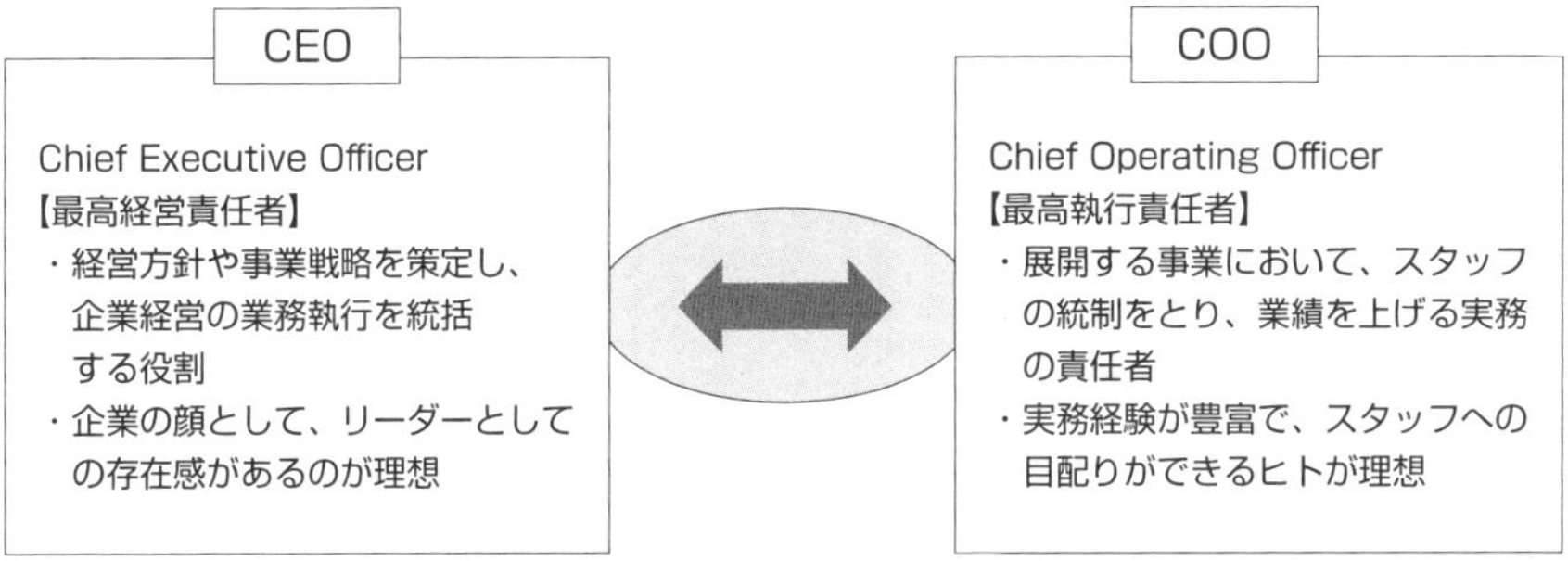
CEO
Chief Executive Officer
【最高経営責任者】
・経営方針や事業戦略を策定し、企業経営の業務執行を統括する役割
・企業の顔として、リーダーとしての存在感があるのが理想
COO
Chief Operating Officer
【最高執行責任者】
・展開する事業において、スタッフの統制をとり、業績を上げる実務の責任者
・実務経験が豊富で、スタッフへの目配りができるヒトが理想

※トップのCEO、ナンバーツーのCOOは共に、米国では法的に意味のある肩書であるものの、日本の法律で規定されているわけではない。

Point **失われた30年**　日本企業は、高度成長期に「創業からの戦友」「同じ釜の飯を食った仲間」で経営することで業績を伸ばしてきた。バブルまでは到達したものの、その経営スタイルは世界市場で通用しなかった。そこで失われた30年――平成の30年――を経て、CEOとCOOによるガバナンスを取り入れようとした。

Section
2-12 ますます重要となるCFO

コンサル業界の躍動④

CFOは、CEOとは少し距離を保つ必要があります。マーケットからどのように見られているか、リスクサイドを見て、CEOに提言する立場なのです。

■CFO（最高財務責任者）体制の確立

CFO*は、単なる財務部長や経理部長の延長線上にある役割ではありません。仮説と結果のギャップを、金融という言葉を使って検証していくのがCFO機能です。

ときにはCEOと戦うくらいの権威を持って、極めて客観的に事実を検証し、仮説の修正が必要かどうか、また執行体制を組み替える必要があるかどうかの判断材料を提示するのです。

CEOとCOOは株主を向いて利益の確保に走ります。CFOは市場を見て、自社に足りない部分を客観的に分析してCEOに助言します。これは日本の企業に足りない機能となっています。

CEOは、自分の企業の業績を必死で伸ばそうとします。そのためには、株主からの資金を潤沢に集めて、投資することが必要になります。その結果、ついつい利益確保に走り、いい話しか表に出さないという状況になりがちです。自社が赤字で苦しんでいても、決算の数字では何とかプラスに見えるように努力して、ついつい不要な事業にまで手を出して体裁を整えるということもします。

一般人には、大手企業の経営内容は見えにくいものです。経営についての数字も、発表されたものだけでは何が起きているのか把握することはできません。

そこで、客観的に経営状況を判断して、問題があれば指摘するCFOが求められてきたのです。CFOの情報によって、社外取締役は「このCEOはリスクが高い」と判断すれば、その解任を進めるという役割を持ちます。

CEOはビジョンとしての夢を語り、仮説を提示しますが、それを受けてCFOがリスクを説明し、将来のキャッシュフローを説明することになります。

Term

CFO　Chief Financial Officerの略。

コンプライアンス　日本語では「法令遵守」と訳し、企業や個人が法令や社会的ルールを守ること。守るものは「法律」だけでなく、企業倫理や社会規範も含まれ、公正・公平に業務を行う意味も含まれている。

■CFO機能に注目する

日本の企業にはまだ、CFOの役割をする人材がいないか、いても注目されていません。**コンプライアンス**＊の知識はあっても、実務家で法的なことはカバーできても、そこに経営者の視点が入らなければCFOとはいえません。

米国では、投資家が企業の株を買うときに「CFOがしっかりしているか、リスクの説明ができるか」という部分を見ています。CFOがきちんと市場分析ができる人であれば、社外取締役も適切なアドバイスができるでしょう。

かつて米国で起きたエンロン事件のケースを見ればわかるように、CEOとCFOが結託したら監査も投資家も欺くことができるので、それこそ何でもできます。怪しいCFOでは、投資家も近づきません。

日本の投資家も、「公表された情報だけを分析して投資すると失敗する」ことを痛感すれば、CFOの活躍ぶりをチェックするようになるでしょう。これからますますCFOに期待が集まり、やがてブームとなるかもしれません。そのとき、米国仕込みのノウハウを持つコンサルファーム、あるいは米国でCFOをサポートしてきたコンサルファームの需要が、急速に高まっていくことでしょう。

コンサルタントはガバナンスを支援する

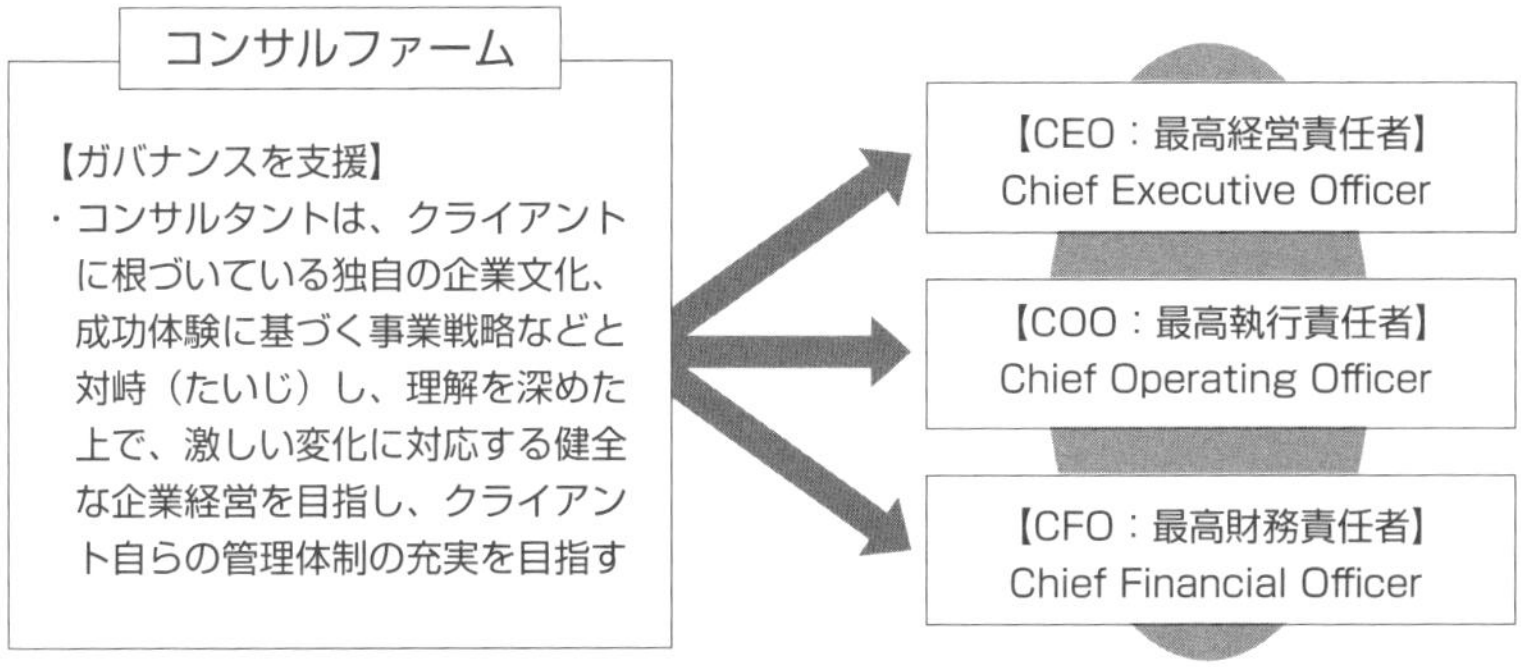
コンサルファーム
【ガバナンスを支援】
・コンサルタントは、クライアントに根づいている独自の企業文化、成功体験に基づく事業戦略などと対峙（たいじ）し、理解を深めた上で、激しい変化に対応する健全な企業経営を目指し、クライアント自らの管理体制の充実を目指す
【CEO：最高経営責任者】
Chief Executive Officer
【COO：最高執行責任者】
Chief Operating Officer
【CFO：最高財務責任者】
Chief Financial Officer

※ CFOは、CEOおよびCOOと緊密な連携をとりながら、財務・経理の戦略を立案し、執行する業務の責任者である。

Point **ガバナンスを支援**　ガバナンスは、常に正しい理念で実行されなければならない。企業として統制がとれていても、事業目的が反社会的ならガバナンスが裏目に出てしまう。コンサルタントは、クライアントのガバナンスを支援すると共に、コンプライアンスの観点からチェックすることも忘れてはならない。

地球沸騰化と経営責任

Column

■地球沸騰化の時代

国連のアントニオ・グテーレス事務総長は、2023年７月、「地球温暖化の時代は終わり、**地球沸騰化**の時代が到来した」と述べ、各国政府が劇的かつ早急な気候アクションをとるように訴えました。

確かに、2023年の極端気象は世界を震《しん》撼《かん》させました。特に7月は“死に至る”暑さの地域が多発し、世界が沸騰しているという表現も、あながち大げさではないと実感されました。気象庁がまとめた「世界の7月平均気温偏差」によれば、今年の「地球沸騰」は、100年単位で見ても必然と見て取れます。世界の7月平均気温は、長期的には100年当たり0.72℃の割合で上昇していたのです。

■経営者の責任

いうまでもなく、私たちの経済活動は「地球にある豊かな資源」を前提としています。どんな事業でも、どんな民間企業でも、大気、海、大地を抜きにしては考えられません。しかも、もともと地球は誰かの所有物ではありません。地球に80億人の人間がいるとしたら、その一人ひとりが地球の資源を使う権利を有しています。

地球資源の恩恵を受けない企業はありません。企業経営者は、地球沸騰という現実と向き合い、対処する義務を負っています。もはや沸騰化を見過ごすことはできません。世界のエクセレント企業経営者は、地球沸騰化対策を真剣に支援していただきたいと思います。

▼100年当たり0.72℃の割合で

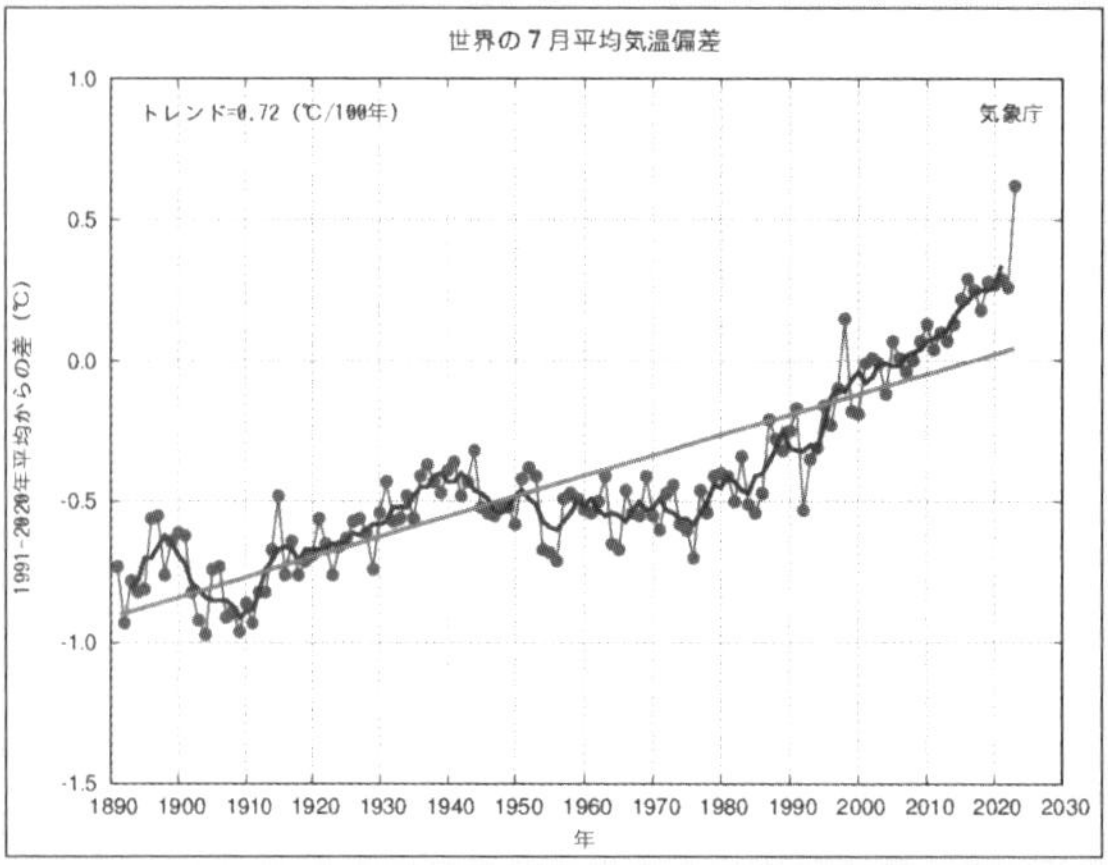

※図は気象庁が公表。各年平均気温の基準値（1991～2020年平均）からの偏差、その5年移動平均で、いずれも長期変化傾向を示し、右肩上がりが見て取れる。

Column

正解のない世界

サイバー空間は現実の一部でしかない

私たちの生活を劇的に変えたコンセプトの1つに「**デジタル化**」があります。

デジタル化とは、本来は「実数」として無限の密度を持ち、とらえどころのない現実を、「整数」に間引くことで見えるようにする技術です。現実は「実数」として不可解なことが多々ありますが、そこにある無限の情報を、「ルール（法則）」をつくって間引くことで「整数」にすれば、私たち人間にも計算することが可能になります。計算の結果が「現実」に近ければ、何らかの真実に近づくことができます。かつては決してわからないと思われていた未来の出来事が、ほぼ正しく予想できることもあります。

例えば宇宙空間で起きている「日食」や「月食」などは、太陽と月の位置を「点」として観測し、その間を架空の線でつなぎ、そこに時間を表す数字を含んだ微分方程式を発見することで実現しました。その計算結果は、ほぼ現実を予見していたのです。

このように、法則の成り立ち――そもそものデータ収集の時点で点を間引いている、すなわちデジタル化している――ことさえ忘れなければ、そのような点が集まってできているサイバー空間がどのようなものか、イメージできると思います。デジタル化したことで生まれた「世界」は、現実の、ごく一部にすぎません。別のルールで観測すれば、また別のサイバー空間が生まれることになります。デジタル化とは、そういうものなのです。

人間は身体全体で情報を吸収する

デジタル化によって集められた情報をもとに構築された「世界」と、人間が認識している現実の「世界」とはまったく異なります。

AIの収集できる情報は、現実のごく一部であり、何らかのルール（法則）を決めて集められています。集め方によって、サイバー空間が特徴づけられます。生成AIは、恣意的に集められた情報をもとに、単語と単語の関係をとらえ、次に来る確率が高い単語をつなぐという「ルール（法則）」を使って文章をつむぎ、サイバー空間を構築しているのです。

もちろん、私たち人間も、世界を断片的にしかとらえることはできません。自分に心地よい情報だけを集めて世界を認識していると、自分の望むような世界しか生まれません。そのような世界の住人は、いつも決まりきった現実しか体験することができず、思考における井の中の蛙《かわず》となり、大海を知ることはできません。

デジタル化は、人間が世界を認識する「1つの方法」にすぎません。人間には五感があり、視覚・聴覚・味覚・臭覚・触覚などのセンサーを使って現実と対峙しています。これらは世界を総合的に認識する、人間の最高の「強み」でもあります。あらかじめ正解があることを前提として構築されるサイバー空間と異なり、現実世界は、人間が五感でとらえて思考するにはあまりにも複雑であり、正解のない世界なのでしょう。

Section

2-13 イノベーションへの対策

コンサル業界の躍動⑤

今日、社会構造そのものを変える産業革命、すなわちパラダイムシフトが進んでいます。ここでは、コンサルタントの常識として、歴史認識のさわりをご紹介しましょう。

■産業革命の進展

本章の2-1節や2-4節でも触れましたが、**産業革命**について、少し詳しく説明しておきましょう。

第一次産業革命は、18世紀後半に英国主導で進みました。その中心は水力と蒸気機関の応用による工場制機械工業にあります。これは**生産システム・イノベーション**であり、大量生産を実現する工場が生まれ、消費者は安価で高品質な商品を入手できるようになりました。経営資源という視点では「モノ」の変革となります。

第二次産業革命は、19世紀後半に英国・米国の主導で進みました。この中心は「電気」であり、加えて鉄道による物流網の発達で大量生産・消費の時代が到来しました。ここまでは第一次が高度化したにすぎません。

第二次で起きた最も重要なことは、**金融システム・ノベーション**により「世界共通の金融経済」が生まれ、グローバル経済圏が生まれたことです。経営資源という視点で考えれば、それは「カネ」の変革となります。

第三次産業革命は、20世紀後半に米国・日本の主導で進みました。その中心は、コンピュータと情報通信の発達による産業の高度情報化です。これは**情報システム・イノベーション**であり、生産者と消費者を結ぶサイバー空間が発展し、ビジネス・プラットフォームによる経済革新が進みました。経営資源の視点では「情報」の変革となります。

■第四次産業革命の本質

現在進行している**第四次産業革命**は、ドイツ・米国・日本の主導で進み、いまは全世界に及んでいます。

すべての部品、商品、移動物体などに微細なセンサーが組み込まれ、それがインターネットにつながる**IoT化**＊が

IoT化　IoTはInternet of Thingsの略。あらゆるモノがセンサーなどに感知され、インターネットに接続されることで通信機能を持ち、相互作用が可能な状態になることをIoT化と呼んでいる。デジタル機器だけでなく、建物や自動車、家電、ひいては人が身に着けるモノも含まれ、データの収集・分析が可能となる。

進みました。その結果、そこで得られる膨大なビッグデータをリアルタイムで分析するコンピュータシステムが発達。そこから論理的・統計的手法で未来を予測するＡＩ（人工知能）が生まれます。

そのプラットフォームの完成は２０４０年頃と思われますが、すでに工場生産の現場でＩｏＴとＡＩの活用によるオーダーメイドの仕組みが生まれています。

これは**社会システム・イノベーション**であり、これまでないがしろにされてきた働く「ヒト」を中心にした経済システムがつくられることになります。

人間がすべき仕事と、機械（ロボット）とＡＩがする仕事が選別され、これまでの重労働の多くは機械とＡＩが肩代わり。人間の仕事の中ではサービス業の比率が高まり、人を幸福にするコミュニケーション系、人に新しい時間を与えるクリエイティブ系の仕事が増えます。

これまでビジネスになりにくかった芸術が、一億総エンタテイナーとなることで、大きな市場となるでしょう。経営資源としての「ヒト」は、生活者として人生を謳歌することになります。日本が未来図として掲げる「人間中心のＩＣＴ社会」が、私たちのゴールになるでしょう。

パラダイムシフトへの潮流

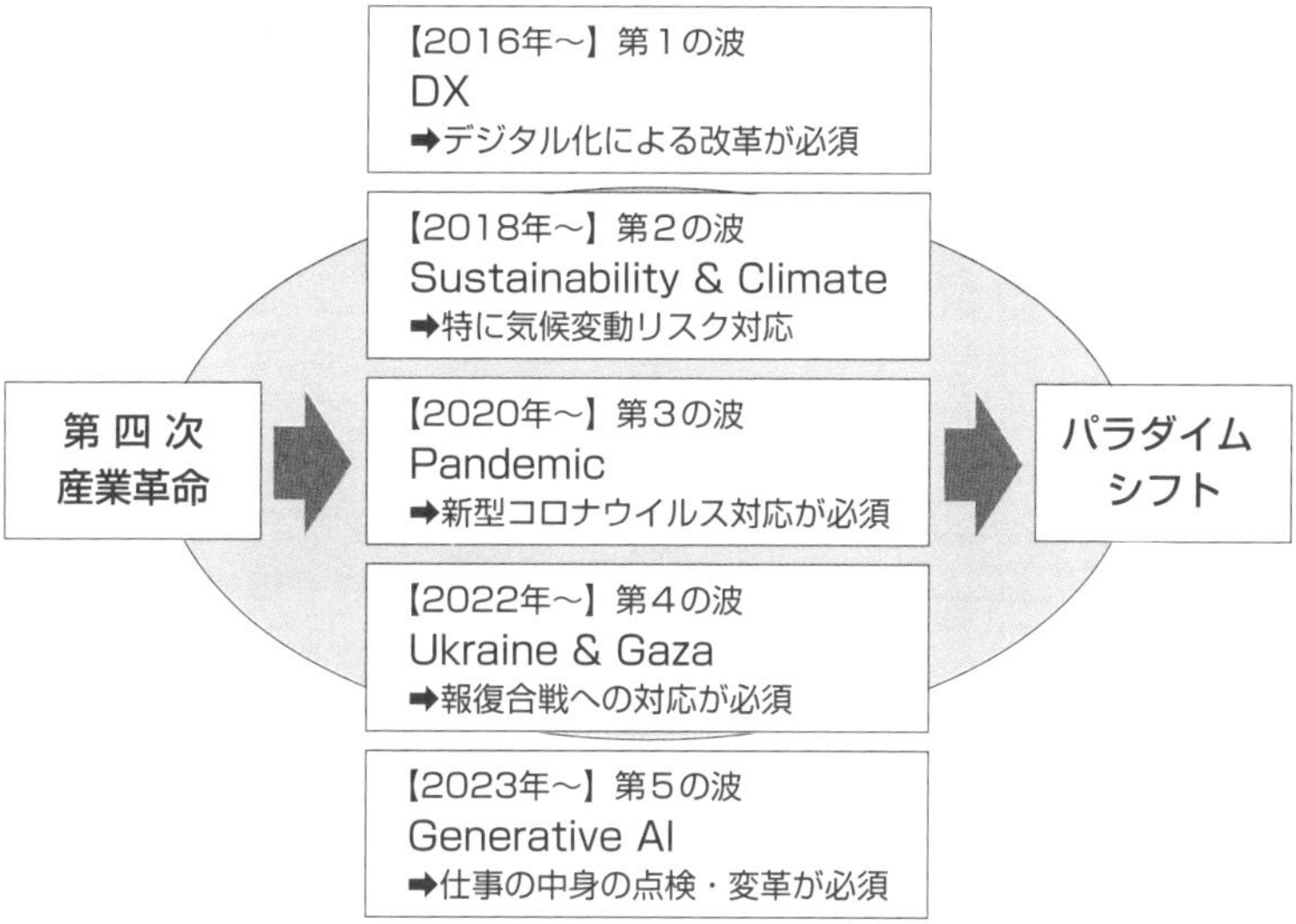
第四次
産業革命
【2016年～】第１の波
DX
➡デジタル化による改革が必須
【2018年～】第２の波
Sustainability & Climate
➡特に気候変動リスク対応
【2020年～】第３の波
Pandemic
➡新型コロナウイルス対応が必須
【2022年～】第４の波
Ukraine & Gaza
➡報復合戦への対応が必須
【2023年～】第５の波
Generative AI
➡仕事の中身の点検・変革が必須
パラダイム
シフト

Point

人間中心となる　日本企業が世界市場で強みを発揮するキーワードは「技術」「観光」となるが、2つのコンセプトをつなぐものが「人間中心」ということになる。

Section

2-14 激震を乗り越えて攻勢をかける

コンサル業界の躍動⑥

ビジネス市場は、存立基盤を根底から揺さぶられる激震を一度ならず五度も経験しました。大手コンサルファームは、その変化をとらえ、逆にチャンスと見て事業を進めてきたのです。

30年間に激しい変化の時代を迎えています（そこで何が起きたか、本書巻末の資料編に「平成30年間」の振り返りをデータでまとめているので、参考にしてください）。

■付け焼刃では対処できない

ここで、コンサル業界について、不確定要素も提示しておきましょう。様々な激震に耐えてきたコンサル業界ですが、2023年に襲ってきた第5の波「**Generative AI Shock**」は、本書執筆中の2023年12月現在も進行中であり、その結末は見えていません。

生成AIの進化により、あらゆる業界で仕事の中身の点検・変革が必須となる、そして、その点検・変革にはコンサルファームに相談するのが、時間とコストの面でも正しい選択となる――そこまでは見えています。

ただ、コンサル業界そのものが、生成AIの進化の影響

■アクセンチュアは拡大し続ける

激震の時期、例えば総合コンサルファームの**アクセンチュア***は約6000人の規模から1万8000人規模へと3倍に拡大しています。激震の中で、人員を増加させて変化をとらえようとしてきたのです。

その理由がコンサルファームのクライアントの需要にあることも、すでに触れてきました。激しい変化の時代では、自社のリソースだけでスピーディーに対応していくことはできません。経営陣が「どうしようか」と迷っているうちに、時代はどんどん前に進んでしまい、気がつくと手遅れになるくらい、市場から取り残されていることになります。

1990年代から続いている「**失われた30年**」は、そのような時代の変化に対応できなかった企業を奈落の底に落としていきました。特に、日本では「平成」という年号の

Term **アクセンチュア**　1953年、ゼネラル・エレクトリック社にコンピュータを導入したことからコンサルティング業務を開始した世界最大のコンサルファーム。2023年9月現在、世界49カ国200都市以上に拠点を持ち、従業員数は約74万3000人、年商641億USドル。

をどこまで受けるのか、という部分には異論もあります。

正直なところ、まだ先がわかりません。わかっているのは、2023年12月の段階で登場している生成AIならば、コンサルタントの人間力を凌駕することはできない――そこまでです。もっとも、2025年あたりには「ウソをつかず、ウソの記述を見抜く生成AI」が登場するかもしれません。

コンサルタントは、クライアントにとっては、あくまでも「人間」として登場します。AIがビッグデータを分析して経営をサポートするのではなく、人間がAIを活用して経営課題を発見し、そこから付加価値を紡ぎ出して、クライアントの「心に寄り添う」、それがコンサルタントの存在意義です。クライアントの心に寄り添えないコンサルタントは、おそらく2年目でクビになります。

ただし、ビッグデータの分析だけで「特別なことをした」というドヤ顔になってクライアントを指導するコンサルタントは、生成AIに置き換えられても不思議はありません。情報は、集めるだけでも、分析するだけでも中途半端です。コンサルタントは、得られたデータを過去事例や新技術の知見と照らし合わせ、クライアントの課題解決につながる付加価値を発見します。それができて初めて、相応の対価がいただけるのです。この部分はAIではできません。

世界市場で活躍するアクセンチュア

世界市場

【グローバルグループ】
創　業：1953年。同年、米国GE社に対してコンピュータを導入し、コンサル業務を開始
拠点数：49カ国200都市以上
従業員：約73万3000人
売上高：641億USドル（1$150円換算で約9兆6000億円）
※いずれも2023年9月時点

→

日本市場

【日本法人】
□アクセンチュア株式会社（Accenture Japan Ltd）
創　業：1962年、事務所開設
設　立：1995年12月
資本金：3億5000万円
従業員：約2万1000人
売上高：推計5550億円
※いずれも2023年6月時点

※コンサルタントは、リアルな世界での課題解決を目指している。

Point

総合力の時代　コンサルファームは、個性豊かなコンサルタントが集まって成立している。そのため、戦略系、財務系など、主要コンサルタントの得意分野がファームの事業ドメインとなってきた。しかし、時代が複雑になると共にICTが進展した結果、総合力のあるアクセンチュアが飛躍を遂げている。

アクセンチュア

現在、Fortune Global 500の上位100企業のうち89社がアクセンチュアの顧客であり日々一緒に仕事をしています。アクセンチュアはFortune誌の「世界で最も賞賛される企業2022（World's Most Admired Companies）」に20年連続で選出されています。

企業哲学

組織として生む価値に注目！

使命（Mission）

絶え間なく続く変化を受け入れ、あらゆる場所で360°バリューを創出。

未来（Future）

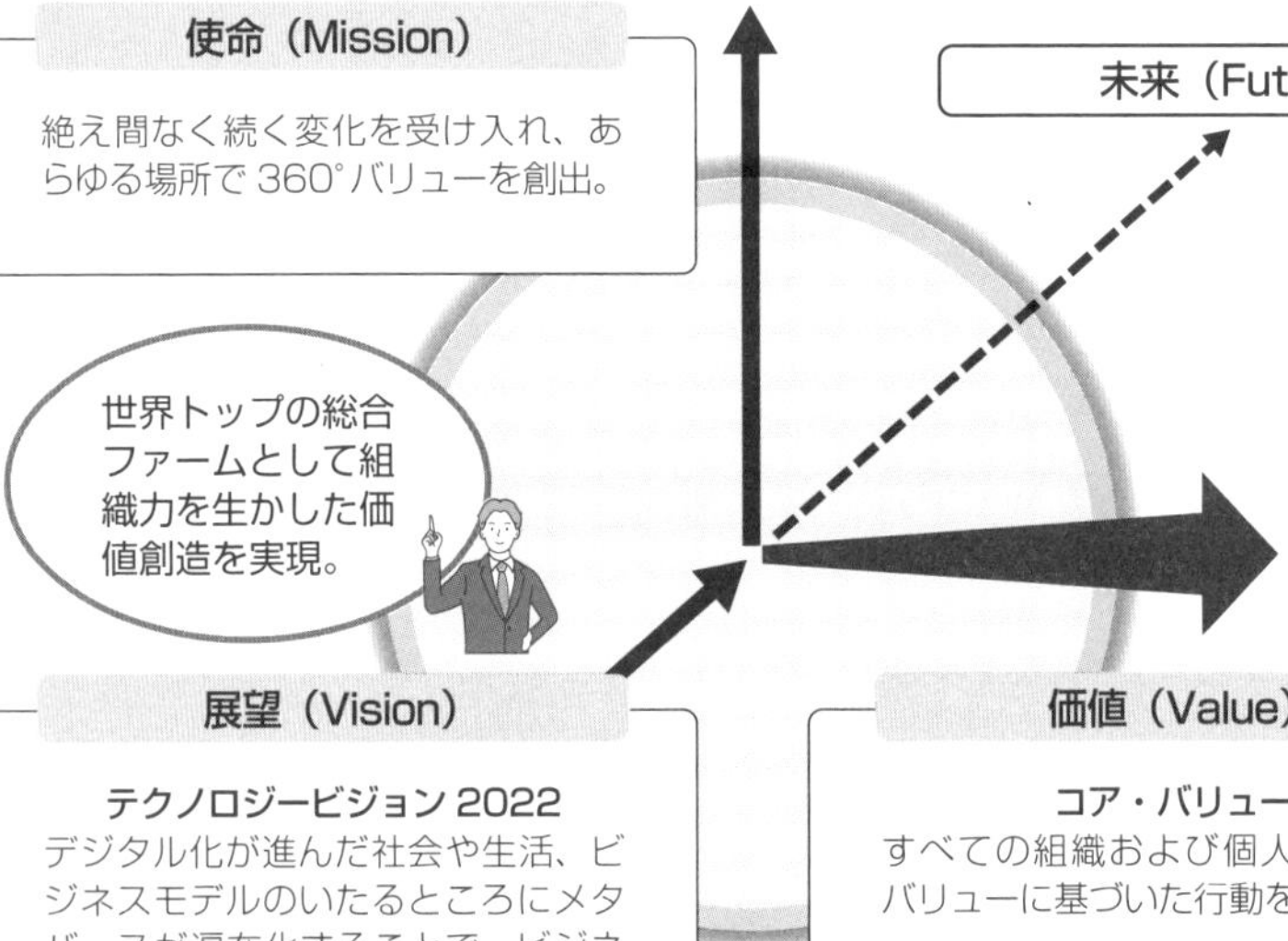
世界トップの総合ファームとして組織力を生かした価値創造を実現。

展望（Vision）

テクノロジービジョン2022
デジタル化が進んだ社会や生活、ビジネスモデルのいたるところにメタバースが遍在化することで、ビジネスや組織運営のあり方、顧客とのつながり方が再創造されつつある。

価値（Value）

コア・バリュー
すべての組織および個人が、コア・バリューに基づいた行動を実践。

■会社概要　※ホームページに記載のデータより（2023年12月10日現在）

【所在地】	〒107-0052 東京都港区赤坂1丁目8番1号
【設　立】	1995年12月（1962年事務所開設）
【資本金】	3億5000万円（2022/9/22発表）
【代　表】	代表取締役社長：江川 昌史
【従業員】	約2万1000人（2023年6月1日時点）
【売　上】	全世界61,594百万ドル
【主事業】	「ストラテジー＆コンサルティング」「アクセンチュアソング」「テクノロジー」「オペレーションズ」「インダストリーX」の5領域でSolutionを提供

※同社ホームページから注目すべき特長をピックアップし、筆者がまとめたものです。最新のデータとは異なる場合がありますので、興味を持たれた方は、ぜひ、最新情報を自分で入手してください。

アクセンチュアは、２０２２年３月、調査レポート「Accenture Technology Vision 2022」を発表しました。その作成にあたり、アクセンチュアでは日本を含む35カ国、23の業種にわたる４６００人以上の企業経営層およびICT担当幹部を対象に調査を実施。その結果を踏まえ、企業が押さえるべき４つのテクノロジートレンドを定義しています。

■Web Me──メタバースの中の私

メタバースやWeb３により、インターネットは形を変えつつあります。メタバースは、様々なサイトやアプリの集合体ではなく、一貫性のある三次元空間を実現します。今後は、歩いて部屋を移動するのと同じくらい簡単に、ある場所から別の場所へ移動できるようになるでしょう。

■プログラム可能な世界

５G、アンビエントコンピューティング（環境に溶け込んだコンピュータ）、拡張現実、スマートマテリアル（知能材料）といった新興テクノロジーが進化するにつれ、デジタル環境は現実世界にますます編み込まれていきます。こうした環境では、人々が世の中とつながる方法や内容が変わるだけでなく、人々の感覚や交流方法、それらをコントロールする方法が一新されます。

■アンリアル──本物の世界を人工的につくる

企業や消費者が、企業のコンテンツやアルゴリズム、ブランドそのものに関して、リアルとフェイクのどちらかではなく、信頼の置ける本物であるか否かを重視する中、AIの活用は企業の最重要課題となっています。

■不可能を可能にするコンピューティング──新たなマシンが可能性を切り開く

量子コンピューティングや生物学に基づくコンピューティングなどの手法により、従来のコンピューティングでは費用や効率性がまったく見合わなかった困難な課題を、企業が解決できるようになります。

アクセンチュアへの期待もどんどん高まっています。

Point

併走型パートナー　いかなる企業も今日の経営課題に対応して変化しなければ生き残れないことは明白。外部のコンサルファームの知恵が有効なことも論を待たないとして、問題は数あるファームから最適なパートナーを見つけること。本書では「併走」して成長するファームをベストとして解説している。

Section
2-15 DX専門コンサルファームの台頭

コンサル業界の躍動⑦

現在、DX推進を請け負うコンサル出身ベンチャー経営者が、DXコンサルティングで実績を上げています。彼らは、かつて戦略系ファームが果たした役割を担っています。

■ベンチャーが台頭する時代

イノベーションの常として、変化は既存勢力ではなく新興勢力の中から生まれます。DXや生成AI、メタバースなどに加え、これまで経営者が意識しなくても済んだSDGsや気候変動などのテーマに対応せず、自分の業界内で自分たちのできることだけをしている企業は、市場からの「退場」を余儀なくされる時代になりつつあります。

それゆえ、多くの上場企業がコンサルファームの門をたたき、既存のファームだけではなく、新たに生まれた**DX特化型コンサルファーム**にも問い合わせをすることになります。少なくともDXやその関連のテーマについて、新興のベンチャー系コンサルファームは、DXの波が来てから人材を登用することで時代の変化に対応していた大手コンサルファームよりも進んでいる部分が多いと見ることもできます。しかも、そのような新興勢力の経営陣は、もともとコンサルファームで修業を積んで独立した人が主流なので、コンサル面でも遜色がないように感じられます。

新しい時代に適応するには、新しく生まれた、**アントレプレナーシップ**＊に満ちた新興勢力の力を借りるという選択肢も「あり」となります。2025年には無理かもしれませんが、2028年には、そのようなベンチャー企業のトップが、コンサル業界の新しい顔として業界をリードしていると筆者は見ています。

■どっちが付け焼刃か

クライアントの立場に立てば、コンサルファーム選定はトップの専権事項となります。ただ、トップにも「本来は自前で対処したかった課題だが、変化が急で、しかも強い波が来ているので仕方ない」という気持ちがあり、どこを

Term
アントレプレナーシップ　日本語で「起業家（企業家）精神」と訳される。社会の課題に対して新しい解決策や新規の商品・サービスを打ち出し、リスクを恐れずに立ち向かって新たな価値を創造していく精神・姿勢のこと。

パートナーとして選定するかは、大変難しい問題です。

しかも選定した結果は、必ず、自社の未来図を変えるインパクトをもたらすことになってきます。

クライアントのトップは、たくさんあるコンサルファームから経営陣が選定した数社に絞って面談にのぞむことになりますが、例えばDX推進のパートナーを求めていた場合、悩ましい選択を迫られることになります。

シンプルに考えれば、「①ICT企業のコンサル部門」「②大手コンサルファームのDX担当」「③新興DXベンチャー」という3つの選択肢が有望でしょう。①の場合、ICT技術やアプリの導入に力点が置かれ、DXの本丸である変革まで進まない可能性もあります。ここでは「変革」の推進の部分が付け焼刃に見えることもあるでしょう。

そこで、これまで付き合いのある②大手コンサルファームの担当者にも相談するわけですが、ここではDXが「付け焼刃」に見えてしまいます。一方、③新興DXベンチャーに声をかけると、アントレプレナーらしい情熱は感じられるものの、コンサル業務そのものが付け焼刃に見えてきます。つまるところ、専門性があることを前提に、心情を理解し、寄り添う姿勢を明確にしている「ウマが合うスタッフ」が対応するファームを探すことになります。

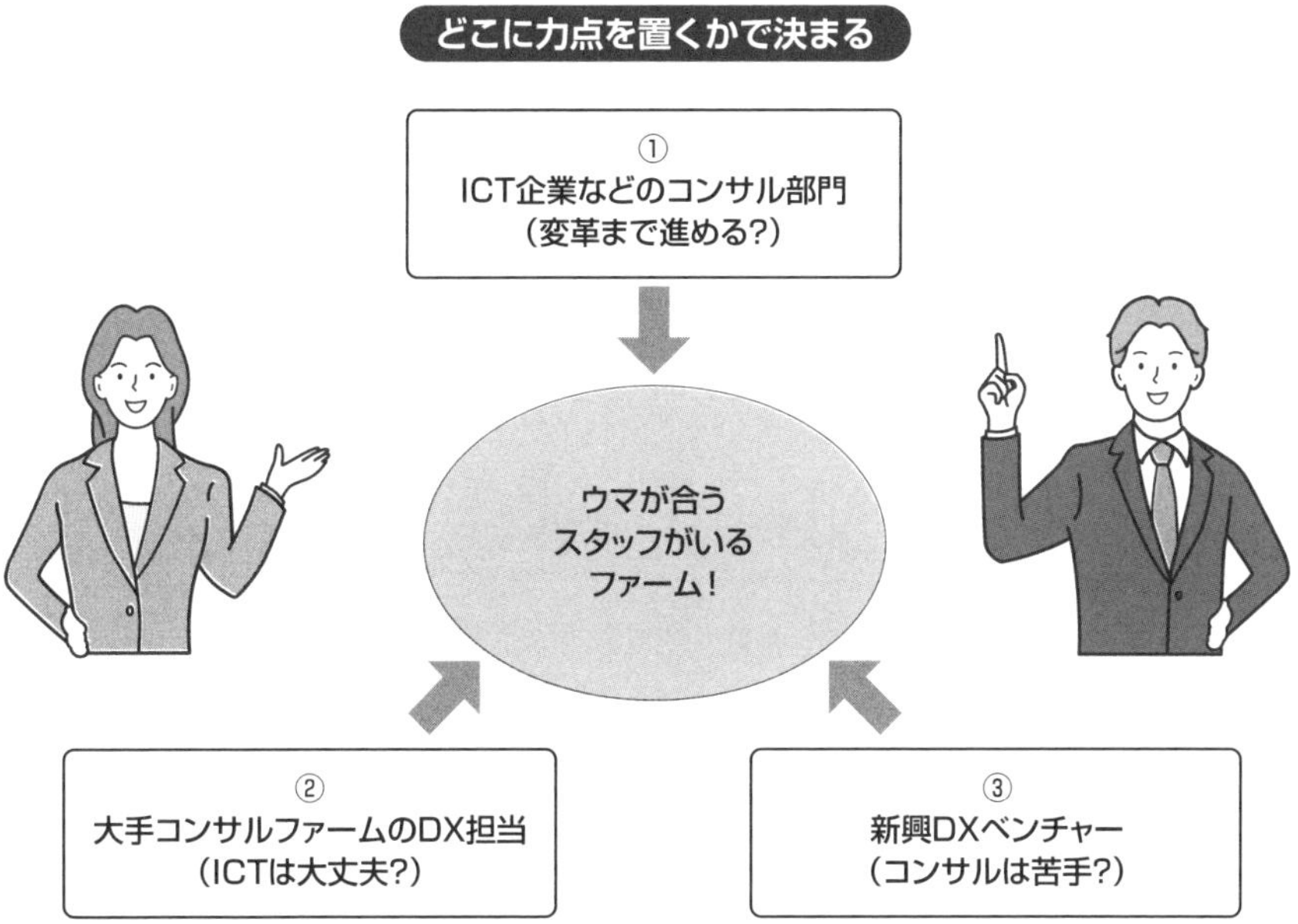
どこに力点を置くかで決まる
①
ICT企業などのコンサル部門
(変革まで進める?)
ウマが合う
スタッフがいる
ファーム!
②
大手コンサルファームのDX担当
(ICTは大丈夫?)
③
新興DXベンチャー
(コンサルは苦手?)

Point

ウマが合うか　コンサルファームの選定は、最終的には「コンサルタントとの相性」が決め手となる。クライアントと同じ方向に併走するコンサルタントには「あうんの呼吸」が求められる。たとえDX業務であっても、コンサルタントには人間力が問われることになる。

ICMG（ICMG Co., Ltd.）

ICMGは2000年に創業した、日本発の独立系の経営戦略コンサルファームであり、創業以来、知的資本に立脚した経営手法でクライアント企業の持続的成長を支援してきました。コンサルティング事業では、トップマネジメントとの関係性を強みとし、企業改革、企業の持続成長実現のための両利き経営を支援しています。

パーパス：世界中の意志ある仲間と未来を共創する

未来（Future）のメッセージに注目！

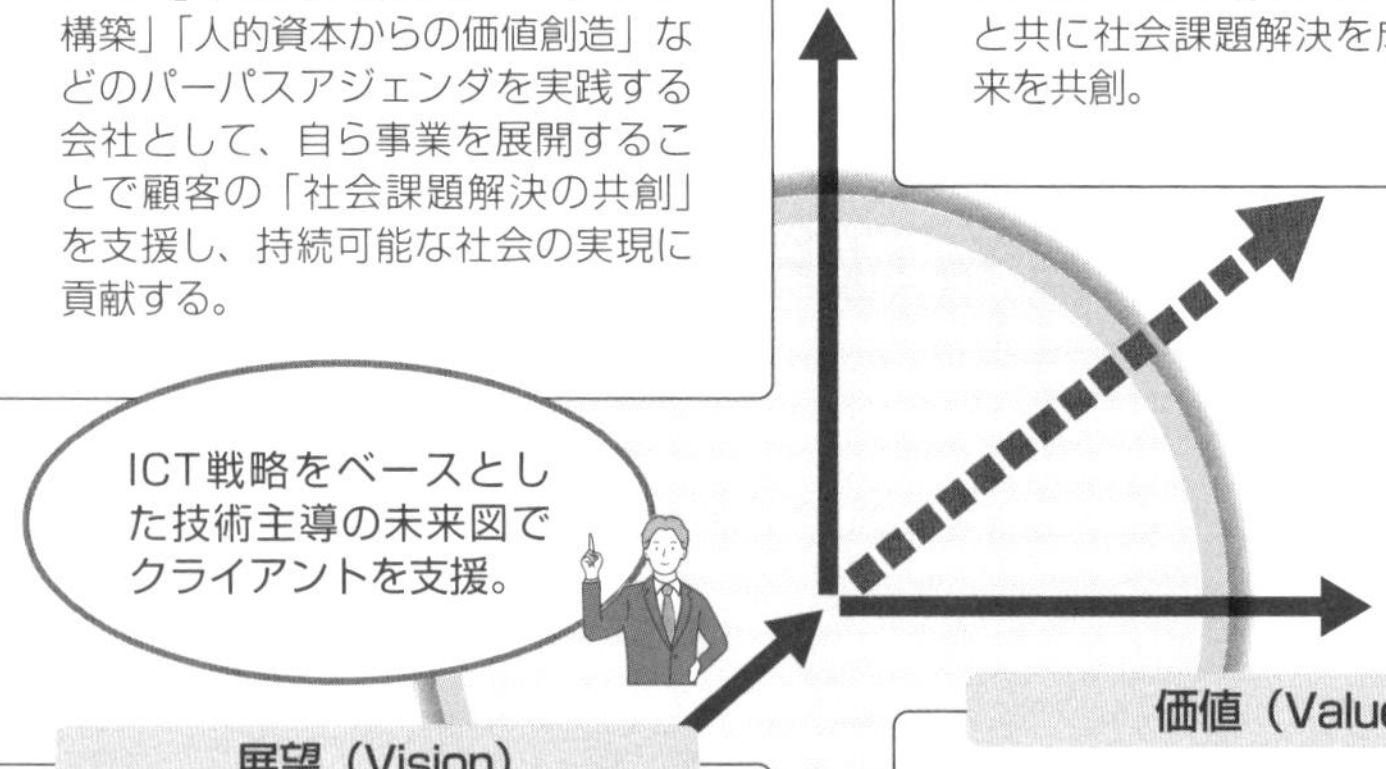
ICT戦略をベースとした技術主導の未来図でクライアントを支援。

使命（Mission）

「脱炭素社会に向けた行動イノベーション」「新たな社会エコシステムの構築」「人的資本からの価値創造」などのパーパスアジェンダを実践する会社として、自ら事業を展開することで顧客の「社会課題解決の共創」を支援し、持続可能な社会の実現に貢献する。

未来（Future）

経営・戦略コンサルティングだけにとどまらず、多様なステークホルダーと共に社会課題解決を成し遂げ、未来を共創。

展望（Vision）

未来・社会にとって必要とされる潜在意義を紡ぎ出し、確かな価値を顧客に届ける。

価値（Value）

企業価値を生み出す源泉である人的資本にこだわり、企業と共に社会課題を解決し、新たな社会的価値を創造する。

■会社概要

※ホームページに記載のデータより（2023年12月10日現在）

【所在地】〒100-0005 東京都千代田区丸の内2-1-1 明治安田生命ビル11階
【設　立】2000年4月19日
【資本金】3.6億円（資本準備金を含む）
【代　表】代表取締役社長グループCEO：船橋 仁
【従業員】102名（グループ連結）（2023年4月1日時点）
【特　記】5つの現地法人、21の提携パートナー（世界18カ国）

※同社ホームページから注目すべき特長をピックアップし、筆者がまとめたものです。最新のデータとは異なる場合がありますので、興味を持たれた方は、ぜひ、最新情報を自分で入手してください。

■ファームの特長

「脱炭素社会に向けた行動イノベーション」「ロボティクスと人の協働社会の実現」「新たな社会エコシステムの構築」「人的資本からの価値創造」「次世代を担う共創プロジェクト推進と、投資を伴う成長支援」という5つのパーパスアジェンダを実践する会社として、自ら事業を展開することで顧客の「社会課題解決の共創」を支援し、持続可能な社会の実現に貢献していきます。

【Climate Change】脱炭素社会に向けた行動イノベーション

地球温暖化1.5℃の上昇を食い止めます。これから排出されるCO_2のみならず、いままで排出してきたCO_2にも立ち向かいます。現在、**DAC***事業の立ち上げを検討中。

【Robotics & DX】ロボティクスと人の協働社会の実現

人が活き活きと働くことのできる場を実現するため、Future Lab HANEDAを開設。ロボティクスと人が共存するからこそ、ロボットにも人にも最適な労働と生活環境が生み出されます。

【Well-being Society】新たな社会エコシステムの構築

一企業の利害を超えて社会に価値あるものを提供します。1つの木だけではなく、いままでは競合であった企業とも今後はパートナーシップを構築し、人々の生活に価値あるものを提供します。

【Human Capital Creation】人的資本からの価値創造

人類史上において大きな転換期（World Transition）のいま、1つの企業にとらわれず、地球規模で社会にとって価値あるものを創り出す真のリーダーを輩出します。

【Co-Creation/Investment for Society】次代を担う共創プロジェクト推進と、投資を伴う成長支援

次の社会を創り出す起業家への支援と大企業の**CX***を同時多発的に生み出し、両者の有機的な共創を実現させていきます。

■事業ドメイン

企業価値を生み出す源泉である人的資本にこだわり、企業と共に社会課題を解決し、新たな社会的価値を創造します。

Term
DAC Direct Air Captureの略。大気中から直接CO_2を分離回収する技術。
CX Corporate Transformationの略。

コンサルティング事業では、経営戦略・成長戦略の立案と実行支援、イノベーション・新規事業開発支援、人材開発支援を展開しています。

スタートアップ投資事業では、投資先スタートアップとクライアント企業をつなぎ、社会課題解決テーマの新事業を共創しています。

人的資本にこだわるという信念のもと、人からの価値創造に重きを置き、コンサルティングを超えたサービスを提供します。

■コンサル企業としての特長

独自性の高いリーダーシッププログラムでは、実際の経営課題をテーマとし、その解決のために基礎学習、セッション、充実したコーチ陣によるコーチングで伴走し、強い意志と圧倒的当事者意識を持ったリーダー人材を輩出しています。またグループ内に、人と組織の開発支援のプロ集団であるIWNC社を持ち、協働プロジェクトを提供しています。

東京を本社として、シンガポール、シリコンバレー、バンガロール（インド）、上海、スウェーデンに拠点を置き、世界と日本のイノベーションエコシステムをつなぐクロスボーダー案件も展開。イノベーションエコシステムを先行的に開拓しながら、イノベーションの最前線に立つプロジェクトに取り組んでいます。

■AIやDXとコンサル業務との関係について

シンガポールは現在、世界からイノベーションエリアとして注目され、次々とスタートアップ企業が生まれています。特に、アジアの社会課題をベースとした社会課題解決型の**スタートアップ企業***が中心となっており、AI、ブロックチェーン、Web3を含む最前線のテクノロジーであるデジタルが掛け合わされることで、ユニークなイノベーションエリアとして注目されています。ICMGは、イノベーションで注目されているシンガポール、急速に成長するインド、インドネシア等のスタートアップ企業とのリレーションを構築し、スタートアップ企業と日本国内の大企業を巻き込んで、社会課題解決へとつながる、AI活用実験や、DXプロジェクトを実施してきました。今後も、AI活用・デジタル技術を取り入れた共創プロジェクトを世界中に展開していきます。

Term **スタートアップ企業**　スタートアップは、IT企業が集まる米国シリコンバレーで使われ始めた言葉であり、革新的な新しいビジネスモデルを考え、新たな市場価値を提供することで、スピード感をもって事業価値を高めて成長する企業や組織のことを指す。

■グローバルパートナーとの連携

　ICMGは世界18カ国、5つの現地法人、21の提携パートナーと連携し、事業評価（財務評価、知的資本評価、事業性評価）および具体的な提携先発掘、産官学協調事業の推進等を実施しています。

　ICMGのグローバル・パートナーとの連携により、各地域・分野のプロフェッショナルから知見を得ることができます。各地域に根ざし、地域や文化ごとに異なるビジネスマナーやプロセスに精通したパートナーと連携することにより、海外進出で直面する未知で複雑な経営課題を解決します。

市場があるからといって、やみくもに海外進出をしても失敗します。

グローバルネットワーク

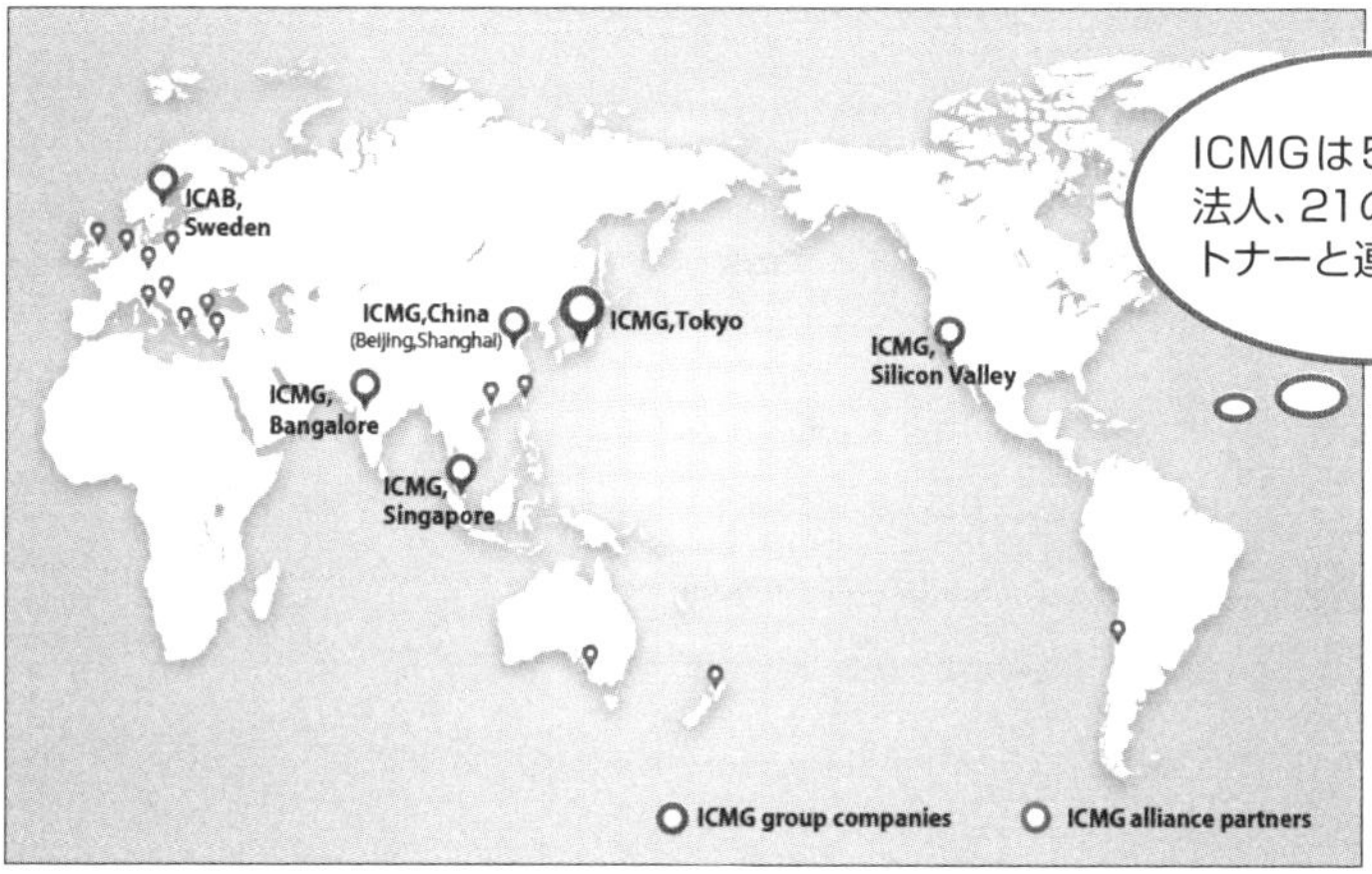
ICMGは5つの現地法人、21の提携パートナーと連携。
ICAB, Sweden
ICMG,China (Beijing,Shanghai)
ICMG,Tokyo
ICMG, Silicon Valley
ICMG, Bangalore
ICMG, Singapore
ICMG group companies
ICMG alliance partners

コンサルの目

リスク管理の重要性

　今日、グローバルを意識せずに経営できる大手企業は1社もありません。しかし、コンサルファームから経営の根幹に関わる支援を受けるとき、情報の取り扱いが大きな課題となってきます。特に、絶対に漏えいしてはならない情報がある場合、日本企業でグローバル対応をしているファームを選択するのは、リスク管理の面でも有効なはずです。　（廣川州伸）

INDUSTRIAL-X

株式会社 INDUSTRIAL-X は、2019 年 4 月創業というスタートアップ企業ですが、すでにコンサルティング、ソリューション調達支援、DX 人材育成、BPO などで実績を積んでいます。DX を始める企業に向けて「DX 伴走型支援」「DX プラットフォーム」の 2 事業を展開しています。

企業哲学

日本企業のDX推進を掲げる使命（Mission）に注目！

使命（Mission）

産業構造変革を、
民間企業の力で実現する

- DX に必要なサービスを包括的に提供するビジネスモデルで、顧客のあらゆる課題を解決する。
- デジタル化の成功モデル群を DX プラットフォームで垂直水平展開することで、日本全体の産業構造革新を実現。

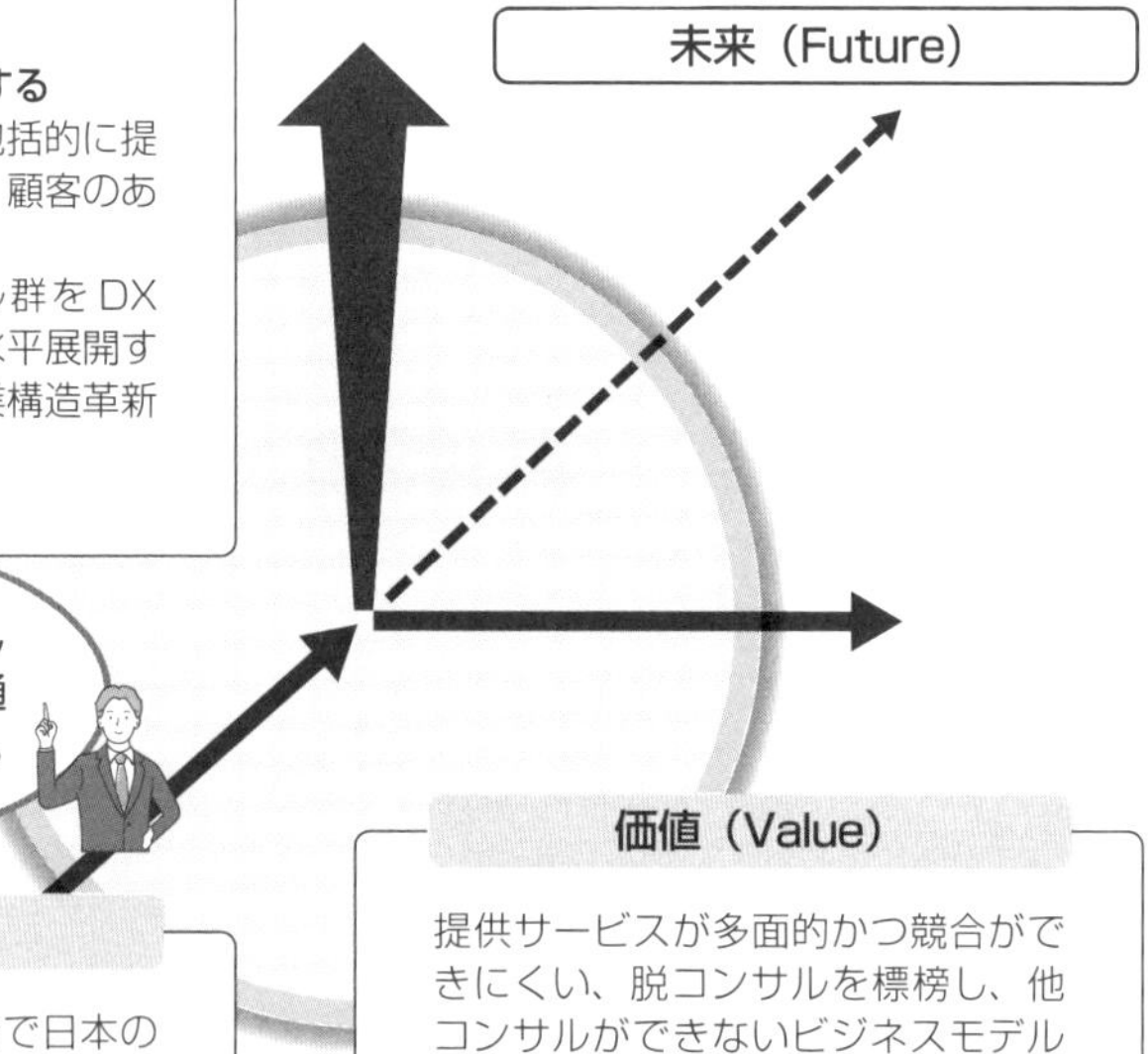

DX特化ファームとして自らも世界市場に通用する日本企業になる。

展望（Vision）

デジタルとアナログの融合で日本の産業構造を変革する。

価値（Value）

提供サービスが多面的かつ競合ができにくい、脱コンサルを標榜し、他コンサルができないビジネスモデルを徹底的に具現化する。

■会社概要 ※ホームページに記載のデータより（2023年12月10日現在）

【所在地】東京都港区西新橋 3 丁目 25-31 愛宕山 PREX 11F
【設　立】2019 年 4 月 15 日
【資本金】178,000,018 円（資本準備金含む）
【代　表】代表取締役 CEO：八子 知礼
【従業員数】43 名（2023 年 6 月 1 日、業務委託含む）
【社外取締役】白坂成功（慶應義塾大学教授 / 株式会社 Synspective ファウンダ）、石原亮子（株式会社 Surpass 代表取締役）

※同社ホームページから注目すべき特長をピックアップし、筆者がまとめたものです。最新のデータとは異なる場合がありますので、興味を持たれた方は、ぜひ、最新情報を自分で入手してください。

■コンサルファームの特長

同社は脱コンサルを標榜《ひょうぼう》し、他のコンサルファームではできないビジネスモデルを徹底的に具現化するような、多面的かつ競合ができにくい価値創造を目指しています。

【特長1】プロフェッショナル

DXにおける企業のビジネスデルの構築、IT／IoT化に関するソリューションの目利きと導入、定着化支援まで、各部門のプロフェッショナルがサポート。DX推進部署ごと包括的に請負うBPO（Business Process Outsourcing）サービスの提供も可能です。

【特長2】パートナーネットワーク

INDUSTRIAL-XではDX導入実績のある様々なリソースを持つ企業と連携。スピーディーなビジネスモデルのアップデートを行えるよう、現在100社を超えるパートナーネットワークを構築。

【特長3】伴走型支援

DXで目指す姿の提案だけで終わらず、実現のためのロードマップ作成や、必要なリソースの調達支援など、顧客が自走することをゴールに見据えた中期的な「伴走型支援」が特徴。今後20年経つ間に生産人口が急激に減少していくため、デジタル化による生産性の引き上げや、人の作業をAIによって置き換えて人は創造性や判断力を発揮する業務領域にシフトさせることが重要です。

トップコメント

日本では「DXで何を目指すのか」が存在しない企業や、具体的な取り組みに進めていくことができない企業も多いのが実態です。自社内でやろうとしても人材がおらず、往々にして上手く進められないまま投資ができないジリ貧に陥っていきます。そんな企業には、我々のような伴走型でコンサルティングを行う会社が、企業メンバーと共に「何を目指すか」「どう進めていくべきか」を客観的な外部環境に対する視座を上げソリューションの目利きを伴ってスピーディに業務実装して効果を出しながら、目指す姿に近づけていくことが最短のアプローチです。（談）

ホットリンク

SNS黎明《れいめい》期となる2000年に創業した株式会社ホットリンクは、様々なクライアントにマーケティングの領域で貢献してきました。その知恵を持った「人」を武器に、彼らは世界中の人々が"HOTTO（ほっと）"できる世界の実現を目指しています。

企業哲学

クライアントと共に生み出す価値（Value）に注目！

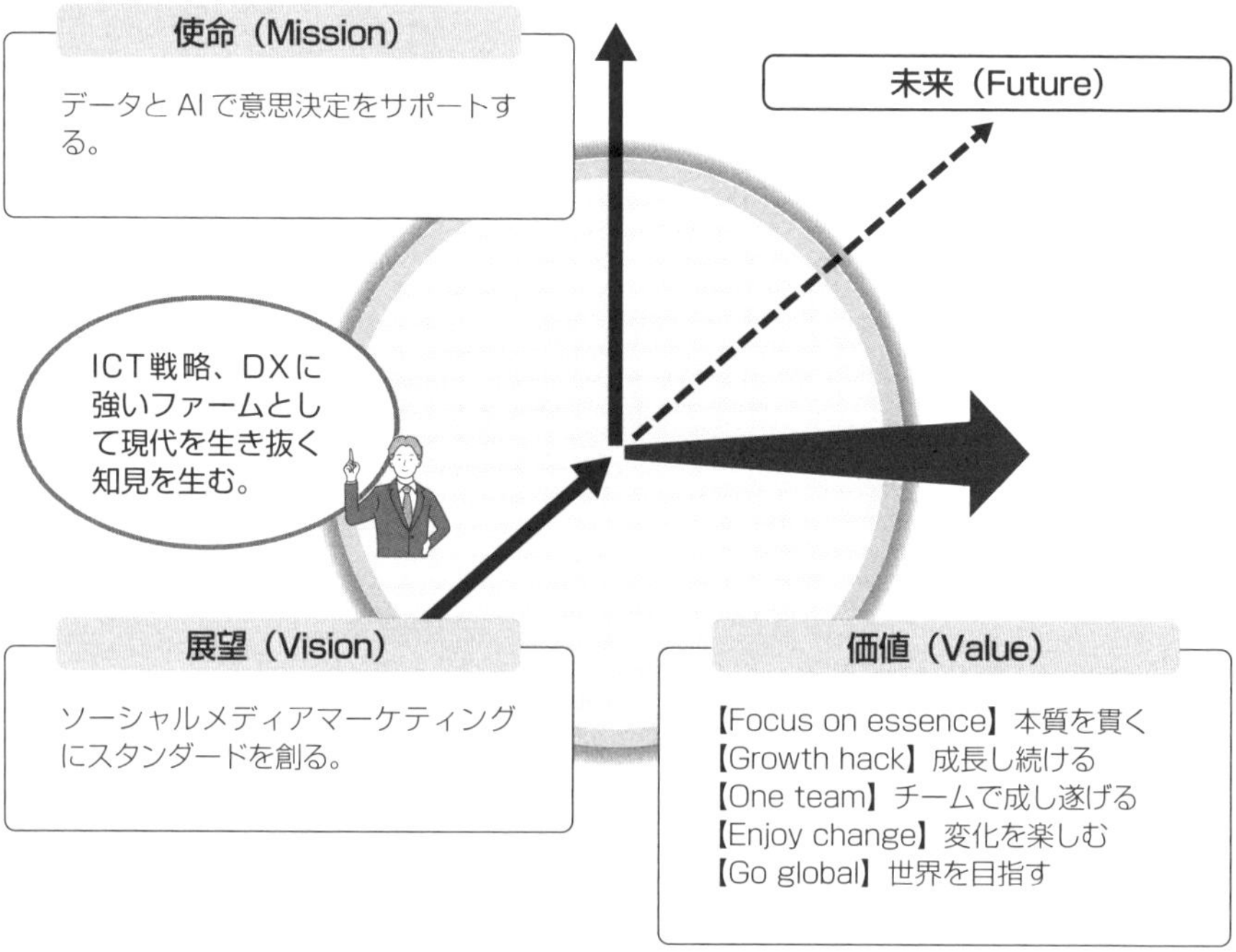

使命（Mission）
データとAIで意思決定をサポートする。
未来（Future）
ICT戦略、DXに強いファームとして現代を生き抜く知見を生む。
展望（Vision）
ソーシャルメディアマーケティングにスタンダードを創る。
価値（Value）
【Focus on essence】本質を貫く
【Growth hack】成長し続ける
【One team】チームで成し遂げる
【Enjoy change】変化を楽しむ
【Go global】世界を目指す

■会社概要　　※ホームページに記載のデータより（2023年12月10日現在）

【所在地】〒102-0071 東京都千代田区富士見一丁目3番11号
　　　　　富士見デュープレックスビズ　5階
【設　立】2000年6月26日
【資本金】2,438百万円（2023年4月末時点）
【代　表】代表取締役グループCEO：内山 幸樹
【従業員】85名（2022年12月）
【売　上】約79億円（2022年12月）

※同社ホームページから注目すべき特長をピックアップし、筆者がまとめたものです。最新のデータとは異なる場合がありますので、興味を持たれた方は、ぜひ、最新情報を自分で入手してください。

■ホットリンクの行動指針

【Focus on essence】本質を貫く

ミッション、ビジョンを達成するためには、目先の数値や表面的な課題に飛びついてはいけません。スタンダードを創るには何が必要なのか、クライアントにとって本質的な価値とは何か、貢献するには何が必要なのかを考え続け、行動することでミッション、ビジョンの達成に近づくことができるのです。

【Growth hack】成長し続ける

市場、業界が変化する中でも、クライアントに価値提供し続ける必要があります。そのため、常に情報をキャッチアップし、学び、自ら成長し続けられるかが重要。現状維持ではなく、自らを高める努力を惜しみません。

【One team】チームで成し遂げる

一人でできることは限られています。クライアントや社会に対して本質的な価値を提供するためには、チーム、部門、ときには会社を超えて協力し、1つの目的を達成するために共に戦うのです。

【Enjoy change】- 変化を楽しむ

市場・業界が劇的に変化する中で自らも変化対応が求められます。むしろスタンダードを創るためには、従来の『概念』や『当たり前』を破壊し、変化を起こすゲームチェンジャーになること。そのために変化を楽しむことが重要です。

【Go global】世界を目指す

ミッション、ビジョンの達成のためには高い志と情熱が必要です。目の前のことにとらわれず、世界に影響を与えられる企業を目指します。

様々な知恵を持つ人材が世界を目指しています。

Point

日本から世界へ　エクセレントカンパニーの条件に「経営者の情熱」や「世界トップを目指す」ことが挙げられている。トップを目指して実現することは大変だが、少なくとも世界市場を目指さなければスタートアップはできないだろう。

■コンサル企業としての特長：他社との差別化点

データドリブンを重視し、再現性の高いSNSマーケティング支援を実現するために、様々な領域のスペシャリストが在籍しています。データのクレンジング（整理・統合・仕分け）を担当する**データサイエンティスト***や、抽出したデータを分析するデータアナリストのほか、SNS活用に精通したコンサルタントやプランナー、デザイナーが連携し、顧客への提供価値の最大化に努めています。

ソーシャルメディアに関する数々の成功パターンから編み出した独自メソッド「ULSSAS」によって、業種・業態を超えて、高い確率で成果を上げることができています。

また、実行が困難な顧客には、体制構築の支援も行うほか、同社の知見やノウハウに基づくSNSアカウントの運用代行やSNS広告運用サービスも提供しています。

AI、DX、ソーシャルメディアマーケティングは、コンサル業務と密接に関係し、企業の競争力向上に活用されています。データ分析、予測分析、顧客対応自動化、効果的なソーシャルメディア戦略の革新が求められ、コンサルタントが適切なアドバイスを提供しています。

技術進化は止まらず、ビジネスモデルや業務プロセスの変化への適応が重要です。しかし、導入方法やタイミングには慎重さが求められます。コンサルタントは企業の状況やニーズに応じた戦略を示し、成功への道筋を描きます。企業もテクノロジーを活用し、競争力を高める努力が不可欠です。同社のソーシャルメディアマーケティングは、コンサルタントが戦略を提示し、ブランド認知度や顧客エンゲージメントの向上に貢献しています。

将来的には、コンサルサービス自体が進化し、高度な分析や迅速な意思決定、効果的なソーシャルメディア戦略が実現されるでしょう。AIやDXはコンサル業界の未来に大きな影響を与えます。

データサイエンティスト（Data scientist）　データサイエンティストは、主にビッグデータから経営に役立つ情報を抽出する人、またはそのスキルを持つ人のこと。必要なスキルとして、データを科学的に分析するエンジニアリング力に加え、ビジネスに役立てる力が求められる。

日本 IBM

IBM の歴史は、イノベーションの創出、ハードウェアからソリューションビジネスへの転換、AI ビジネス創出など変革の歴史でした。テクノロジーに向き合って 1 世紀。IBM 戦略コンサルティングは、顧客と共に変革・成長への道筋を描き、共に歩み続けます。

企業哲学

同社の使命（Mission）が日本政府の方向性にピタリと寄り添っていることに注目！

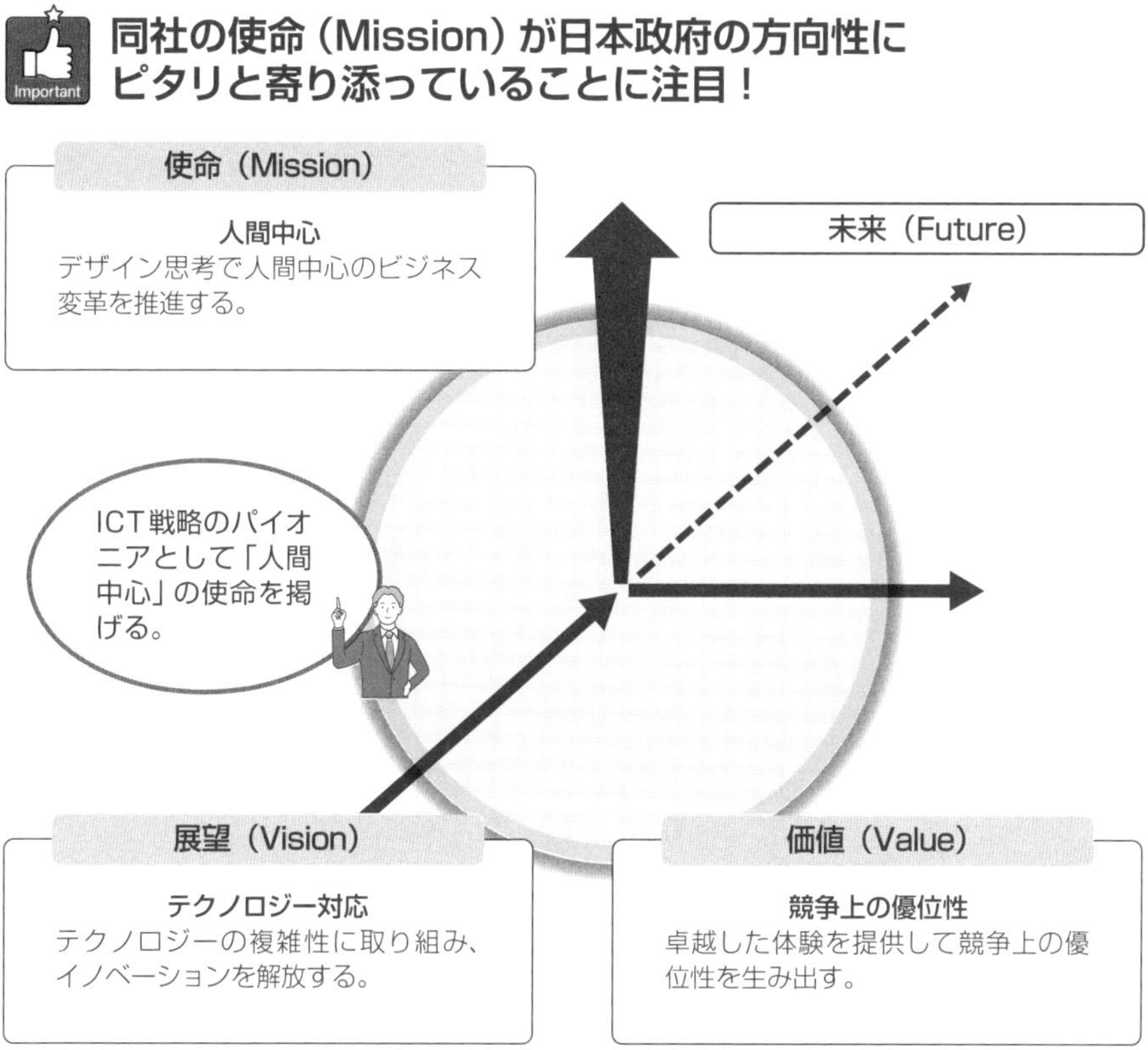
Important
使命（Mission）
人間中心
デザイン思考で人間中心のビジネス変革を推進する。
未来（Future）
ICT 戦略のパイオニアとして「人間中心」の使命を掲げる。
展望（Vision）
テクノロジー対応
テクノロジーの複雑性に取り組み、イノベーションを解放する。
価値（Value）
競争上の優位性
卓越した体験を提供して競争上の優位性を生み出す。

■会社概要　※ホームページに記載のデータより（2023年7月31日現在）

【所在地】〒103-8510 東京都中央区日本橋箱崎町 19-21
【設　立】1937（昭和 12）年 6 月 17 日
【資本金】1053 億円（2023 年 3 月末時点）
【代　表】代表取締役社長執行役員：山口 明夫
【従業員】約2万人（日本ＩＢＭグループ全体）
【売　上】約 6493 億円（2022 年 12 月）

※同社ホームページから注目すべき特長をピックアップし、筆者がまとめたものです。最新のデータとは異なる場合がありますので、興味を持たれた方は、ぜひ、最新情報を自分で入手してください。

【テクロジー対応】

テクノロジーの複雑性に取り組みイノベーションを解放

組織は、テクノロジー・モダナイゼーションに対応することや、断片的なアプローチで頻繁に採用されてきたものを調整するのに苦労することがあります。テクノロジー・ランドスケープを簡素化することにより、従業員は、イノベーション、成長の促進、顧客体験の変革に集中できるようになります。

【人間中心】

デザイン思考で人間中心のビジネス変革を推進

増え続ける顧客の期待に応えるために、多くの企業がCX変革に対するデザイン主導のアプローチを採用しています。IBMのコンサルティングは、**ユーザー・エクスペリエンス***だけではなく、ビジネスの成果とより幅広い文化的関心事項にも焦点を当てたビジネス・デザイン・アプローチにより、このステップをさらに進め、顧客や社会全体に利益をもたらしながら、価値を創出しています。

【競争上の優位性】

卓越した体験を提供して競争上の優位性を生み出す

従来のやり方では、サプライチェーンに関して、コストを最小限に抑えるべきで、プロセスは最適化すべきだとされています。新しいやり方では、より持続可能でレジリエントな（回復力のある）サプライチェーンは、イノベーション、優れた顧客体験、成長を促進すると考えられています。

■IBMの戦略コンサルタント

日本IBMには戦略コンサルティング部門があり、多数のコンサルタントが活躍しています。彼らの強みは世界トップの技術力を持っていることと、本書でも触れた様々なショックを自分事として研究し、深く理解した上での対応策を持っていることです。

IBMは1964年にメインフレームで一世を風靡《ふうび》。その後、80年代に起きたダウンサイジングの波に襲われましたが、90年代には自らの組織変革を実施。プロフェッショナル専門職制度をグローバルで展開し、各個人の職業とスキルが明確に定められた環境のもと、日々のスキル開発に取り組みました。新たな戦略実行を担う人材を開発することで、クライアントには常に新しい製品サービスを提案することができたのです。

そのときの経験は、IBM社員にDNAとして組み込ま

Term

ユーザー・エクスペリエンス　日本語訳は「顧客体験」。この重要性に気づき、コンサルタントも顧客に寄り添うようになった。

れました。2018年以降、IBMは新たなショックに対して最先端テクノロジーを付加価値の源泉とし、「世の中をよりよく変えていくカタリスト」として次のステージへのかじを切っています。

　クライアントが直面する変革の難しさは、すでに先行して日々経験してきたこと。そこが同社のアドバンテージとなっています。戦略実行段階ではネガティブな事象も発生しますが、それらの多くは「すでに自ら体験してきたこと」であり、自社の知見が役立ちます。それゆえ、グローバルで展開する企業であっても、クライアントの心情まで理解できる変革のパートナーとなりうるのです。

■世界をよりよく変えていく

　日本IBMの戦略コンサルタントは、「世界をよりよく変えていく（Making The World Work Better）」という存在意義を企業活動のベースに持っています。その上で、世界トップレベルのテクノロジーを現実の問題に適用し、クライアントのみならず、社会そのものにも有益な進歩をもたらすことができると考えています。

　IBMのテクノロジー・リーダーシップを通じて、エマージング・ビジネスから成長ビジネス、コア・ビジネスとしてのイノベーションを目指す代表領域の1つに、量子コンピューティングがあります。それは、クライアントだけではなく社会全体に大きな影響を及ぼすことになるでしょう。

　また、コンサルタントは技術力のみならず「人間力」が問われます。これはIBMに限りませんが、10年後、いわゆるGAFAMは、広告よりコンサル業務で稼いでいるはずです。そのとき、コンサルタントとしての真の実力が問われることになります。

・ICTトップ企業の持つ安心感
　技術革新で時代を切り開いてきたIBMには、専門のコンサルティング・チームがあります。彼らの特長は、何よりもまず「確かなICT技術」に裏打ちされたコンサルティングとなります。特に注目したいのがAI技術を活用したコンサルですが、最先端の分野ゆえに、ICT企業の存在感はハンパではありません。

Column

共創の時代に戦略は意味を持つのか

本章では、「**戦略**」という言葉をさかんに使っていますので、若い世代のみなさんの中には違和感を覚えた人もいたかもしれません。戦略という言葉は、戦いに勝利するための「はかりごと」を指しています。いわく「ビジネスは戦いだ。勝つためには、目的を明確にして、どのように攻撃すれば効果的か、敵を欺くことも含めて、企画しなければならない」というわけです。

昭和の時代はもちろん、平成の時代も、ビジネスは「ひしめく競合に競り勝って成功を収めるための戦略」が重要であり、コンサルタントも「競争戦略のプロ」として、クライアントを支援してきました。ところが平成時代の後期には、ビジネスの世界でも「WIN-WINの関係を構築する」、「近江商人の“三方よし”を実現する」など、競争して勝つようなビジネスモデルより、互いに支え合って利益を出すようなモデルが注目を集めました。すなわち、競争して勝つ戦略より、共に成功する「共創」がいいというのです。そこで、戦いを前提とした競争戦略論も、時代に合わせて共創戦略論にする必要が出てきました。

金子みすゞさんの詩に「みんなちがって、みんないい」というコンセプトが出ています。実は、第四次産業革命は、基本線として「自由に戦って、敵を殺戮《さつりく》して自国を豊かにする」というコンセプトはとりません。今日の経営は、孫子の兵法にあるように「戦わずして勝つ」ことを最高の手法として、顧客への対応についても「みんな違ってみんないい」とばかりに、一対一での個別対応を是としています。それは人間だけでは対応できませんので、DXの出番となります。

令和の時代には、共創の時代が進化し、みんな違って、一人ひとりに別々のサービスを進めても、DXの効果で経済的には十分にペイする、という世界観となっています。それゆえ、少なくともコンサルの世界では戦略とはいわず、商人の言葉を使って「もうかりまっか?」としたいところです。

コンサルタントは
「戦わずして勝つ」
方法を考えています。

第3章

激動を超えて躍動するコンサルタント

5つの波に襲われたコンサル業界ですが、柔軟な思考力をもって変化を自ら体験する、という荒業も交えて適応しつつあります。そこでのポイントは、「ビジネス環境の激変」に対応して「変わる必要があること」と「変えてはいけないこと」を明確に選別し、真摯に対応することになります。

コンサルタントは、ビジネスパーソンの憧れの職種の1つ。コンサルファームに勤めるか、独立して会社を興すか——いずれにしても、顧客企業の存続をかけた経営・事業戦略に関わる、重要な仕事です。社会の変化に合わせて、常に勉強して新しい知識や技術を修得しなければ、時代に遅れてしまうことになります。ここでは、そんなコンサルタントの「いま」を紹介しましょう。

Section
3-1 コンサルタントとは何か

コンサルタントへの道①

様々な業種に多様なコンサルタントがいますが、その役割は明確で、課題解決と業務指導が中心です。それはDXから始まった一連の波による激変下でも変わりません。

■何よりも深く、戦略家であること

コンサルタントというと、まず思い浮かぶのが、**コンサルファーム**に勤めている人たち。しかし、一口にコンサルファームといっても様々な企業があり、何をしているのかは、会社のパンフレットやホームページを見てもよくわかりません。

どこの企業の業務内容も似たりよったりで、特徴が見つからないのです。みんな難しい横文字と難解な論理を駆使して事業内容を語っているような気がするのではないでしょうか。コンサルティング業務の代表的な分野に**戦略コンサルティング***がありますが、これもどの会社にも共通して入っています。

また、一口に戦略といっても、ビジョン戦略、経営戦略、長期経営戦略、中期経営戦略、新規事業戦略、マーケティング戦略、IT戦略、営業戦略など多種多様。それぞれのコンサルティング会社によって、得意な分野は異なってくるでしょう。

IT戦略だけをとってみても、ITを使って経営を変えるのか、流通を変えるのか、営業スタイルを変えるのか、これも幅広いジャンルがあります。

極論すれば、あらゆるビジネスのあらゆる仕事について、コンサルティングというジャンルが存在し、それぞれ専門家がいる――ということになるのです。

■指導できてこそスタートに立てる

コンサルタントの役割とは何でしょうか。

これは明確です。どんな業種の会社であれ、コンサルタントを必要とする場合には、必ず課題があります。その課題は、「経営がうまくいかない」といった抽象的レベルから、

Term
戦略コンサルティング　企業の経営戦略という「中枢」について、ノウハウを伝授するコンサルティング。成熟市場においては、競争優位に立つことは容易ではない。新市場を開拓してもすぐに競合他社が追い付いてくる。そこでは常にウォッチングをし、機敏な経営判断が求められる。

「営業マンの士気が上がらない」といった具体的なレベルまで様々。「何が課題なのかがわからない」という、いわばゼロからスタートするケースも多々あります。しかし、いずれにせよ課題を明確にして解決策を提示することが、コンサルティングの要であることは間違いありません。

課題解決の道筋を発見したあと、コンサルタントには事業計画の立案、実践のためのメニューづくり、そして社員の指導という教育研修レベルの仕事があります。多くのコンサルティング会社は、この指導するというレベルまでは行うことになっています。

戦略系にしろリエンジニアリング系にしろ、最近では日本でもコンサルティングが普及してきましたが、他の先進国に比べると、その割合はまだ低いようです。

しかし、あらゆる企業が激しい変化に見舞われている現実を考えれば、すべての変化に自社のリソースと知見だけで対応するのは不可能ですから、今後、コンサルタントへのニーズがますます増えていくことは間違いないはず。すなわちコンサル業界は、昨今の日本では珍しい成長産業なのです。ここで強調しておきたいのは、会社そのものが成長していれば、そこで働くスタッフも成長していく可能性が高いということです。

あらゆる業界にコンサルニーズは存在

クライアントの業界

- □自動車・機械
- □ICT・コンテンツ
- □資源・エネルギー
- □建設・不動産
- □金融・保険
- □食品・医療
- □サービス・エンタメ
- □流通・小売
- □公共・環境
- □その他

コンサルタント

- □総合系（アクセンチュアほか）
- □戦略系（マッキンゼーほか）
- □人事系（アーサージャパンほか）
- □会計系（PwCコンサルティングほか）
- □ICT系（日本IBMほか）
- □M&A系（日本M&AセンターHDほか）
- □シンクタンク系（野村総研ほか）
- □中小企業系（船井総研HDほか）
- □専門特化系（DX専門ファームほか）
- □その他

※コンサルファームは業界別のコンサルタントを用意している。

Point **得意技を持つ**　コンサルタントは、あらゆる業界で必要となっている。ここで留意しておきたいのは、コンサルファームにいて「あらゆる業界に対応できる知見がある」ということは、逆に見れば「何でも中途半端に対応できる」ことになりかねないこと。万能薬は、結局、何も治せないに等しくなる。

Section

3-2 コンサルタントの顔

コンサルタントへの道②

コンサルタントというと四角四面、横柄というイメージを持つ人もいますが、実際はその逆の人が多いようです。経営トップと対等に付き合うので、腰が低い人も少なくないのです。

■類いまれなる課題解決能力が必要

市場にコンサルタントが100人いたら、100人が違う風体をしています。30年前、筆者がコンサルタントとして独立した頃、先輩のコンサルタントはみな、高級な素材の上品なスーツを着こなしていました。しかし昨今では、外観から同業と見抜くのは難しくなっています。

物腰の面では、確かに腰が低い人も少なくありませんが、仕事モードに入ると、自分の仕事に誇りと自信があり、情熱を持って、顧客の伴走をする姿勢を示すことになります。このギャップも、一流コンサルタントの証かもしれません。

コンサルタントは、何よりも人に対する好奇心が大切です。そして、語り上手よりも聞き上手であることが求められます。その上で、広く市場を観察し、クライアントにとって何が一番重要なことかを深く洞察する思考力が求められます。

地頭のよい人、思考力のある人がすべてコンサルタントになれるわけではありません。**プライオリティ***としては、人への興味関心や、聞き上手に徹することができるということが、よきコンサルタントになれるポイントです。

著名なコンサルタントは、相手の立場をよく理解し、相手の琴線に触れる言葉で、相手の必要とする励ましや勇気づけができるという特徴があります。これは、クライアントがコンサルタントに2種類の価値を求めていることから派生しています。まず、何よりもクライアントだけでは解決しにくい課題を解決する能力です。これがなければ、わざわざ高いコストをかけてコンサルファームに仕事を頼む理由はありません。

飲み友達や専門性のない助言でよければ、異業種交流会に顔を出せば事足りますし、費用も格安となるでしょう。

Term

プライオリティ　優先順位のこと。ちなみにコンサルティングでは、課題を指摘して対策を出すと共に、そこにプライオリティをつけることが重要となる。

トップは人間性も問われる

　コンサルタントには、専門性と同じくらい大切なことがあります。それを抽象的な言葉で表せば「人間力」となります。本人に、人を惹《ひ》き付ける魅力がなければ、誰も経営の内部にまで踏み込んだ提言を求めたりはしません。

　その人物が信頼でき、秘密を守り、自分のことを真剣に、わがことのように考えてくれる人物だと思うからこそ、経営者はコンサルタントに自分の思いをぶつけることができるのです。

　経営者の思いは、通常は、もやもやした概念として表れます。当事者である経営者本人も、自分が何を表現したいのか、よくわからない場合がほとんどです。

　売上を伸ばしたい、収益を増やしたい、それは共通です。その一方、顧客満足、従業員満足、企業の社会的な責任を果たすにはどうしたらいいのか、自分の家族も幸せにしたい……といった様々な欲求が複雑に絡み合っています。

　その中から、どのようなことを切り取り、どう組み立てていけば、何が実現するのか、そのビジョンを描くのは経営者の仕事ですが、そこをデザインしてくれるのがコンサルタントということになります。

コンサルタントの人間力チェックリスト

大切なこと

【2～3点を選択】
- □ 信頼（約束は守る）
- □ 正直（ごまかさない）
- □ 誠実（手を抜かない）
- □ 陽気（ポジティブ）
- □ 寡黙（口が堅い）
- □ 勤勉（新知見を学ぶ）
- □ 根気（飽きずに進める）

→

得意なこと

【2～3点を選択】
- □ YESと言ってから考える
- □ 自分にもウソをつかない
- □ 習慣になっている努力
- □ 逆境でも笑顔になれる
- □ どんなときも聞き上手
- □ 新しいことを求め続ける
- □ コツコツやることが常態化

※クライアントが「一緒に仕事がしたくなる」コンサルタントを目指す。

Point
一流の条件　コンサルタントは地頭がよく、切れ味の鋭いナイフのような目で経営陣に挑みかかる、といった押し出しの強いイメージがあるかもしれない。しかしながらトップクラスの人たちは人当たりも優しく、横柄な印象はない。というのも、一流のプロは全員、超がつくくらいの「聞き上手だから」にほかならない。

Section

3-3 コンサルタントの階層

コンサルタントへの道③

コンサルファームのスタッフは、プロジェクトチームを構成するときに様々な役割を担います。ファームによって異なりますが、一般的名称と役割をまとめておきます。

■独立を目指して切磋琢磨

コンサルタントといえば、一般的にファームでは以下の①から⑧の肩書と役割で仕事を進めます。呼び方は多少異なりますが、おおむね次のようにまとめられます。

①パートナー

プロジェクトの総責任者。コンサルティングの質を最高水準に担保する責任を持つ。営業責任を負っており、既存クライアントとの関係構築と同時に、新たなクライアントの獲得に向けて活動をする。

②プリンシパル*／ディレクター

いわゆるパートナークラス。プロジェクトの総責任者。コンサルティングの質を最高水準に担保する責任を持ち、顧客との関係を深め、拡大する役割を担っている。

③プロジェクトリーダー

プロジェクト全体を把握して仮説を立て、方向性を定めていく。プロジェクトの運営の実務も担う。まさにコンサルティングの実務の中核を担うポスト。実務能力が下位のスタッフをはるかに凌駕していると共に、プロジェクト運営ができる存在。

④マネージャー

プロジェクト運営の現場責任者。プロジェクト全体を把握し、プロジェクトの運営を担う、コンサルティング実務の中核。実務能力がコンサルタントを凌駕していると共に、プロジェクト運営ができる存在。

⑤コンサルタント

一人前の経営コンサルタントとして、プロジェクトリーダーやマネージャーのもとでコンサル実務を担う。コンサルタントとして実務経験を積む中、少しずつプロジェ

プリンシパル　一般にprincipalは校長（学校の責任者）を意味している。コンサルファームではトップであるパートナーと同種の役職のこともあれば、1つ下の階級、さらにディレクター（部長）クラスとして設定しているファームもある。

クト内での存在価値を高め、リーダーとしての力量を磨くことになる。

⑥シニアアソシエイト

ビジネス経験が十分ある人、他業種でコンサル的な実務経験のある人は、ここでファーム特有のコンサル実務に従事しながら経験を積み、スキルを磨いていく。

⑦アソシエイト

ビジネス経験が2年以上ある人やMBA卒業生などは、コンサルタントへの助走期間としてアソシエイトでの採用となる。マネージャーのもとでプロジェクトの個別モジュールを担当し、課題発見から仮説の設定、検証をはじめとしたコンサル実務を学び、中心的役割を担うようになる。

⑧ビジネスアナリスト

新卒や実務経験が1年未満の第二新卒クラスが採用されるポジション。プロジェクトでは任された分野のリサーチや分析を担うと共に、クライアントとの業務やプレゼンテーションに関わる作業など多様な業務を手がける。

コンサルファームの階層構造

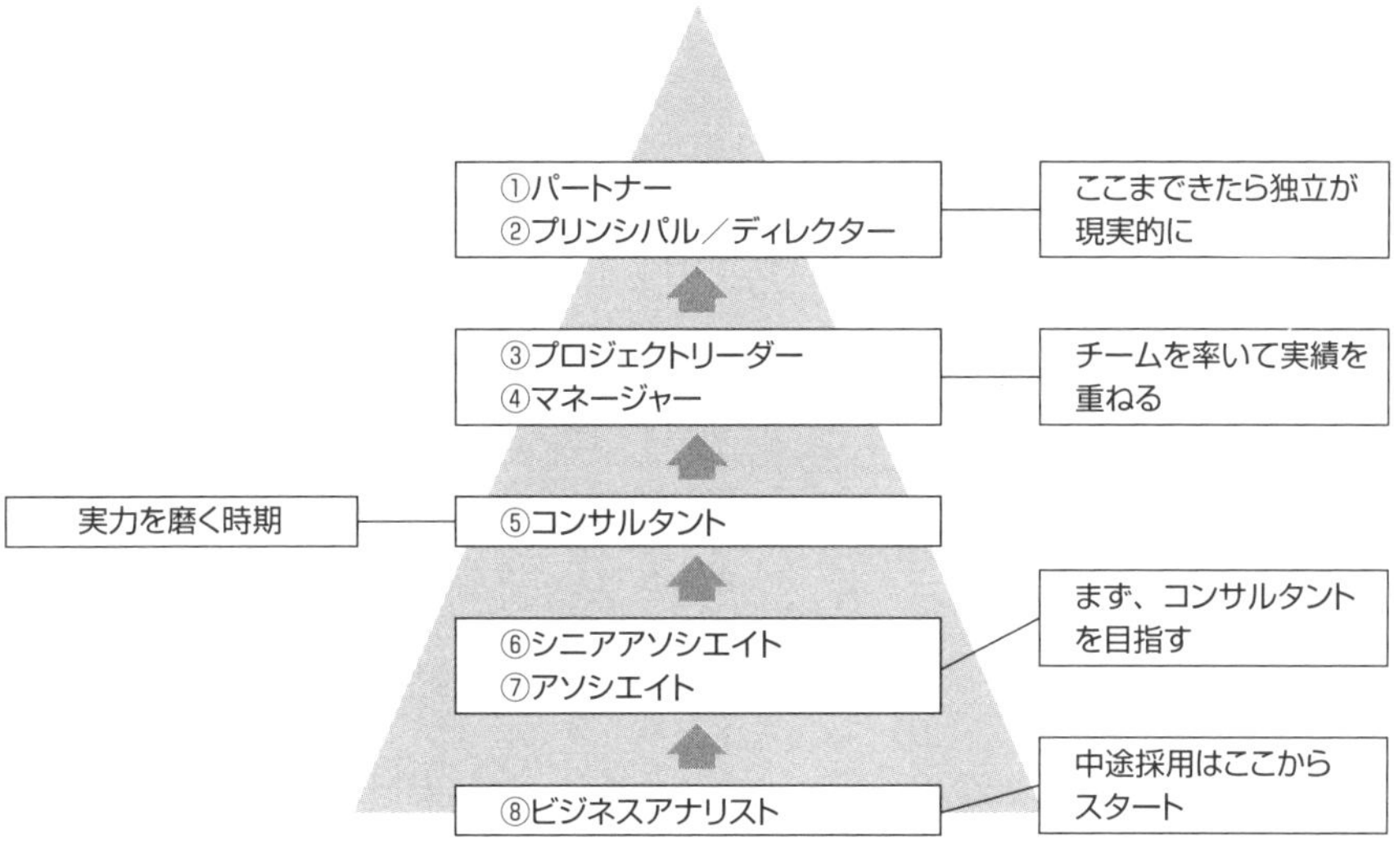
①パートナー
②プリンシパル／ディレクター
ここまできたら独立が現実的に
③プロジェクトリーダー
④マネージャー
チームを率いて実績を重ねる
実力を磨く時期
⑤コンサルタント
まず、コンサルタントを目指す
⑥シニアアソシエイト
⑦アソシエイト
中途採用はここからスタート
⑧ビジネスアナリスト

Point **人間力を磨こう**　コンサルタントになりたければ、有名なコンサルファームに就職（転職）する必要はない。名刺に「コンサルタント」の肩書をつければ済む。しかし、いきなりコンサルタントを名乗っても、「信頼」が得られない。それゆえファームの門をたたき、人間力を磨いてからの独立をお勧めしたい。

Section
3-4 チームの一員としてプレイする

コンサルタントの仕事①

コンサルファームのプロジェクトチームは、よきマネージャーとリーダーによってメンバーのチカラが最大限に引き出され、活かされます。チームで鍛えられていくのです。

■メンバー構成で方向が決まる

コンサルファームの場合、クライアントの業種や規模、課題などによって最適な**プロジェクトチーム**を組むことから仕事が始まります。ファーム内には様々なスキルや経験のあるスタッフがいますが、それぞれの稼働状況を確認しながら、課題解決のための最適なチーム編成がなされます。そのチームに招へいされることを、ファームでは「アサインする」という言葉で表現しています。**アサイン**＊(assign)には割り当てる、任命する、付与するなどの意味があります。

アサインされるスタッフは、プロジェクトによって異なりますが、通常はコンサルタントの階層を意識してチームを編成します。例えば、最終責任者プリンシパルの下にプロジェクトリーダーを置き、重要テーマごとにコンサルタントとアソシエイトをセットでアサイン。必要な資料収集と分析には新人に当たるビジネスアナリストを数人アサインして仕事を分担させます。

どんなメンバーで、どんな手順で仕事を進めればクライアントの課題が解決できるのか――メンバー構成が決まった段階で、プリンシパルとプロジェクトリーダーの頭の中にはアウトプット・イメージが形成されています。

コンサルファームにおいては、「一人ひとりのスタッフが、自分の仕事をどれだけ確実にこなせるか」と共に、ディレクションするリーダーの力量が問われます。

リーダーはその進行を管理すると共に、方向性を確認しながら、常に軌道修正していく必要があります。プランを立てたら、それを実行させ確認するというプロセスを、なるべくこまめに行います。プラン・ドゥ・シーを繰り返しながら、課題解決の完成度を高めていくのです。

クライアントには、なるべくマメに中間報告をして、プ

Term

アサイン　コンサルファームでアサインは「配属する」という意味で使われる。担当のプロジェクトに割り振りされること。

ロジェクトがきちんと進んでいることを意識してもらいます。

ときには徹夜で…は、過去のこと

チームのスタッフは、常に「個人」として動きます。スタッフは、自分に与えられた課題が、次のミーティングまでに完成しそうにない場合は、深夜まで残業して間に合わせます。特に、プロジェクト全体が終盤に差しかかり、結論が見えてきて、あとは報告書を作成するだけという段階になると、残業が続きます。それまでは「じっくりと内容を深めること」に注力していたスタッフが、「わかりやすく、インパクトのある報告書にすること」にポイントをシフトさせるので、作業は真夜中、場合によっては徹夜で仕上げるということも出てきます。

もっとも2020年代、パンデミックの経験もあり、働き方改革が進んできました。特に若いZ世代は「DXは残業をゼロにするためにある」との認識を持ち、自ら実践しています。それゆえ、クライアントに対してもDXの効用を説くときに信ぴょう性があるのです。

徹夜して報告書を出すような昔ながらのコンサルタントは、だんだん過去の遺物になりつつあるわけです。

ゴールを目指すクライアントを支援する

ラグビー

【一人はみんなのために動き、みんなは一人のために動く】
チームを勝利に導くため、ラグビーではチームワークを重視している。しかし、そのチームワークは、一人ひとりが自律的に、チームにとって最適な行動を考えることから始まる。

コンサルファーム

【一人はみんなのために動き、みんなは一人のために動く】
コンサルファームでも、クライアントのゴールを目指して、コンサルタントがチームを組んで仕事をする。その基本的な行動理念は、ラグビーと変わらない。

※個々のコンサルタントの個性やスキルは、コンサルファームの組織があってこそ、存分に活かすことができる。

Point
決して手を抜かない　コンサルタントの仕事を始めた若いみなさんが成功するために、1つだけ助言をするなら、「どんな仕事にアサインされても、手を抜かないこと」を挙げたい。いくら優秀でも、また成果が上がっているとしても、クライアントは「手を抜いた仕事」か否かは直観的に理解しているものだから。

Section

3-5 コンサルタントの仕事②
課題解決業務の展開

コンサルタントには常に課題への解決策が求められます。一流になると「さすが」と唸《うな》らせる付加価値の提供が求められます。これがなければ、次のオファーはありません。

■感動を演出できるか

コンサルタントとしてのプロの条件は、**専門性**、**職業倫理**、**顧客志向**の3点です。

専門性については当然ですし、職業倫理が重要なことはいうまでもありません。コンサルタントは、医者と同じような仕事です。職業倫理の欠如した医者など、誰もかかりたいとは思わないはず。倫理意識がなければ信用はされず、クライアントから本音のデータの提供もないので、コンサルタントの仕事自体が成立しません。

クライアント側の経営者が職業倫理に反することを企画した場合、堂々とコンプライアンス違反だと伝えられなければ、信頼も得られません。

最後の顧客志向は、クライアントの言葉に従うという意味ではありません。「クライアントの側に立って最適な結果を提供することに集中する」という意味であり、**感動の創造**ということでもあります。

クライアントは、期待していた結果だけでは満足しません。さらに上をいく結論を用意できてこそ、「さすが!」と感心し、「すごい!」と感動してもらえるのです。

クライアントが求めているイメージをそのまま出すのではなく、「あ、こういうものが欲しかった」と、報告会で唸ってもらうことが、最大の営業活動にもなります。では、どのようなときに、クライアントに感動してもらえるのでしょうか。

いくつか方法はありますが、「何よりもまず、衝撃的な結論を伝える」「クライアントの常識を外す」「想定される難問への回答を事前に用意し、問われたら0秒で回答する」などがあります。

Point

感動の創造　経営理念に「感動」というキーワードが使われている例としては、「すばらしい夢と感動」とするオリエンタルランドが有名だが、サービス業やエンタメ業で「感動」を理念とする企業は少なくない。

■説得するのは「筆力」

コンサルタントとして信用され、「あなたに任せれば大丈夫」と思ってもらうことで、継続的な仕事ができるのです。その意味でも、**報告会**がいかに重要かおわかりいただけるかと。コンサルタントの存在は、報告会で確認されるのです。

報告会は、**中間報告**と**最終報告**の2回という場合が多いのですが、ときには毎月、あるいは2週間に1回の割で中間報告を行う場合もあります。報告会の前は、どうしても残業してプレゼンテーション資料をまとめることになります。どんなにスケジュールに余裕があっても、常に最高の報告を心がけることから、報告会に出る30分前に資料ができ上がり、報告書をとじてタクシーの中で最終チェックを入れる――なんていうこともしばしば起きます。

コンサルタントの売りは、まず報告書であり、そしてプレゼン。報告書作成で手を抜いては、活躍の場はなくなってしまいます。プレゼンはその場で消えるものですが、成果物である報告書は、クライアント内部を駆けめぐります。必然的に、コンサルタントには相手を納得させるだけの筆力が求められます。その意味でも、少なくとも生成AIの文章力を超える筆力は身につけたいものです。

生成AIでは難しい図解の技術

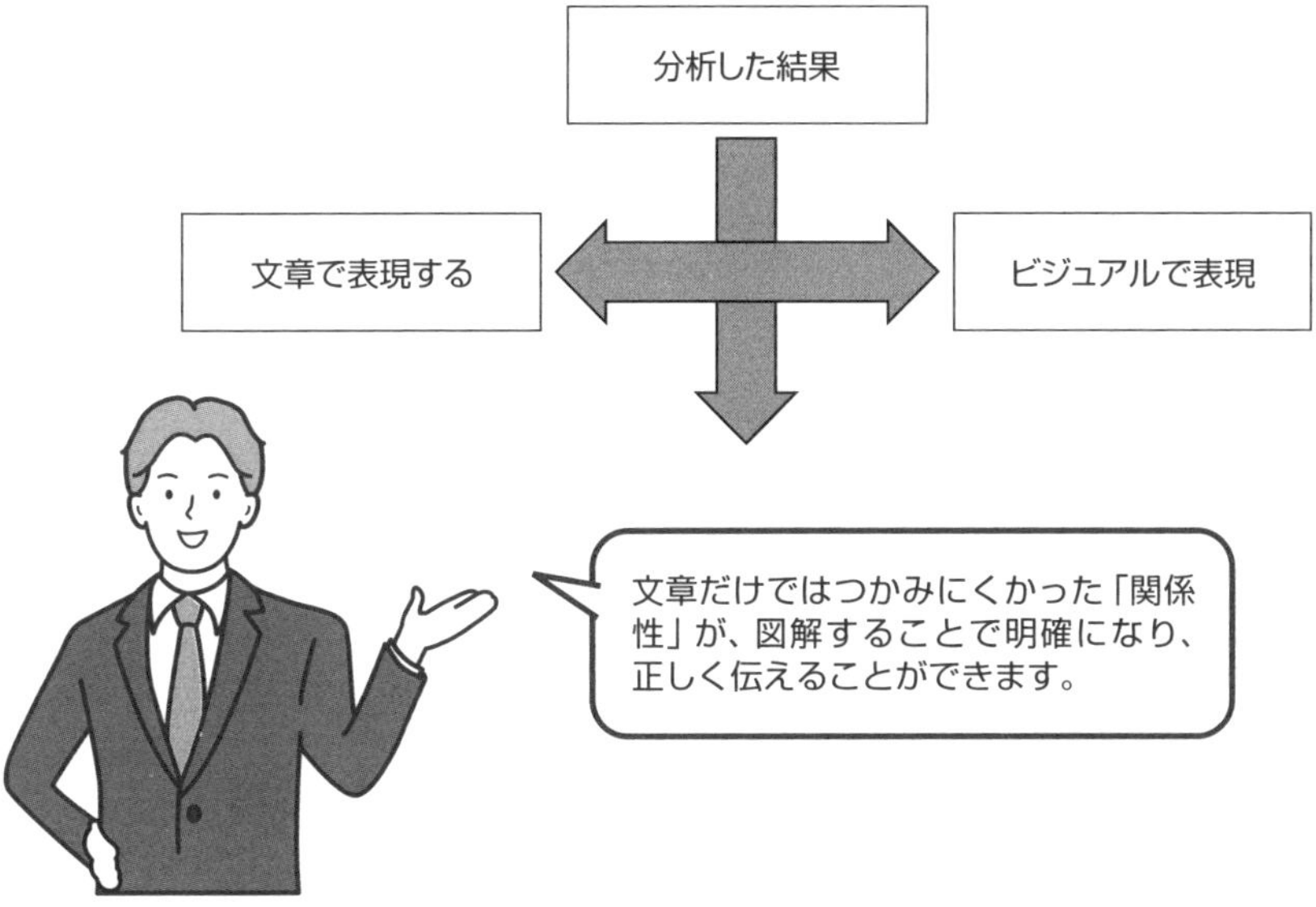
分析した結果
文章で表現する
ビジュアルで表現
文章だけではつかみにくかった「関係性」が、図解することで明確になり、正しく伝えることができます。

Point **図解の技術**　筆者は、生成AIは図解を制作できず、図解の奥にある意味も読み取れないことを発見しました。コンサルタントは、ものごとからジャンクとなる文章をズバズバと切り落とし、シンプルな構造にした上で図解し、クライアントとのコミュニケーションを正確かつ円滑に進めることができます。

Section
3-6 交渉の魔術師となる

コンサルタントの仕事③

コンサルタントとしてのポジションが高くなると、内容もさることながら高度な「交渉術」が求められます。コンサルタントはコミュニケーションの達人でもあります。

■「ノー」と言わずに考える

実際にコンサルファームで仕事をすると、様々な立場の人たちの利害関係と関わりますので、それらを調整するという仕事の比重が高くなります。

例えばクライアントとの交渉があります。クライアントの課題は様々であり、ときとして非常に抽象的です。具体的な作業に落とし込みにくいことも多々あります。

いくら優秀なコンサルタントでも、絶対に不可能と思われるような課題も出てきます。そのようなときでも、コンサルタントは「ノー」とは言いません。必ず検討に入ります。

その結果「ノー」と言うこともありますが、その場合でも「ノー」であることの理由を明確にして、必ず代替案を数種類提示することになります。そして、自分たちのできることと、クライアントの課題解決との接点を探り、共に満足する領域にクライアントの思考を導きます。これが**交渉術**となります。

巧みな交渉は、常に相手の立場を重視し、こちらからの提案にもかかわらず、あたかも相手が自分で発見したような気がするように、成果の共有を図ります。このあたりは、個々のコンサルタントのノウハウであり、**業務上の秘密***に当たりますので、これくらいにしておきましょう。

■交渉のプロとなる

コンサルティング活動は、通常は**プロジェクト**を立ち上げてのチームプレイとなります。クライアントの課題を多角的に検討して、解決に向けてリサーチし、分析し、ディスカッションして総合的に判断します。ですから、プロジェクトメンバーとのコミュニケーションと共に、それぞれの立場で自分が何をして、相手に何をしてもらうかということ

Term

業務上の秘密　コンサルタントが高いフィーをとれるのは、業務上の秘密を決して漏らさないという**守秘義務契約**を結んでいるからだ。強い守秘義務を結べば結ぶほど、成果が上がる確率も高くなり、必然的にフィーも上がっていく。ある面では、「口止め料」の要素もある。そこがまた、コンサルタントの楽しいところではある。

とを交渉して決めなければなりません。

自分の負荷が多すぎればチーム全体の足を引っ張りますし、逆に少なすぎれば活躍の場が限られてしまい、自分の力が発揮できません。仕事を通して自分のスキルがアップし、キャリアのプラスにならなければ、コンサルファームにいる意味はありません。

交渉では、常に相手の立場を理解し、相手にとっての価値をどんな形で提示できるかがポイントになります。また、相手がクライアントであれ、チームメンバーであれ、また取材先であれ、いまは交渉する時期かどうかを常に意識して話をすることが重要です。こちらが優位なポジションにいるときに交渉するのがコツだからです。

ちなみに、交渉で必要なスキルは、プレゼンで求められる「押し出し」の強さと共に、相手の言葉をすべて飲み込み、理解する「聞き上手」であること、そしてクライアントの注文のすべてに対応できるという「みなぎる自信」の3点となります。

そのスキルをベースに、クライアントが興味を持ちそうなエピソードを仕入れてアタマの引き出しに忍ばせておくなど、「いつも自分たちのことを考えている」という姿勢を見せることが必要となってきます。

ゴールを目指すクライアントを支援する

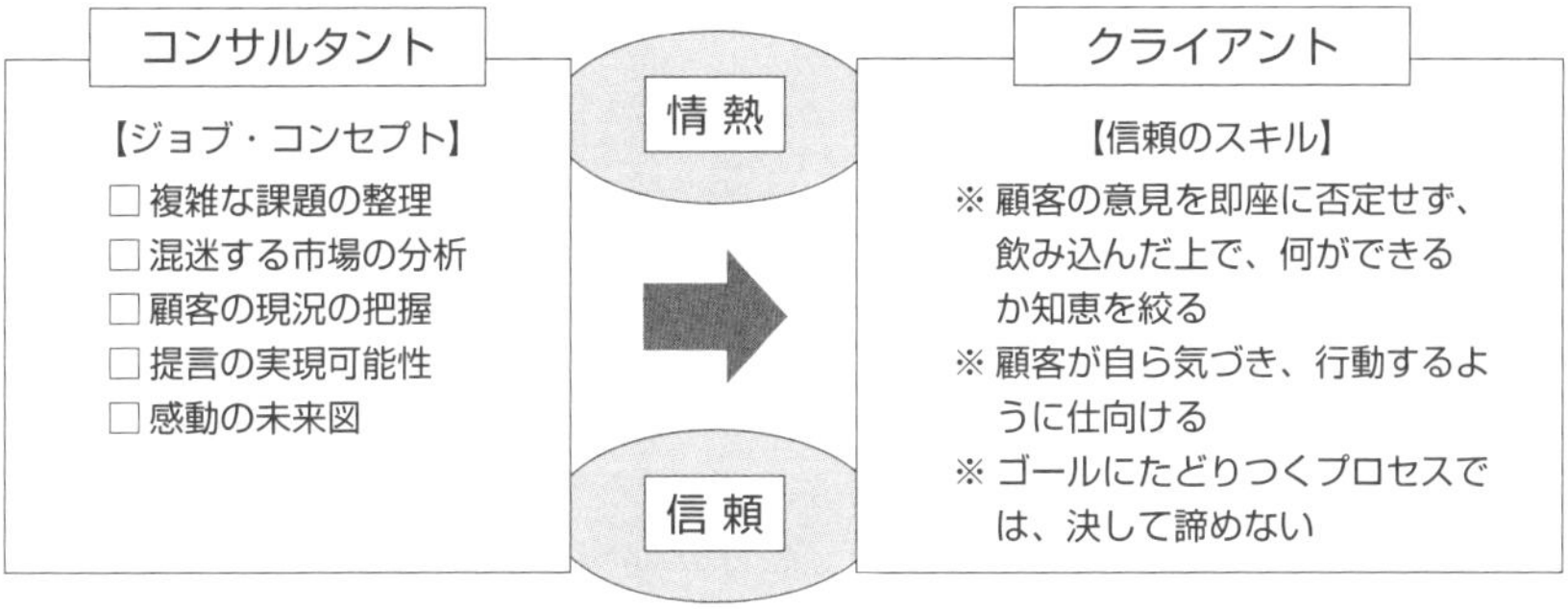
コンサルタント
【ジョブ・コンセプト】
□ 複雑な課題の整理
□ 混迷する市場の分析
□ 顧客の現況の把握
□ 提言の実現可能性
□ 感動の未来図
情熱
信頼
クライアント
【信頼のスキル】
※ 顧客の意見を即座に否定せず、飲み込んだ上で、何ができるか知恵を絞る
※ 顧客が自ら気づき、行動するように仕向ける
※ ゴールにたどりつくプロセスでは、決して諦めない

※コンサルタントは、最終的な落としどころに向かって、クライアントに根気強く丁寧に説明することで、信頼を積み重ねていく。

Point **一対一の仕事**　調査資料が充実していても、報告書の提案が抜きん出ていると感じられたとしても、コンサルタントの成果は常に一人ひとりの顧客との「一対一」の対面でのやりとりで決まる。一対一で感じ取れる「情熱」と「信頼感」が、一人歩きしていく報告書の背中を押すことになる。

Section
3-7 コンサルタントのキャリア

コンサルタントの仕事④

コンサルタントのキャリアは、データを収集分析するアシスタントから始め、プロジェクトリーダーとなり、実践を重ねて、経営陣のパートナーになることです。

■日々成長する仕事

コンサルタントの仕事の特徴は「頭で勝負する」ことですが、日中はたいてい会議をしています。その結果、自分で深く考えるのは日が暮れてからとなります。

会議や**ブレスト**などで得た**秀逸なアイデア**＊と、環境分析のデータを突き合わせ、そこに自分なりの考え方の道筋と結論を用意しておく必要があります。常に「アタマにいい汗をかいている」のがコンサルタントなのです。

考えるのは自分一人ですが、コンサルティング業務そのものはチームプレイ。クライアントの課題に合わせてプロジェクトチームを組み、集団として課題解決と指導にあたります。コンサルファームと呼ばれる大手や、中小規模のコンサルティング会社のどこにおいても、新人は数年間、プロジェクトのスタッフになります。

各スタッフは、プロジェクトの**リーダー**が描いた課題解決のシナリオに沿って、リサーチや分析の仕事をします。この段階で、徹底的に論理的な思考方法がたたき込まれます。

やがて、分析や部分的な**パッケージング**ができるようになると、ストーリーをつくったりクライアントと交渉する仕事をするリーダーになります。

■目標はパートナー

リーダーの段階では、プロジェクトを始めるときに、どういう仮説を立ててどこを調べるか、その攻略方法を決めることになります。ここでは、ストーリーメーカーとしての経験と能力が問われます。

リーダーの経験を積んだあとでは、複数のプロジェクトをグループとして管理する仕事に進みます。ここでは営業活動も入ってきます。新規顧客を獲得し、既存顧客のトッ

Term **秀逸なアイデア**　ブレストで最大の課題は、「秀逸かどうか」を判断する力量のある人材を、メンバーに混ぜておくことだろう。人は、自分の経験から来る力量以上のアイデアを認めにくいという特性がある。少しでもプラスになるアイデアをつかみたいという姿勢が、よい結果を生むことになる。

プとの関係を維持する仕事もあるでしょう。

最後の**パートナー**の段階は、コンサルファームそのものの運営だけではなく、経営者としての視点とスキルが求められます。

クライアントの戦略立案だけではなく、自分の会社全体の利益を考えて、自らの会社の経営戦略にも携わるようになります。パートナーになると、「もし会社の資本が自分の預金だとしたら、この仕事を受けるだろうか」という問いかけをします。

経営者のパートナーになるのですから、職種としては高度なコミュニケーション能力が必要です。また、トップとして人心を掌握する技術、人間力と呼ぶべきカリスマ性も求められます。これが高まると、いよいよ独立して自立の道が開けることになるのです。

コンサルファームのプロジェクトは、よくも悪くも、それぞれのチームが最高の仕事をすることで成果を生みます。この経験が重なっていくと、クライアントの信頼につながります。コンサルタントの持つ信頼感は、顔に出ますし、立ち居振る舞いにも表れます。信頼は、「決してウソをつかない」、「苦言もあえて口にする」などを積み重ねて生まれるものですが、少なくとも誠意がなければ成立しません。

コンサル経験の階段

【Goal】
□感動的な景色が見られる

【Phase4】
□ひたすらゴールだけを見て進む

【Phase3】
□目指すゴールが正しいかどうか最終確認をする

【Phase2】
□経験から特別に好きな分野を発見し、ゴールを設定する

【Phase1】
□すべての仕事は手を抜かず、貪欲に吸収して将来に備える

※コンサルタントは、自ら決めたゴールからの眺望に期待し、日々の仕事をコツコツと積み上げていく。苦労はすべて「糧」になる。

Point **新しい世界を提示する**　コンサルタントは素晴らしい職業だが、「コンサルタントになる」こと自体を目的にしてしまうと、コンサルファームに就職した時点で満足してしまう。コンサルタントになる目的は、あくまでも困っているクライアントをサポートし、高台まで連れていき、新しい世界を見てもらうことだ。

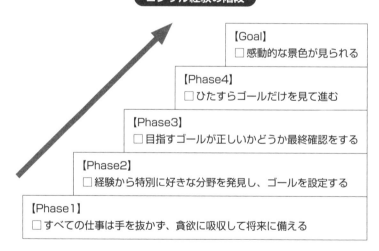

Section

3-8

コンサル転職事情①

天職を求めて転職する

コンサル業界は、人の出入りが激しい業界。新卒を採用するケースは珍しく、基本的に中途採用、しかも転職を繰り返しながら成長して一人前のコンサルタントに育つ、と考えてください。

■まず、社内コンサルを目指す

大手コンサルファームに就職すれば、コンサルタントとして活躍できます。しかし実力勝負の業界ゆえ、通常、新卒は採用しません。コンサルタントとしての基礎学力とコミュニケーションスキルがなければ、入社は難しいでしょう。

よくあるケースが、中小コンサルファームに数年勤めてから大手コンサルファームに転職するケース。また、行政機関で基礎的な調査能力を身につけたあとに転職する、大手企業に在職してMBAを取得し、その勢いをもって転職する、といったパターンもあります。

こういった人たちに共通しているのは、まず基礎学力が確かだということ。特に外資系コンサルファームでは英語力は必須。その上で論理的な思考能力が問われます。

もっとも、英語だけ得意でほかは自信がない、という人には向きません。何か1つでも得意な仕事のジャンルをつくってから、コンサルタントになることを考えてください。

筆者は、コンサルタントになりたいと思っている人には、まず、いま勤めている会社でコンサルティングができる人材になることを勧めています。すなわち、自社が抱えている経営課題の解決を目指すのです。

ことあるごとに、社内で提案を出していきます。

最初は、自分の部署が抱えている課題の解決というテーマで十分です。しかしコンサルタントを目指すなら、与えられたテーマの周辺に目配りし、市場を広くとらえ、いろいろなデータを使いながら、業界分析もしっかりして、自社のポジショニングも競合他社の状況も調べた上で、「ではどうしたらいいか」を考えます。

そのとき、意識的に客観的な資料を使うと、さらに効果的でしょう。

Term **社内コンサルタント**　プロジェクトが成功すれば、その事例を発表するチャンスがある。また、特別なノウハウを開発すれば、それを社内共通のノウハウに高めることもできるだろう。そのような動きをしていると、いつしか社内コンサルタントとして、他部署から「みんなに話してください」と引き合いが来ることになる。

■コンサルタントの醍醐味《だいごみ》は独立

いまある仕事の現場には、コンサルチャンスがたくさん転がっているはずです。自分の目前にある仕事を深掘りすることで、いわば、会社のお金を使って就職活動が展開できるのですから、これはおすすめです。

もっとも、自分の提言が認められて**社内コンサルタント**＊になってしまえば、仕事が面白くなって、もう転職しようとは思わなくなるかもしれません。

コンサルティングの実力がついてきたと感じたら、転職専門の人材紹介コンサルティング会社に登録しましょう。その際には、自分が入りたい大手コンサルファームとのパイプが太い会社を選ぶことになります。

人材として登録するとき、担当者に直接「○○に転職したいのですが、御社で推薦していただけますか」と聞き、そこで反応がよければ登録しますし、パイプが細いと感じたら別の会社を探しましょう。

ちなみに、コンサルタントのゴールは大手コンサルファームへの入社ではありません。最終的には独立することを狙って、キャリアを積むことになります。それが、コンサル業界に籍を置くことのインセンティブでもあります。

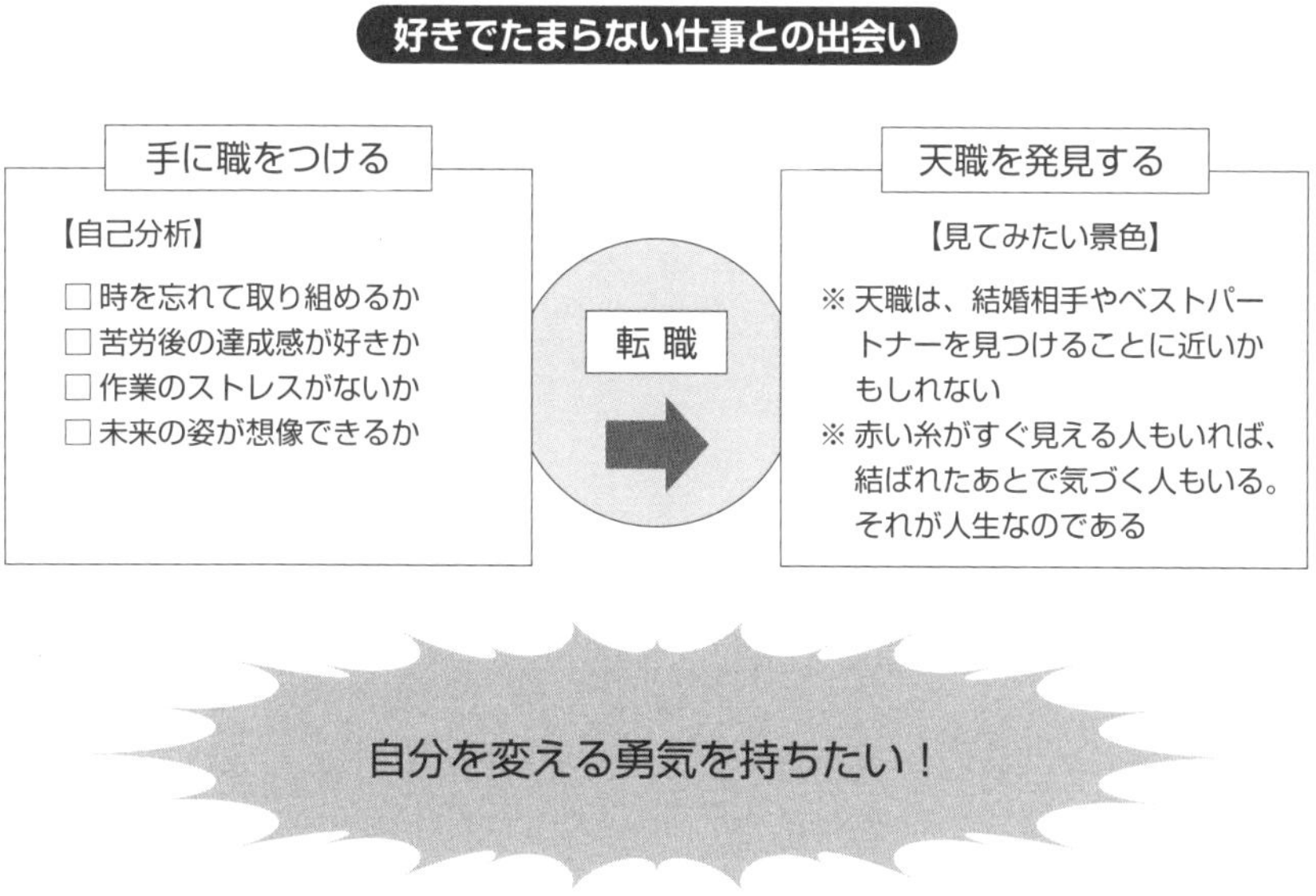
好きでたまらない仕事との出会い
手に職をつける
【自己分析】
□時を忘れて取り組めるか
□苦労後の達成感が好きか
□作業のストレスがないか
□未来の姿が想像できるか
転職
天職を発見する
【見てみたい景色】
※天職は、結婚相手やベストパートナーを見つけることに近いかもしれない
※赤い糸がすぐ見える人もいれば、結ばれたあとで気づく人もいる。それが人生なのである
自分を変える勇気を持ちたい！

Point

天職は何？　ある作家は、天職を見つける方法について、こんなふうに書いている。「もし、いましている仕事を1日13時間続けてもストレスがたまらないなら、あなたの天職に違いない」。筆者も、ものづくりをしているとそんな状態になるので、天職だと確信している。

Section
3-9 様々な業種の受皿となる

コンサル転職事情②

コンサルタントは批評家ではありません。状況を正しく、深く把握した上で、様々な業種のクライアントが実現可能な提言を明確に伝えることで、支援します。

■エンジニアの場合

企業で10年以上も同じ仕事をしてくれれば、必ず貴重な知恵が蓄積されています。その知恵を、最初は社内で次世代に伝承し、そこで得たノウハウをもって、他社の経営陣やスタッフに役立つような内容に昇華することで、コンサルティングができるようになります。

同じ会社で長く仕事をしていると、社内だけではなく顧客や社会の変化も影響し、いつの間にか「この会社にいると将来の展望が描けない」という状態に追い込まれる人も出てきます。そのとき、例えばエンジニアとして、クリエイターとして転職する道を模索することになりますが、そこに「コンサルタント」も加えることができます。

コンサルファームには、十分な実務経験があり、体系的な知見を活用するノウハウを持ったスタッフを、優秀なコンサルタントに仕上げるノウハウがあります。

ボーッと仕事をしていた人には、コンサルの仕事はできません。課題解決の知見をまとめ、新たなジョブに活用できる人は、コンサルになることで前職では得られなかったランクの収入を得られる道が開けます。

■現実の課題を解決する

コンサルタントを名乗る人には、様々なタイプがあります。本書で取り上げるコンサルタントは、原則としてファームに所属しているか、自らファームを経営しているコンサルタントを想定しています。

彼らは、実際にプロジェクトを組み、専門的な課題を解決する人材です。料金の積算は**タイムチャージ***をベースにしますが、最終的にはトータルでこれだけの料金というように契約することで、クライアントの安心感を得ています。

Term

タイムチャージ　タイムチャージは、仕事に対する報酬を決定するための1つの基準であり、作業時間・拘束時間に応じて報酬が確定すること。コンサルタントが仕事を請け負うときには、クライアントにスタッフのタイムチャージを提示。設定した1時間当たりの単価を基準に、作業にかかった時間を計算して報酬が決まる。

企業はどんなときにコンサルタントを使うのでしょうか。
①自分たちでは解決できない難題に遭遇している。
②自分たちの発想に限界を感じ、新しいアイデアが欲しい。
③新しい事業を興したが、ノウハウがないので蓄積したい。
これで半分程度はカバーできると思います。

コンサルタントには、特別な専門知識や経験が必要です。クライアントと同じレベルの知識や経験では心もとない。圧倒的に抜きん出ていることで感動を呼ぶのです。クライアントがコンサルタントよりも知識が豊富になれば、コンサルタントは捨てられることになるでしょう。

社内では、客観的な判断をすることは難しいものです。いくら客観的になろうとしても、社内には社内の論理があり、なかなか客観的な評価はやりにくいのです。

また、コンプライアンス（法令遵守）に関しては、苦言が言いにくいという側面があります。あえて社外の人に代弁してもらうというのも、コンサルタントの使い方です。

いずれにせよ、コンサルタントのスキルはアドバイスのレベルではなく、現実に仕事に落とし込んでも有効な提案を続けることが求められます。難しそうですが、コンサルタントは一日にしてならず、ファームには手順を踏んで実力をつける仕組みがあるのでご安心ください。

勤め先の業績（売上高や利益）に不安を感じるか

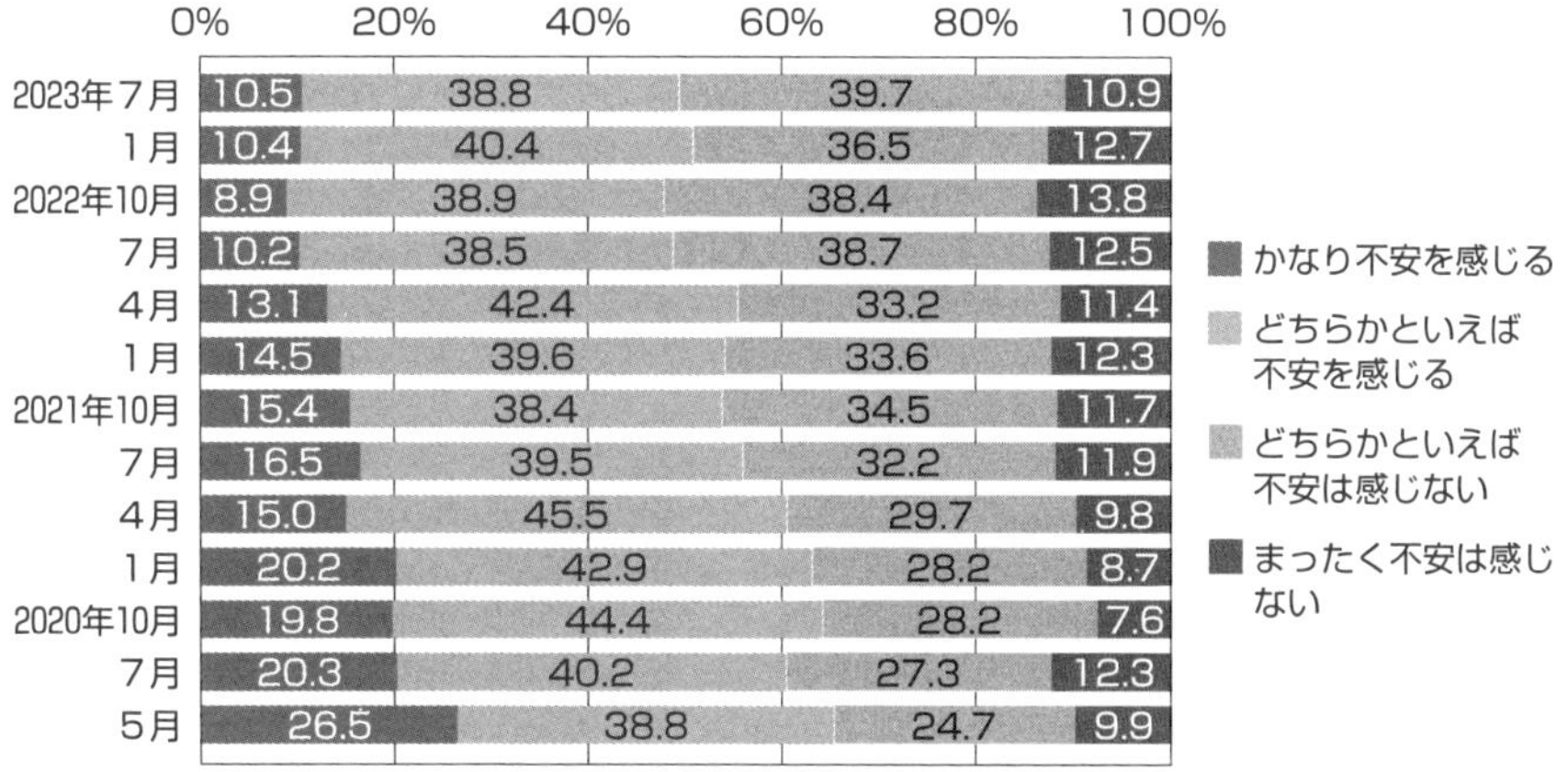
0%
20%
40%
60%
80%
100%
2023年7月 10.5 38.8 39.7 10.9
1月 10.4 40.4 36.5 12.7
2022年10月 8.9 38.9 38.4 13.8
7月 10.2 38.5 38.7 12.5
4月 13.1 42.4 33.2 11.4
1月 14.5 39.6 33.6 12.3
2021年10月 15.4 38.4 34.5 11.7
7月 16.5 39.5 32.2 11.9
4月 15.0 45.5 29.7 9.8
1月 20.2 42.9 28.2 8.7
2020年10月 19.8 44.4 28.2 7.6
7月 20.3 40.2 27.3 12.3
5月 26.5 38.8 24.7 9.9
かなり不安を感じる
どちらかといえば不安を感じる
どちらかといえば不安は感じない
まったく不安は感じない

出典：公益財団法人日本生産性本部「第13回働く人の意識に関する調査」（2023年8月7日発表）

勤め先の業績（売上高や利益）に不安を感じているかどうかを質問したところ、「かなり不安を感じる」10.5%、「どちらかといえば不安を感じる」38.8%の合計は49.3%であり、前回1月調査から統計的有意ではないものの減少し、5割を下回った。

Point
聞く力を磨こう　様々なタイプのコンサルタントがいるが、共通して持っている特別なスキルを1つ挙げるなら「聞き出す技術」になるだろう。

Section

3-10 基本はロジカルシンキング

コンサルタントの技法①

コンサルタントに必要な資質で最も重視されるのが論理性。結論に至るプロセスで論理的なほころびがあれば、コンサルタント失格。ただし、この能力は訓練で高めることができます。

■課題を把握する力

コンサルティング活動は、別に科学というわけではないのですが、論理性を非常に重視します。というのも、「クライアントの課題を、外部から冷静に、なるべく客観的に、かつ誰でもわかるような言葉で語る」というのが、コンサルタントの役割だからです。

論理的に破綻しないように、コンサルタントは細心の注意を払います。何となくうやむやになりそうな場合でも、努めて論理や客観性のチェックを設けておきます。

もっとも、**ロジカルシンキング**という特別な学問があるというわけでもありません。それは、数学のように体系づけられた学問とは、少し違っています。あえていうならば「頭の使い方」の問題です。与えられた知識を丸暗記して受験戦争を勝ち抜いてきた人は、コンサルタントには向かないかもしれません。コンサルタントの得意技は丸暗記ではなく「ゼロベースで考える」ことです。そのときに必要な考え方、頭の使い方が、ロジカルシンキングになるのです。

もちろん「ひらめき」も大切です。ただし、何かひらめいたとき、そこに至るプロセスを論理的に、誰もが納得するような言葉と論理構成で説明できると、何となくコンサルタントっぽい人になります。

■論理的であること

ロジカルに考えるためには、まず前提条件を明確にする必要があります。前提があいまいであるならば、導かれる解答も、同じようにあいまいになります。

通常、前提条件とはクライアントの抱える課題であり、コンサルタントは、課題の置かれている状況を整理するところから仕事を始めます。

ツール（Tool） 工具・道具のこと。IT用語では、プログラミングなどに使用する単機能の小プログラムを指す。

Term

課題が明確になれば、次にすることは解決手段の整理です。どのような**ツール**＊を使って解決するかによって、出てくる解答も違ってきます。ITを使うか、マーケティングリサーチ手法を使うか、研修によるスキルアップを図るか、組織の構造を変えることで解決するのか――使うツールによって解決プロセスが変わってくるのです。

だからこそ、クライアントに対して何が起きているかをしっかりと説明しておく必要があります。

例えば、コンサルタントが「ITシステムによって業務プロセスを革新することが不可欠」との解答を出したとします。その解答は正しいかもしれません。しかし、ITシステム構築に数十億円の投資が必要になるとすれば、そして投資の準備がなかったとしたら、コンサルタントの出した答えは絵に描いた餅でしかありません。

ここで論理性があれば、クライアントは「ITシステムへの投資が必要かどうか」、あるいは「ITシステム以外での解決策を探るべきか」など、すべて自分たちで評価し、判断することができます。それを、論理性を無視して「占いによれば、ITシステムを刷新しなければ会社は滅びます」などという形でコンサルティングがなされていれば、正しいかどうかの判断そのものができません。

ラッセルのパラドックス

この四角の中に表されていない
最小の自然数は？

1　2　3

【解説】

- 自然数は、1　2　3　4　5……と無限に続いている。
- 自然数の集合があれば、その中で「最小の自然数」は1つある。
- いま、解答を「4」としよう。その場合、「4」という自然数は「この四角の中に表されていない最小の自然数」という言葉で、表されていることになる。これは矛盾。
- では、「4」がだめなので、解答を「5」としてみよう。それでも、同じように「この四角の中に表されていない最小の自然数」という言葉で、表されている。
- この論理は、どんどん自然数の数が増えていっても、いつも成立する。

Point

科学を信じること　コンサルタントの中には「感性」を主軸に非科学的な、根拠のない「よい理論」を使って、いわゆる都市伝説的な陰謀論をふりかざす人もいるが、基本は、あくまでも論理性の重視であり、エビデンスとなる。

ロジカルシンキング　論理的に考える場合、「解答の領域」を明確にする必要がある。ラッセルのパラドックスでは、問題文そのものを「四角の枠外」に出せば「4」が正解になるが、領域の内部に入れてしまったことでパラドックスになっている。

Section
3-11 コンサルタントの技法②
漏れなく俯瞰するミッシー

コンサルファームに就職すると、ロジカルな発想を具現化するための思考方法をたたき込まれます。全方位から問題を見るミッシーの習慣がつくと、本質が見えてきます。

基本はミッシー

ちょっと逆説的に聞こえますが、「論理的に正しい」ということと「解答が正しい」ということには相関がありません。「論理的には正しくても、解答が間違っている」ということは日常茶飯事。むしろ、そのほうが多いかもしれません。

論理性は、考え方の部分的な道筋について保証します。道筋が間違っていては、解答が正しいはずはありません。しかし、道筋が正しくても結論が正しいとは限りません。

文章でいえば、論理性があることは文法的に正しいということ。文法が合っていても、その内容が正しいということではありません。文法が合っているかいないかという形式上のこととは無関係に、その文章の真偽はあります。

筆者が大好きな「天才バカボンのパパ」が、かつて散歩をしたときのこと。そのナレーションに「今日は朝から夜だった」とありました。いわゆるナンセンスギャグですが、この文章に文法上のミスはありません。ただ、意味は見事にあいまいです。何かおかしい……のです。

論理学の謎解き

論理学の教科書に、よく「私はウソつきです」という文章が出ています。この文が真実ならば「私はウソつきです」ということですから、この文章もウソとなり、「私はウソつきではない」が真実となるでしょう。

しかし「私はウソつきではない」人が、さっきは「私はウソつきです」と言ったのですから、これはウソをついたことになり矛盾します。同じように「私はウソつきではない」という文章がウソならば、「私はウソつきです」ので、真実を語るはずです。しかし「私はウソつきです」とウソをついたことになり、矛盾します。このような矛盾した内

Term
MECE　Mutually Exclusive Collective Exhaustiveの略。

容をコンサルタントが語ると、クライアントは混乱します。

コンサルタントは生真面目に、論理的な文章で語らなければなりません。それゆえ、あいまいな可能性を排除する考え方が必要です。

コンサルタントは自分が語っている論理に対して「モレがなく、ダブりもなく、全体を網羅的に語っているだろうか」とチェックしながら論理を展開します。そこで重要なのが「**MECE***」で、**ミッシー**と読みます。

ロジカルシンキングを進めていくときに、このミッシーは大変重要なチェック機能となっています。

ミッシーでは、まず文章で語ることの全体を定義してモレをなくします。

次に、その全体を各部分に分けて、それぞれ論理的に正しい推論を進めます。そのことによって初めて、解答全体の論理性が保証されることになります。

ちなみに、ミッシーを進める上で重要なのは「紙の図に書いて確認すること」です。

アタマの中の白い紙に図や文字を書き込んで長時間保存する才能があれば別ですが、普通、ミッシーは課題を中心に書き、あえて全方位から課題にアプローチしてみることで達成できます。

ミッシーの展開

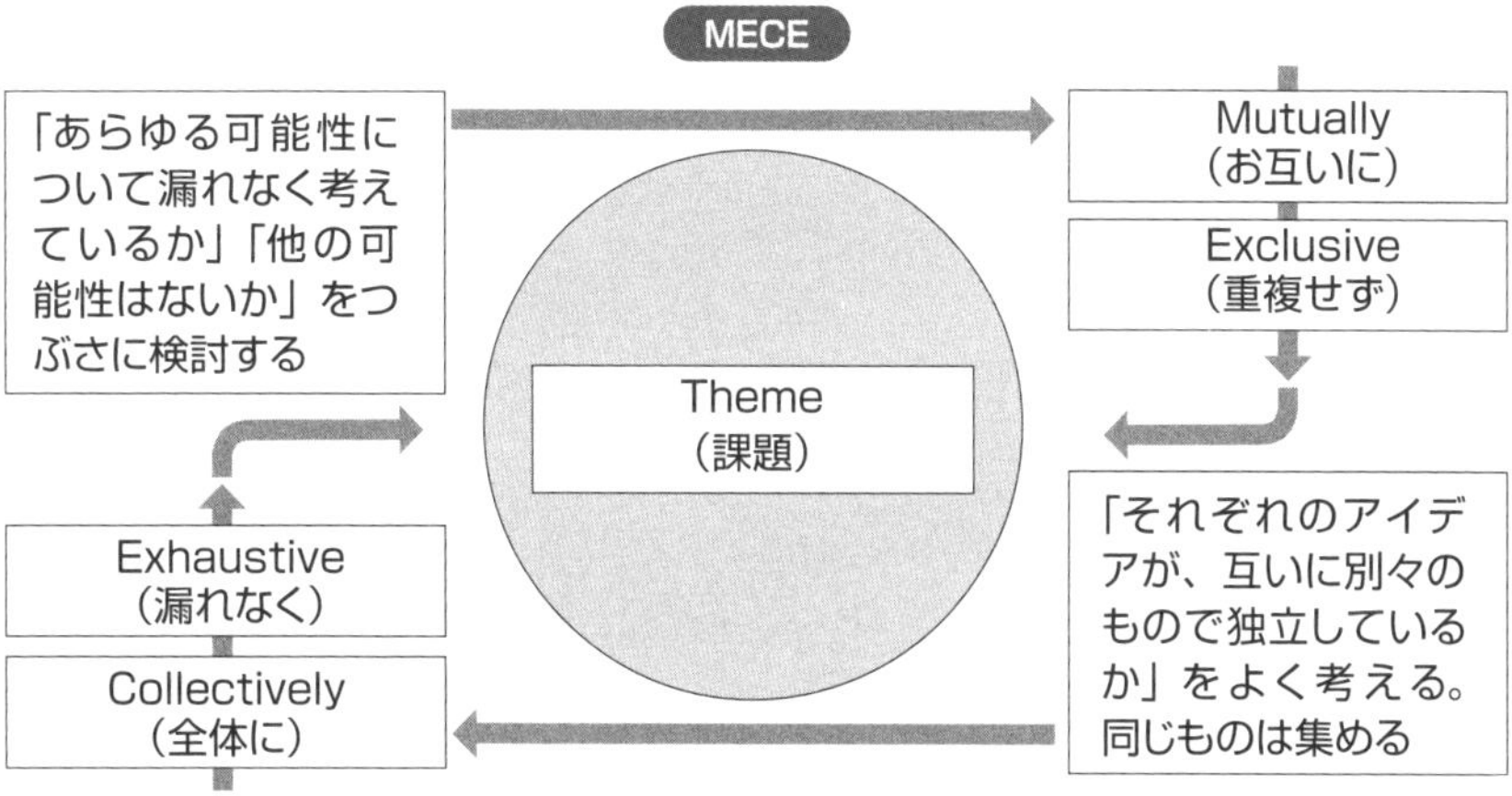
MECE
「あらゆる可能性について漏れなく考えているか」「他の可能性はないか」をつぶさに検討する
Mutually（お互いに）
Exclusive（重複せず）
Theme（課題）
「それぞれのアイデアが、互いに別々のもので独立しているか」をよく考える。同じものは集める
Exhaustive（漏れなく）
Collectively（全体に）

MECEにより、総合的な視点から必要な事実を分類し、正しいアプローチを導き出すことができるようになる。

Point **ミッシーの習慣**　コンサルタント同士で打ち合わせをするときに便利なのが、ホワイトボード。各自が持つタブレットやノートパソコンの画像をプロジェクターで共有するよりも、各自が自在に書き込めるボードのほうが、はるかに使い勝手がよい。

Section
3-12 ロジカルツリーの図で整理

コンサルタントの技法③

コンサルタントは、昔から図を使って思考を整理する手法を使っています。その代表例がロジカルツリーです。ちなみに、この図解は生成AIには難しい能力の1つのようです。

■結論を先に示す

コンサルタントは、自分の考え方を整理するため、意識的に「図解」の手法を使っています。図解といってもいろいろなパターンがありますが、「何かと何かとの関係を、矢印を使って図示すること」が基本となっています。

それが「思考」や「考え方」や「コンセプト」など、頭の中でもやもやしているものの場合、紙の上に、もやもやしている関係を表現するだけで、いま何が問題となっているのか、見えてくるものです。事象同士の関係も、図で示すことによって思考を明確に整理する意図でつくられます。

コンサルタントがよく展開するロジックは「結論から先に出す」というものが少なくありません。まず大枠である一番大事な部分を提示して、そのあとに、それを少しずつ、具体的な内容に分解していきます。これを**ロジックのブレイクダウン**＊と呼んでいます。

事象同士を結ぶ線には、いろいろな意味を持たせることができます。例えば、線に方向をつけて矢印（ベクトル）にして、Aという課題を解決するためには、どんな手段があるかというような意味づけを行います。

解決手段としては、B1、B2、……というように、何通りか出てきます。そしてB1という解決策についても、それを課題として見ることもできますので、今度はC1−1、C1−2、……という解決手段が何通りか出てきます。

ここでの留意点は、AからB1、B2、……という課題解決策を見いだすときに、前述したミッシーを意識しておくということ。B1、B2、……と列挙した解決策同士にモレやダブリがあると、次のC1−1、C1−2、……という段階にロジックを進めたとき、お互いに関係し合ってしまい、「頭の中がウニになる」という事態を招きます。

Term
ロジックのブレイクダウン　論理を前提と結論に分け、前提や結論をそれぞれ分解して考えることを指す。コンサルティングでは、まず結論を述べる。それに至る方法としてどのようなものがあるか、という点を「さかのぼって」開示していく。

■ロジカルを形にする

このようにして、「Aという課題を解決するためには何をしたらいいのか」という、課題と解決策がずらりと並んだフロー図ができ上がります。これをコンサルタントは**ロジカルツリー**と呼んでいます。ここでポイントになるのは、線の意味づけと事象の記述です。経験を積めば積むほど、ロジカルツリーが的を射るようになります。

コンサルファーム内で組んだプロジェクトにおいて、このロジカルツリーを描くのはリーダーの仕事です。ロジカルツリーがしっかりと描ければ、あとは作業分担をして、プロジェクトは動き出します。このロジカルツリーが見えていないと、課題をどのようなアプローチで解決すればいいのか、手がかりが見えません。

このロジカルツリーは、定期的に見直しが行われます。場合によっては、最初の課題の立て方から変更してゼロベースでやり直すこともあります。

苦労して図解したコンテンツを自分で否定するのは、なかなか難しいものです。しかし、もともと「仮説」として考えていれば、変更も自由自在にできるはず。図解することのベネフィットは「否定が簡単にできる」ことなのです。

ロジカルツリーの図（例）

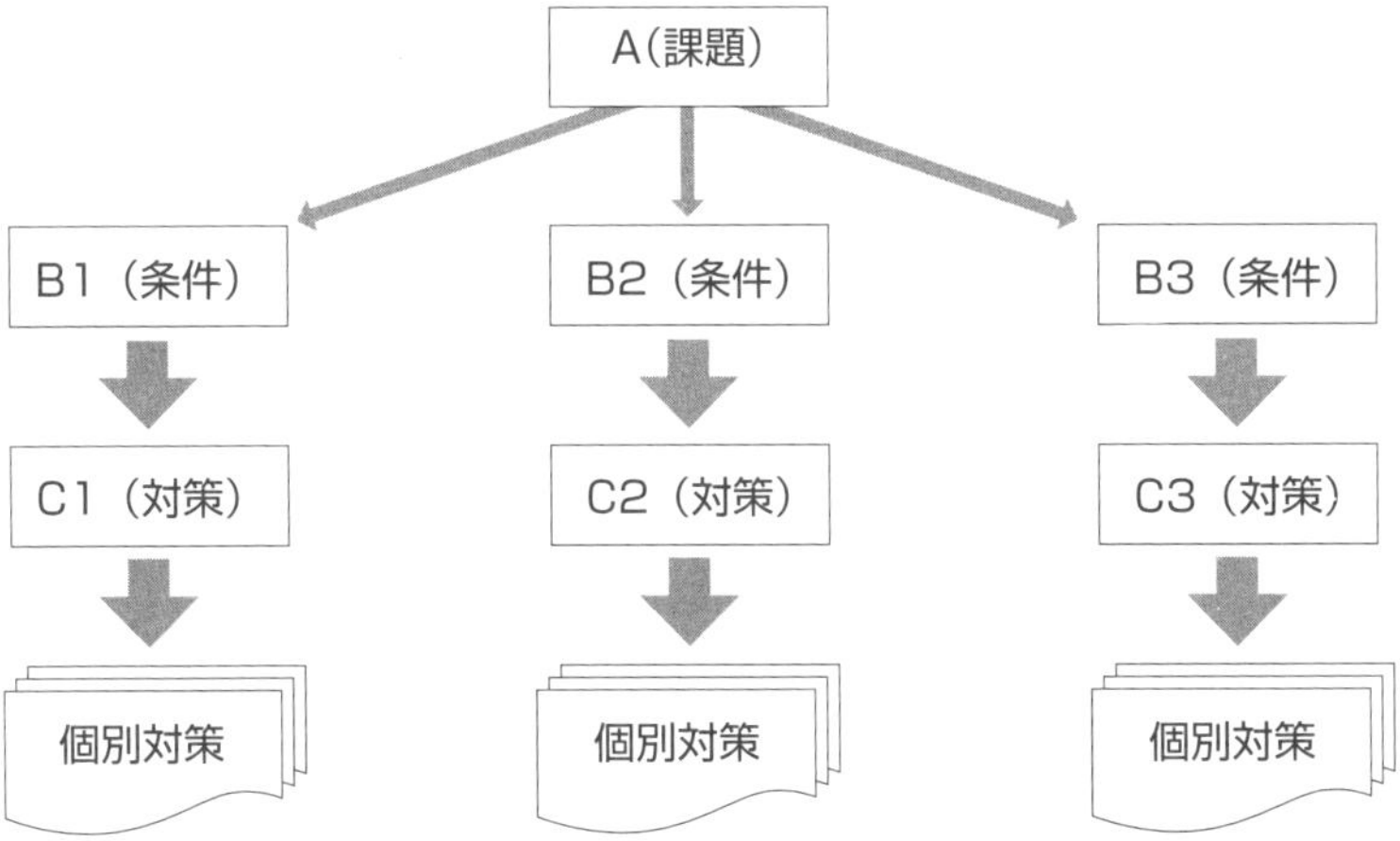
A(課題)
B1（条件）
B2（条件）
B3（条件）
C1（対策）
C2（対策）
C3（対策）
個別対策
個別対策
個別対策

※全体構造をロジカルツリーで図解したあと、個別の対応策を考えていく。
個別の対応策から入ると、それにとらわれて、全体像が見えなくなる。

Point **図は複雑にしない**　官公庁の白書に掲載されている図解は、1枚の図に「すべて」を描き切ろうとするため非常に複雑になっている。しかし、もともと複雑な内容をシンプルに整理するために図解した場合は、その方法は向かない。

Section

3-13 ゼロベース思考

コンサルタントの技法④

ロジカルツリーの作成では、ミッシーと共にゼロベース思考が重要。コンサルタントは「何もない状態」からスタートすることで、常識を打ち破るのです。

■ゼロから何を生み出せるか

今日、コンサルティングの世界では、1から10を生み出すよりも、ゼロから1を生み出すことに価値を置いています。

高度成長時代には、1から10を生み出すことができれば、企業は成功できました。

1は、どこからか持ってきて、それを資本の力で増やしていけば、いつしか10倍になるでしょう。そのためにはどうすればいいのか——それが課題となっていました。

ところが今日は、新たな商品・サービスを生み出し、いち早く市場を形成した企業のみが勝ち残る時代です。そこでは、常にゼロベースで市場を眺め、どこかに1となりうる市場をつくるための下地がないかを探します。

もともとゼロなのですから、どこにも前例がありません。そこに、コンサルファームの**ナレッジ**＊とノウハウが活躍する場が出てくるのです。

コンサルタントも同様です。これまでは、「1を10に育てるためにはどうすればいいか」を指南できれば、仕事は終わりました。

ところが成熟市場では、いくらコンサルタントが「こうすれば1を10にできる」と説いても、結果はそのとおりには進みません。

なぜなら、競合他社も同じようにコンサルタントを雇い、1を10にする方法を教わっているからです。そもそも、1を10にするという手法の多くは、市場そのものが成長していれば自然に実現できるものです。

■クライアントに貢献する

株式市場において、平均株価が上昇していれば、何を買っても最終的にはプラスになるのと同じです。コンサルタン

ナレッジ　知識と訳される。しかし、経済用語では「知恵」と解釈される場合が多い。知恵は、単なる「知っていること」を超えて、ノウハウまで含んだ概念となっている。

トのおかげで収益が伸びたわけではないのです。

ただし、市場が未成熟だった場合には、とてつもなく大きな利益を得る場合があります。1を10倍にするプロセスにおいて、革新的な手法を開発した場合です。実は、これもゼロから1にしたことになります。

1から10に至る思考は、クライアント企業内部でも独自に行うことができます。今日のコンサルタントには、既存の思考では到達できない素晴らしいアイデアや、誰もが気づかない斬新なプロセスの提案が求められているのです。

ゼロベース思考とは、思考の枠組みを広げ、前提条件を広げて、まったくゼロの状況から出発することです。それによって、クライアントだけでは到底達成できなかった課題解決方法を発見することになるのです。

余談ですが、読者のみなさんは現代宇宙論に興味がありますか。現代宇宙論では、ビッグバンの前に何らかの「秩序の破れ」が起き、そこから量子が誕生し、広大な宇宙に発展したとされています。

ゼロからスタートするときも、「秩序の破れ」のような「きっかけ」が必要となります。それを発見することで、新しい秩序が生まれてくるのです。

思考のスパイラル構造

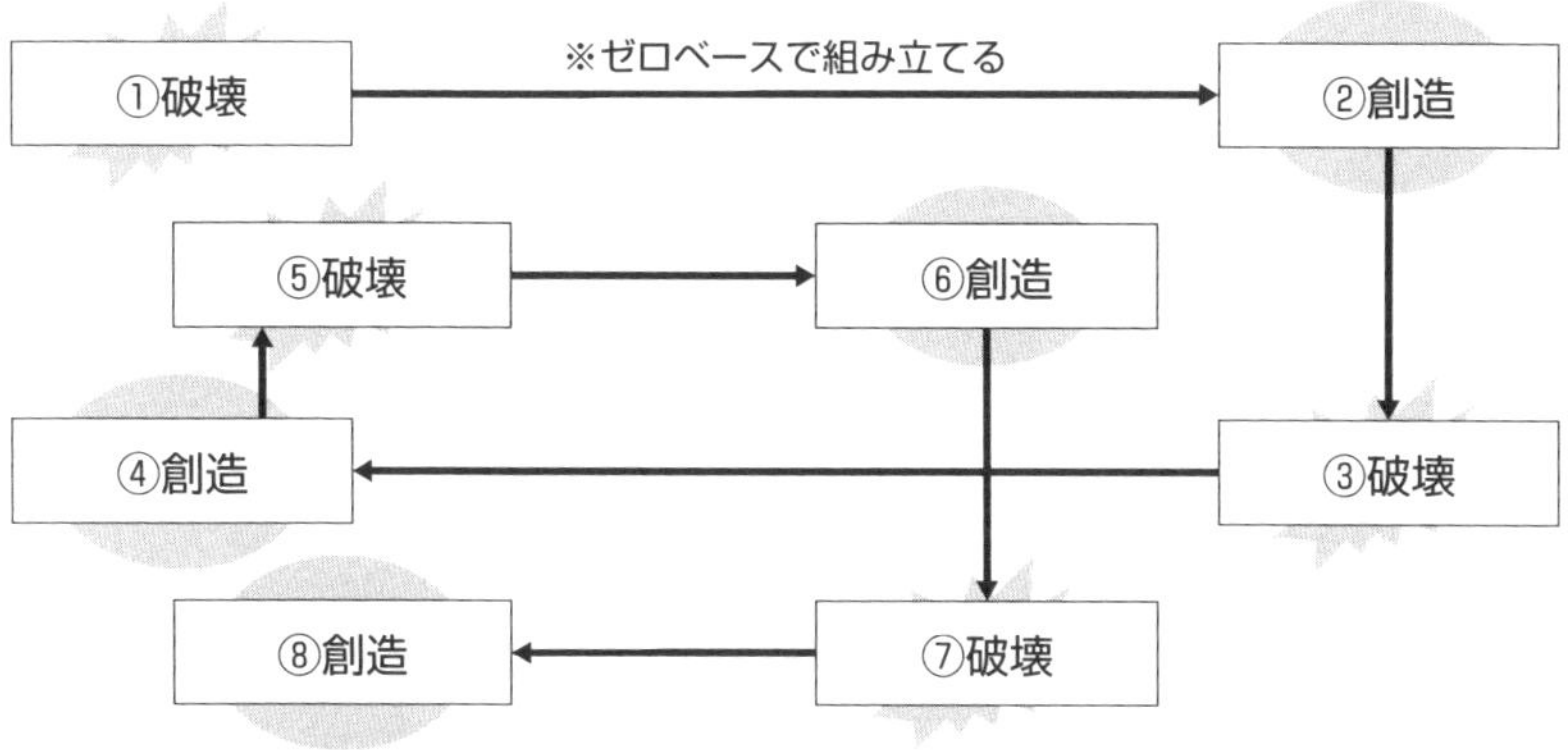

※創造と破壊を繰り返すことで、思考プロセスを変え、ときには大きく飛躍させることができる。コンサルタントは、そのような思考プロセスを経て、クライアントには手の届かない課題の解決を目指す。それが「考える」ということだ。

人間とAIとの違い　何か新しい発想を持ちたいと思ったら、これまでつくり上げた思考パターンを、いったん崩して、スタート地点に戻る必要がある。ゼロベースから新しい発想をすると、これまで気づかなかったものが見えてくるかもしれない。ゼロベースで考える楽しさは、AIには体験できない。

ゼロベース　新しい発想を持ちたいと思ったら、一度制作したものをいったん破壊し、改めてまっさらな状態で創造することが求められる。創造のプロセスで既存の常識・概念にとらわれてしまうと、せっかくいったん破壊したのに、新しくつくろうとするコンセプトの足かせとなり、自由な飛躍ができなくなる。

Section
3-14 デザイン思考

コンサルタントの技法⑤

コンサルタントのミッション＊は課題解決ですが、変化の激しい時代には課題が不確定で、何を頼んでいいのかわからない事態も出てきます。そこで活躍するのがデザイン思考です。

デザイン思考が求められる背景

デザイン思考は、クライアントやあるいはクライアントの顧客について深く調べ、分析し、考えを深掘りしていく中で、「本当の問題を発見するプロセス」となります。

デザイン思考が注目されている背景を今日的に語れば、「変化の時代に対応する思考プロセスを提言した」ことになります。

グローバル化の進展、エネルギーや資源の争奪戦、AIによる産業構造の変化など複合的な要因により、社会環境は激変し、「何が起きているか見えにくく、しかも何が起きても不思議はないカオス状態」にある今日では、なおさらデザイン思考が求められています。

ちなみに、ビジネス市場では**VUCA**の時代だといわれていますが、それはVolatility（変動性）、Uncertainty（不確実性）、Complexity（複雑性）、Ambiguity（あいまい性）の頭文字をとったものです。ビジネス市場は混迷を深め、多様化し、複雑化しています。そこで、顧客を深く理解した仮説を立て、行動しながら軌道修正をし、即座にプロトタイプをリリースして検証し、第2弾につなげる――というデザイン思考に注目が集まっているのです。

デザイン思考の歴史

デザイン思考の初出は、1978年にノーベル経済学賞を受賞した米国の**ハーバート・アレクサンダー・サイモン**（Herbert Alexander Simon）が1969年に発刊した『**システムの科学**（The Sciences of the Artificial）』だといわれています。著書の中でサイモン氏は、デザイン思考のモデルには「7つの主要段階」がある、としました。

その後の五十数年の間に、デザイン思考の実践プロセス

Term **ミッション**　ミッションは使命と訳される。ビジネスでは企業の使命・存在意義、あるいは企業理念などの意味で使われる。使命・理念・存在意義という言葉に共通するのは、「企業が何のために存在しているのか」ということ。それが社会に対する使命となっている。

では様々なアイデアが提唱されてきました。

段階の数も3つから7つまでと多種多様ですが、源流はサイモン氏の提示したモデルとなっています。

例えば1980年代には米国のデザインコンサルファームのIDEO（アイデオ）が「人間はクリエイティブな存在」だとし、ビジネスでも「創造性を信じることでイノベーションを起こせる」と主張しています。

デザイナーは、打ち合わせをしながら質問し、イメージをふくらませ、スケッチを描きながら「見方」を示し、新しい問題を発見し、解決の糸口を見いだします。そのような「アイデアを発散させ、収束すること」で、これまで思い付かなかったデザインに到達することができます。

21世紀に入って、スタンフォード大学のd.schoolが「デザイン思考の5段階プロセス」を発表すると、デザイン思考は感覚的なものから脱却し、理論的に完成されたプロセスを実践する体系が整うことになりました。

それまで、感性として「何となくわかっていた」ことがシンプルにまとめられ、デザイナーのような特別な才覚のあるクリエイターでない一般のビジネス人でも、デザイン思考のツールを使えば創造的なイノベーションができるようになりました。

デザイン思考の「5段階思考プロセス」

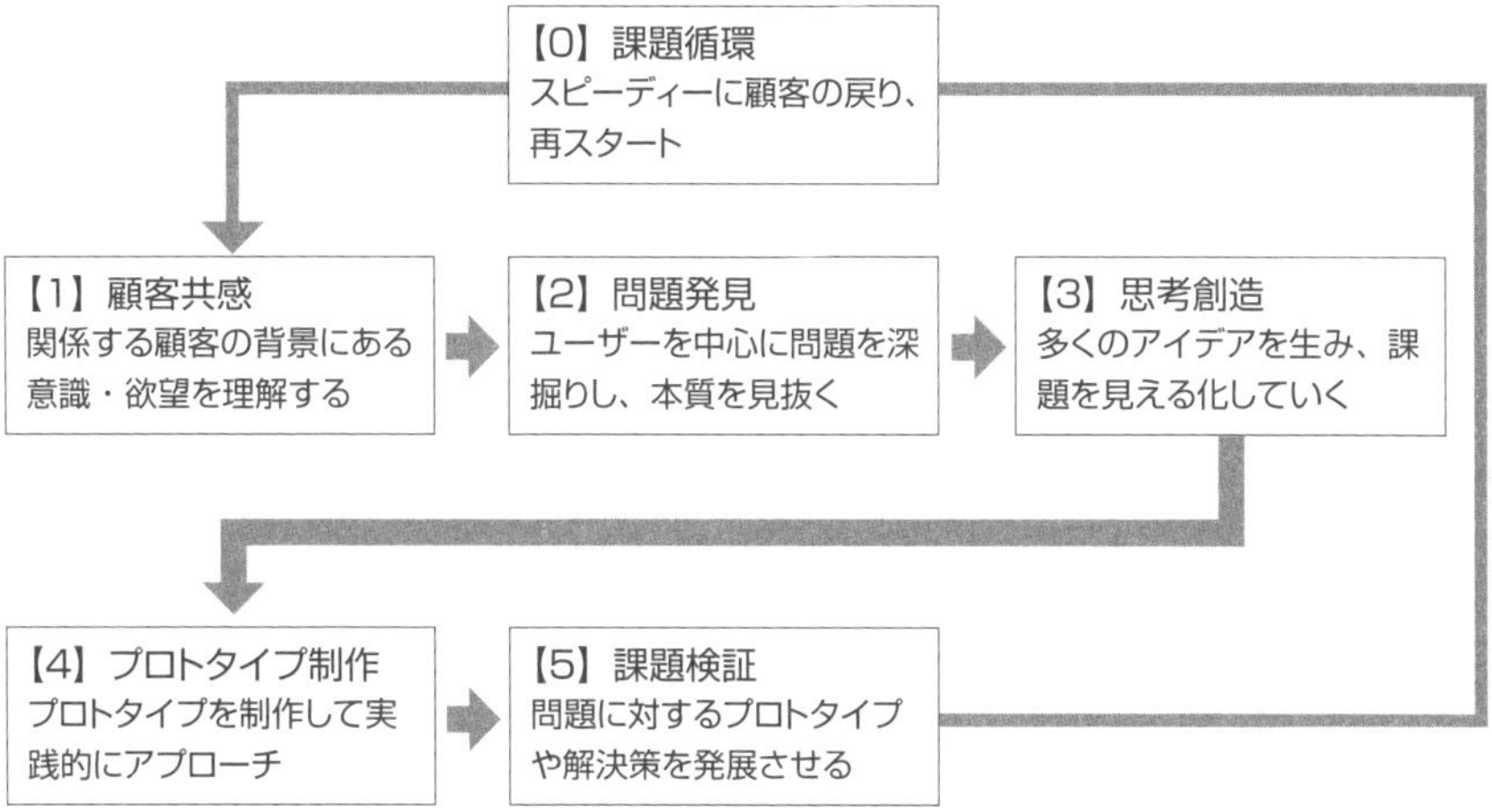
【0】課題循環
スピーディーに顧客の戻り、再スタート
【1】顧客共感
関係する顧客の背景にある意識・欲望を理解する
【2】問題発見
ユーザーを中心に問題を深掘りし、本質を見抜く
【3】思考創造
多くのアイデアを生み、課題を見える化していく
【4】プロトタイプ制作
プロトタイプを制作して実践的にアプローチ
【5】課題検証
問題に対するプロトタイプや解決策を発展させる

Point

デザイン思考　考える順番を決め、それに沿って思考を進めることで、課題解決から検証に向かう。このプロセスで大切なのは「思考が循環している」こと。1つの発想で回してみて、得られたプロトタイプがよくないならあっさり捨てて、別のスタート地点から始めてみる――そんな試行錯誤で、重要な最終結論に到達する。

Section
3-15

コンサルタントの技法⑥
ポジショニング思考

広告業界で市場分析に使われる「ポジショニング」は、思考の上でも強力なツール。市場や考え方をどの分析軸で切り取れば、全体構造をわかりやすく示せるか――そこが決め手です。

■新しい分析軸を発見する

ロジカルシンキングといっても、考えている間は、あまりロジカルではありません。関連性のない事柄が直感として結び付くことによって、ゼロからイチが生まれるのですから、思考中にはロジックより飛躍が求められています。

問題は、「思考によって得たコンセプトを、どのようにデザインして、相手とのコミュニケーションに使える形にするか」という部分です。コンサルタントに求められているのは、もやもやした状態を整理して、お互いに議論ができる状態に表現するという**コンセプトデザイン**＊です。その表現の手段として、コンサルタントはよく、**ポジショニングマップ**＊を使います。

どのような集合でもいいのですが、全体をまず、1つの軸を使って2種類の領域に分けます。軸とは、集合を領域に分けたり、あるいは順序づけたりするモノサシに当たります。例えばデジカメ市場があり、それを「カメラ機能だけのもの」および「カメラ機能に加えてビデオ録画機能もあるもの」の2つの領域に分ける、ということです。

また別の軸では、カメラの性能＝画素数というものもあります。300万画素以上のものとそれより少ないもの、というように市場は二分されると共に、画素数によって序列がつきます。そこで別のもう1つの軸をつくり、2軸を交差させれば、市場は4つの領域に分かれます。これがポジショニングマップとなります。

ここまでは広告業界でも、あるいは市場リサーチの世界でもよく使われています。コンサルタントは、自らの思考を整理し、そしてプロジェクトチームのメンバーやクライアントに説明する場合にも、このポジショニング手法を頻繁に活用しています。それはポジショニングマップが、何

Term
コンセプトデザイン　形のないコンセプト（概念）を、目に見える具体的な形にデザインすること。1992年に著者が作った造語だが、いまでは一般化しつつある。
ポジショニングマップ　評価基準を２軸使って、そのモノやコトがある相対的な位置関係を図解するもの。

よりもまず、考えている「領域」をミッシーとして「モレなく、ダブリもなく」記述してくれるツールだからです。

■コンセプトデザインの創出

コンサルタントが、「考えているコト」「考えたいこと」など、抽象的なテーマについてクライアントに説明するときにポジショニングマップなどを使うのは、クライアントと「共通の土俵」に立つ必要があるからです。

どんなに優れたコンサルティングを進めていても、顧客が認識し、行動に移せるくらいの「わかりやすさ」がなければ、せっかく考え抜いた「思考の宝物」であるコンセプトはクライアントに伝わりません。

コンセプトは概念ですから、通常は誰かのアタマの中にあって、他人にはよく見えません。他人のみならず、複雑な概念になると、自分でも「自分で何を考えているのかわからない」というケースが出てきます。

コンセプトは、万人がわかるように見える化され、スッキリと伝わるようにデザインされていなければ、結局、忘却の彼方に消えていくことになります。コンサルタントに「情熱」は不可欠ですが、コンセプトが適切にデザインされなければ、せっかくの情熱も空回りするばかりでしょう。

ポジショニングの極意

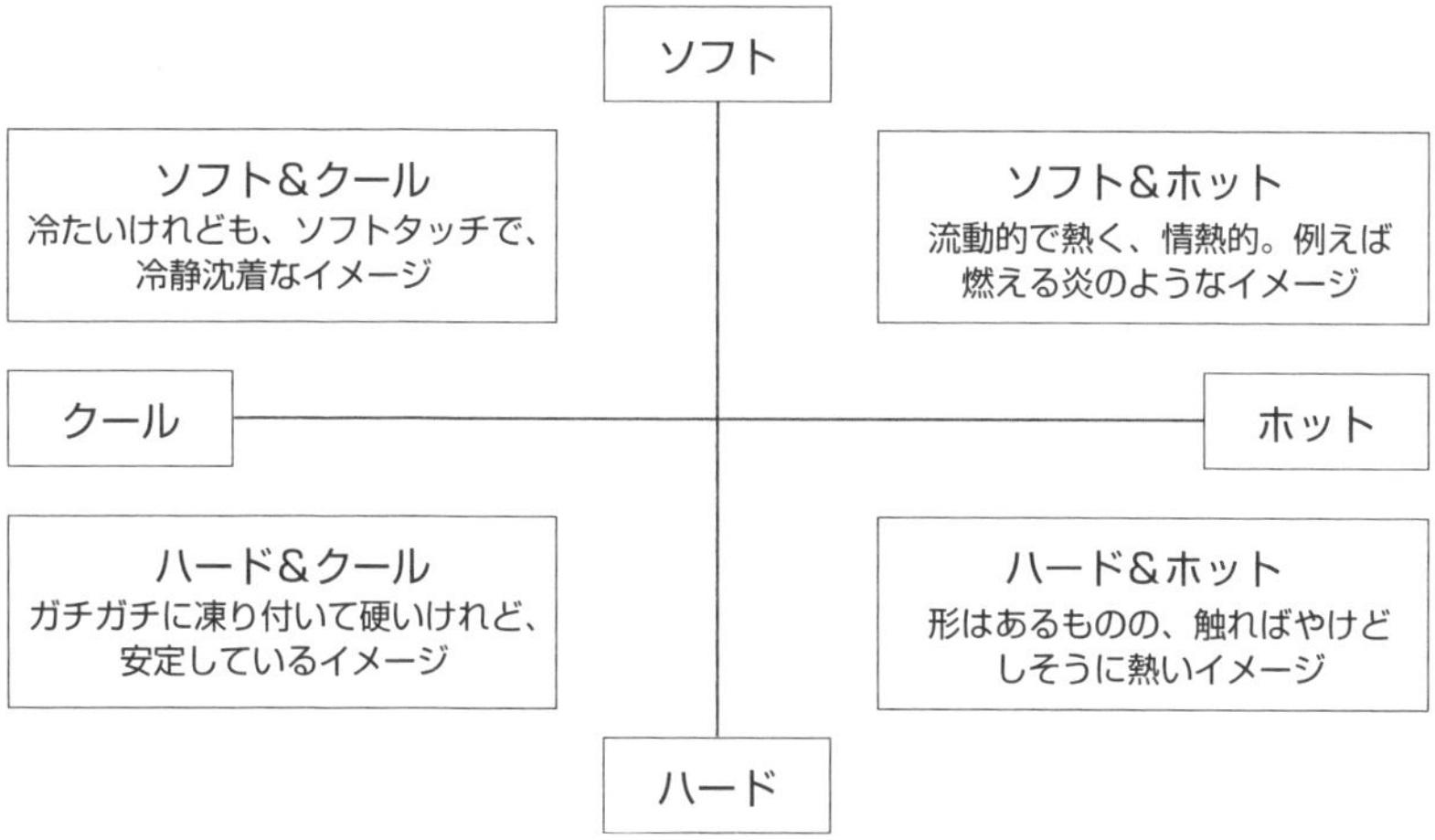
ソフト
ソフト&クール
冷たいけれども、ソフトタッチで、冷静沈着なイメージ
ソフト&ホット
流動的で熱く、情熱的。例えば燃える炎のようなイメージ
クール
ホット
ハード&クール
ガチガチに凍り付いて硬いけれど、安定しているイメージ
ハード&ホット
形はあるものの、触ればやけどしそうに熱いイメージ
ハード

※主に二次元で考えるポジショニングは、「ソフトVS ハード軸」と「ホットVS クール軸」を交差させたフィールドで整理すると、わかりやすい説明ができることが多い。

Point **分析軸の直交**　ポジショニングをして考えるときの最大のポイントは、分析軸が「直交」すること。せっかく何らかの指標を発見して分析するべくポジショニングをしても、分析軸が間違っていたのでは意味づけがあいまいになってしまう。互いに相関が感じられない2本の分析軸が理想である。

知らないことは、罪つくり

もう30年以上、コンサルタントとして仕事をしている筆者ですが、最初の頃は権利意識が低く、様々なチャンスを自ら手放してきました。

企画したことをデザインし、カタチにし、社会に見える化するときに「創作物」となり、独創的であれば特許になり、作品となれば著作権が発生します。しかし、それらのもととなる企画、アイデア、コンセプトそのものには、何の権利も発生しません。

何かカタチになっているものを見つけて「それは私が考えていたことです」と主張しても、頭の中や心の中のことは誰にもわからないので「権利」にはなりません。

もともと筆者は、コンサルタントになる前はプランナーとして事業計画や広告戦略などを組み立てていたのですが、「世界初のこと、誰も考えてこなかったことを考え、実行したい」という欲求が強くなりました。生まれてきた奇跡に対して、自分が始めなければ誰もつくらなかった作品をつくり、自分が進めなければ誰もしたことがなかった事業をする——それが筆者のミッションとなりました。

最近、著名なスポーツ選手が取材に応えて「誰も経験したことがない世界に行きたいと思います」ということを語っていました。筆者も、まさに、それがしてみたい。筆者が始めなければ、誰も手をつけてこなかったことをしてみたい、そんな気持ちが強くなり、コンサル活動をする傍ら、本の執筆にも真剣に取り組みました。

そんな筆者が、商標登録をしたり特許を出願するのは、失敗の経験があったからです。1988年から使ってきたキーワードが、21世紀のある時期、商品登録されて突然に使えなくなりました。筆者が見たかった景色も、その言葉で語ることができなくなると、強い喪失感に襲われました。

権利にしておかなかった無知と怠慢を恥じましたが、あとの祭り。ただ、その体験があって、今日では商標登録をして特許も申請するようになっています。

コンサルタントは
知的財産について
もプロであるべき
です。

第4章

コンサル業界の戦略論

かつては「素晴らしいエクセレントカンパニーをベンチマークする」ところに、コンサルタントの論理的な思考能力とスキルが集中していました。しかしデジタル化が進み、クライアントのニーズが変化し、「他社事例をベースとした客観的評価＝机上の空論」ではなく、「ビジネスの現場で活用できる実践的ノウハウと成果」が求められるようになりました。その結果、コンサル業界は「受難」の時代に入りつつあります。

まったく新しいパラダイムが求められる中で、どうしたら「新しいデジタル技術」や「新しい市場のルール」に対応できるか、クライアントに指導して提言するためには、実際に自分で「やってみる」ことが重要となります。

クライアントがコンサルタントに戦略性を求めるのは、そこに客観的視点を期待してのことです。ここでは「戦略」について考えていきます。

Section

4-1 WIN-WINの関係

共生時代の戦略論①

コンサルファームには様々なタイプがありますが、コンサルタントに戦略論の理解は欠かせません。その戦略は、「競争」戦略から「共創」戦略に変化しています。

■時代の変化で考えていく

戦略論といえば、**マイケル・ポーター**＊の競争戦略が有名です。マッキンゼーやBCGなどのコンサルファームを思い浮かべる人も多いでしょう。それらの戦略論は、それぞれオリジナルの研究成果から抽出した方法論です。

戦略系ファームはもとより、会計系ファームでも戦略立案を売りとしている企業は、必ずオリジナルの戦略論で武装しています。「戦略論を語れなければコンサルの資格はない」というくらい、戦略は重要なアイテムになっています。

これらの戦略論は、企業の成功や失敗の事例を分析する中から生まれています。すなわち歴史に学んだ結果という見方ができるでしょう。それゆえ、戦略論は時代の変化に対応して変わる宿命を持っています。

■決断のよりどころ

企業成長の方程式を導き出すとき、コンサルタントは**ケーススタディ**という手法をとります。過去の事例を徹底的に調べ、成功に至る要因を発見するのです。

ケーススタディでは、研究対象とする企業の選定方法により成功の方程式は変わってきます。また、解釈・分析の視点が人や時代によって異なります。

さらにいえば、フォーカスする内容も多様化しています。コスト削減に焦点を当てる分析と、市場価値の創造に焦点を当てる分析とでは、結論が逆転することもあるでしょう。

戦略立案の前提となっている現在の市場の状況によっても、方程式は変わります。極端な話、右上がりの高度成長期にはベストプラクティスであった企業も、低成長期には誰も注目しないこともあります。

Term

マイケル・ポーター　1947年5月23日生まれ。競争戦略研究の第一人者。1980年代前半に著した『競争の戦略』は分析的アプローチをとり、コストリーダーシップ戦略、差別化戦略、集中戦略というようにシンプルなパターン化が受け、世界のベストセラーとなった。

市場環境が世界規模で目まぐるしく変化している中で、経営者は日々、様々な決断を迫られています。決断をするためには、何らかのよりどころが必要です。その決断のためのよりどころが戦略であり、それを自ら導き出すことを**戦略思考**と呼んでいます。

■共生が最高の戦略

戦争の世紀といわれた20世紀に、企業間の競争に打ち勝つための戦略論が登場し、効果を上げてきました。しかし、21世紀を前にして、世界は「**共生**」の時代を迎えます。そこで議論されたのは、W-I-N-W-I-Nの関係を構築するタイプの戦略論でした。

日本の経営者が大好きな教えの1つに「**孫子の兵法**」があります。孫子は、四方八方を敵に囲まれた戦国時代に「戦わずに勝つ」方法を模索しました。いわく「100回戦って勝つより、戦わずに勝つほうがいい」という主張です。

戦いでは、よほどの体力差がないと、相手を打ちのめせば自分も無傷ではいられません。戦うことが目的ではなく、自国民を守り幸せにすることが目的なら、敵国と自国の最適なバランスを考え、どちらも利益が出るW-I-N-W-I-Nの関係をつくればいい——と孫子は説いています。

現代共生戦略論

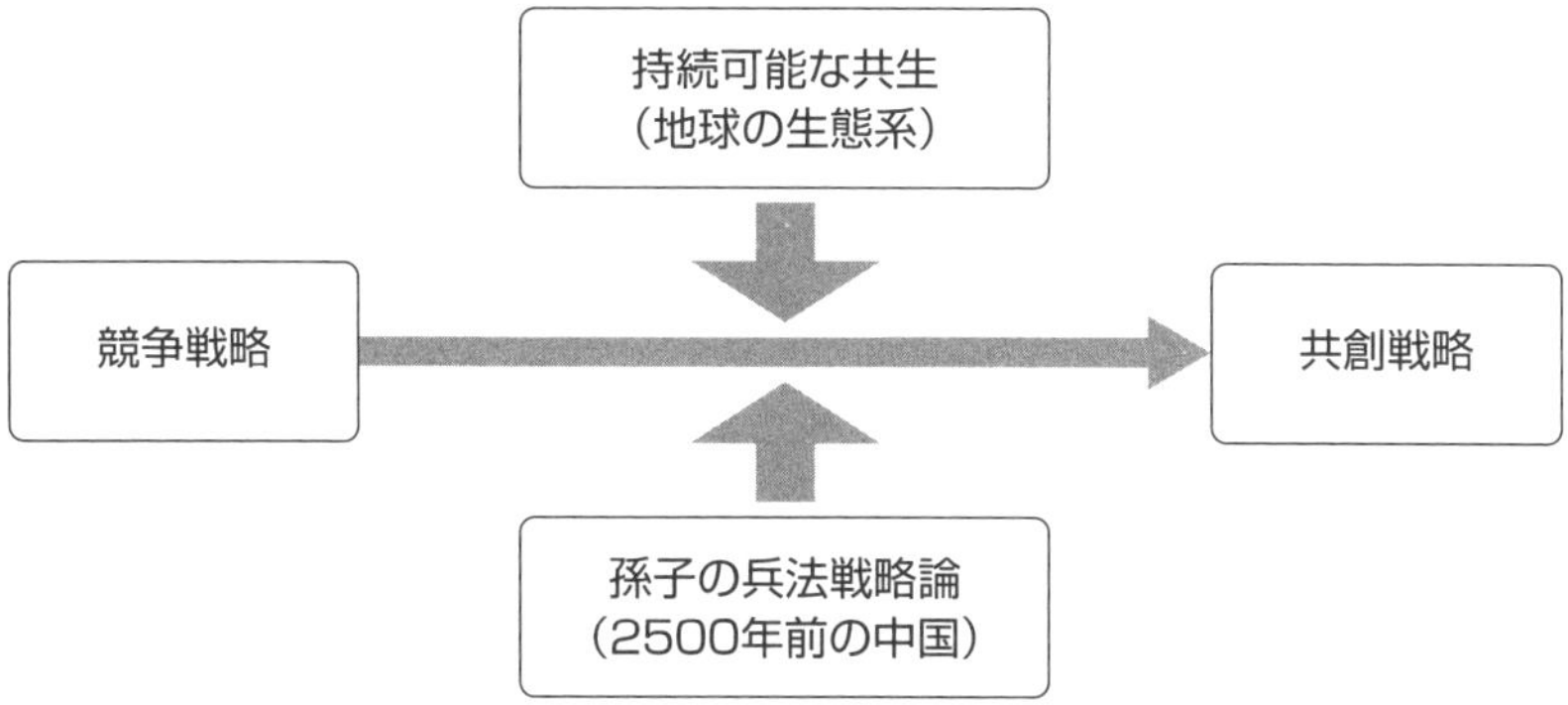
持続可能な共生
（地球の生態系）
競争戦略
共創戦略
孫子の兵法戦略論
（2500年前の中国）

※戦いで傷つけ合うのではなく、戦わず、双方に利益があることを探してパートナーとして価値創造に向かう方法は、戦略ではないという見方もあるが、筆者は「共創戦略」と呼んでいる。

Point **一人勝ちの文化**　20世紀は戦争の時代であり、ビジネスでも競争戦略が主流となっていた。しかし21世紀に入ってイノベーションが求められ、地球レベルでビジネスをとらえる時代になると、「一人勝ち」の競争戦略では通用しなくなっていく。共生の文化が求められてきた。

Section
4-2
共生時代の戦略論②
戦略の原点を深掘りする

共生戦略の考え方を会得するためには、まず言葉の意味を確認しておく必要があります。戦略の定義は多々ありますが、そのコアとなる考え方は共通しています。

■市場とゴールを決定する

競争戦略も**共生戦略**も、相手を出し抜いて利益を得ることがゴールなのか、互いに支え合って付加価値を得ることがゴールなのかという違いはあるものの、思考プロセスに大きな差はありません。

戦略という場合には、どの市場における戦略なのか、戦略を使って達成したいゴールは何なのか、その範囲を明確にする必要があります。

例えば、東京の市場か、日本全体か、世界市場かという地域性の問題と、女性だけの市場を考えているのか、あるいはシニア層全体を市場と見ているのかということです。

コンサルタントが市場を語る場合には、最初にこの市場全体を定義した上で話を進めます。

これは、数学的には「**集合論***」によるところがあります。

コンサルタントの武器は論理学になりますが、そこでは自分たちがどんな市場の話をしているのか、まず「考えている全体の範囲」を明確にするところから始まるのです。

市場の範囲を明確にしなければ、お互いの考えている場所や時間にズレが出てきます。社長は「海外への営業活動」を語っているのに、部長以下、現場スタッフは日本国内の市場しか見ていない——などはよくあることでしょう。

攻める市場の範囲を明確に定義したら、次は目的を明確にします。その市場において、どんな状態になれば目的が達成されるのか、ゴールを決めるのです。

このように、目的を持って動くことを戦略的行動といいます。

■ゴールから逆算する

一口に目的といっても、様々な要件があります。目的が

Term **集合論**　集合と呼ばれる数学的対象を扱う数学理論である。ドイツの数学者ゲオルク・カントール（1845年3月3日～1918年1月6日）が構築。有理数や代数的数のなす集合は可算（数えられる）だが、実数の集合は可算でないとの証明をした。彼は現代数学の父ともいわれている。

多重化していて、よく見えないこともあるでしょう。
その場合は、1つだけ鍵となる要因を発見することに最大の努力を払うことになります。目的が明確化されれば、人も組織も動き出すことができるのです。

目的が明確になったら、市場において、自分たちの立っているスタート地点のポジショニングを決めます。いま、先駆けとしてトップシェアなのか、ナンバー2か、あるいは後塵《こうじん》を拝しているのか、目的との距離感をつかみます。

スタート地点が決まったら、ゴールから逆算して、目的を達成するためには何が必要なのかを考えていきます。ここでポイントになるのは、「スタート地点から論理的な結論としてゴールを導くというわけではない」ということです。

スタート地点から、論理を駆使して積み上げていく方法では、袋小路に入ってしまうこともあります。ゴールに到達するためには、どこかで論理を超えた飛躍が必要となる場合が多いものです。

それは、市場を再定義することで得られたり、常識を捨てること、例えば「二次元平面で考えていたプロセスを、三次元空間に置き換えて、もう1つの要素を配慮する」といったことで、ある日突然ひらめくことになります。

図解には、このひらめきを誘発する効果があります。

戦略の基本フレーム

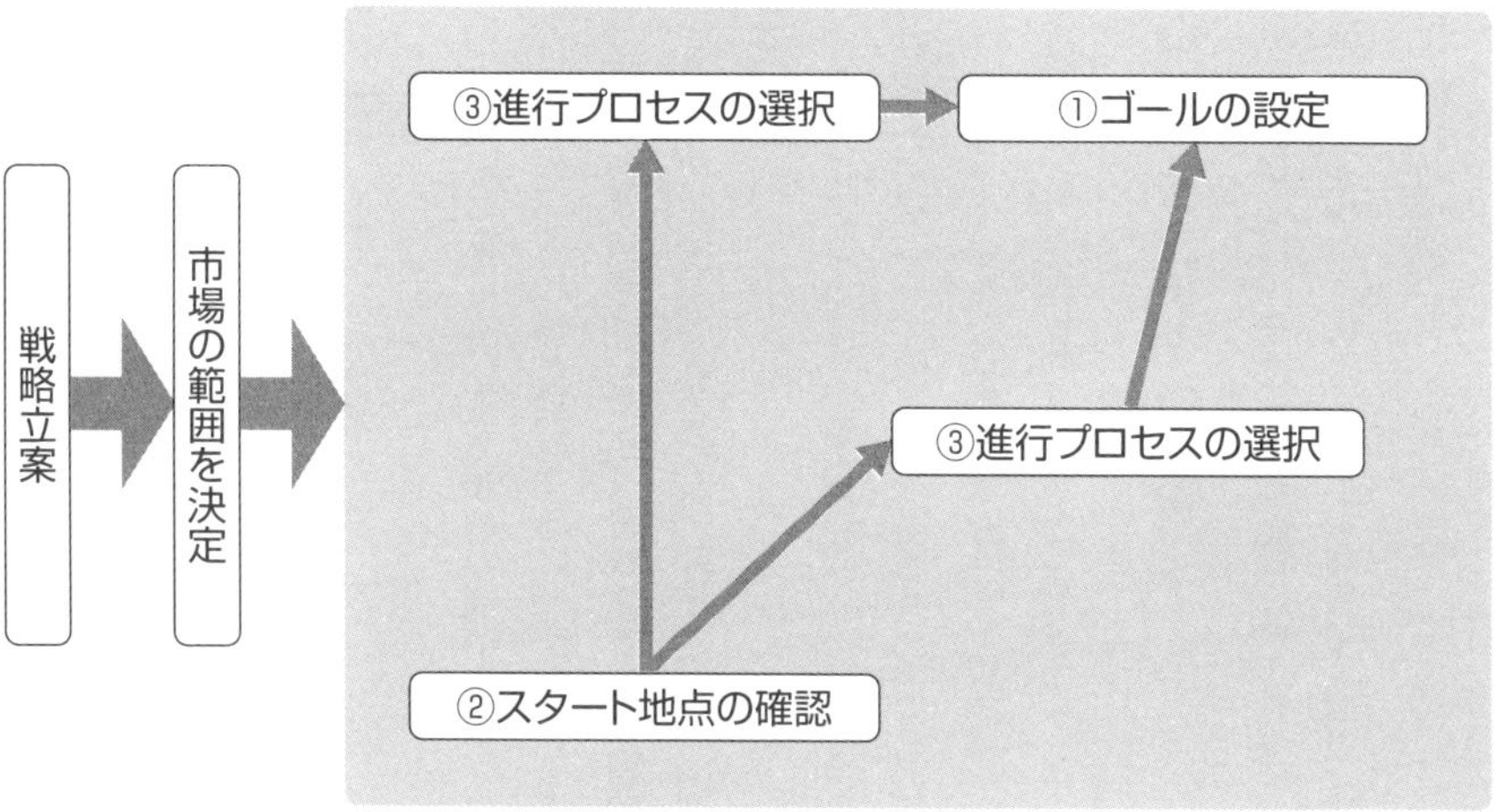
戦略立案
市場の範囲を決定
③進行プロセスの選択
①ゴールの設定
③進行プロセスの選択
②スタート地点の確認

※戦略の立案において何よりも重要で、最初にすべきことは「ゴールの設定」である。どこをゴールにするかによって、そこにたどりつく方法も異なってくるためだ。

Point **ゴールの設定**　戦略論のポイントは「ゴールの設定」に尽きる。そのゴールは夢や幻ではなく、市場や競合状況を把握した上で、「短期的には難しいけれども、長期的には必ず実現したい目標」として設定する。その上で、短期的な目標であるマイルストーンを設定することになる。

Section
4-3

共生時代の戦略論③

戦略に基づいて戦術を展開

できることから始めるのはビジネスの常道ですが、それでは飛躍はできません。コンサルタントに求められるのは大きな飛躍。その実現には、戦略に加えて戦術が必要です。

ビジョンを描く力

企業活動において、通常ならばビジョンは、できることから描き始めることになりがちです。ベンチャー企業の創業時ならいざしらず、組織がある程度の規模になれば、攻めの意識よりも守りの意識が勝るようになります。

しかし、実行計画を積み上げただけの計画は、戦略とはいいません。既存の概念に縛られてしまうと、目的そのものが、非常に常識的でつまらないものとなります。できることを積み上げた結果を語るなら、一般社員でもできることです。会社の経営者には、社員をわくわくさせるような夢を語るという仕事があります。

コンサルタントは外部の人間です。外部にいるということは、過去のしがらみから解き放たれた自由な発想ができるということ。そこでコンサルタントは、クライアントが本当は描きたいと思っていてなかなか形にできなかった目的=ビジョンを、ズバリと指摘することになります。このビジョンは、一度指摘されると、それまでは夢物語と見られていた事業も、「実現できるかもしれない」という気がしてきます。

そこでクライアントは、「その目的を実現するためには何を得ればよいか」、「その何かを得るためには何をすればよいか」というように、目的実現のステップを結果（将来）から現在に近づく方向に考えていくでしょう。

フロントランナーの自覚

コンサルタントは、その思考を経営陣と共有しながら、非現実的なゴールと現状のスタート地点を結ぶプロセスを考えることになります。

ここで、よくいわれるのが、**戦略**と**戦術**の区別です。

Term
フレキシブル　フレキシブルとは、物体にしなやかさや柔軟性があること。それを人間に当てはめて、順応性のある性格や精神を指す。また、組織や制度が融通のきくものであることを指す場合もある。

戦術は、具体的なプロセスにおいて、そのときどきの課題が出てきた場合に、**フレキシブル**＊に描く計画のことです。戦術立案の前提には、戦略が明確なことが挙げられます。戦略がなければ、戦術は立てられません。

また戦術は、決して逆算ではありません。緻密に積み上げて、しっかりと実行できる手段を考えます。戦略レベルでは荒唐無稽なゴールだったとしても、一生懸命に考え、議論した結果、実現可能な道筋が見つかることもあります。

一般的に日本企業は、戦術の立案は得意ですが、戦略性に欠けています。それは、長い間、キャッチアップという戦略で経営陣が動いてきたからです。

しかし、いまという時代は、もはや目的は自分で決めなければ、誰も教えてくれません。日本企業は、大小を問わず、すべてフロントランナーになってしまったのです。

そこで重要なことは、自分が勝負する市場を定め、そこでのゴールを決め、スタート地点を確認して、進むプロセスを逆算することです。

平成30年間で、日本は世界のトップの座から滑り落ちました。技術立国だったはずが、30年かけて魅力のない国になったのです。ただ、逆転の芽は残されています。コンサルタントの力で、日本を再生させましょう。

コンサルタント3原則

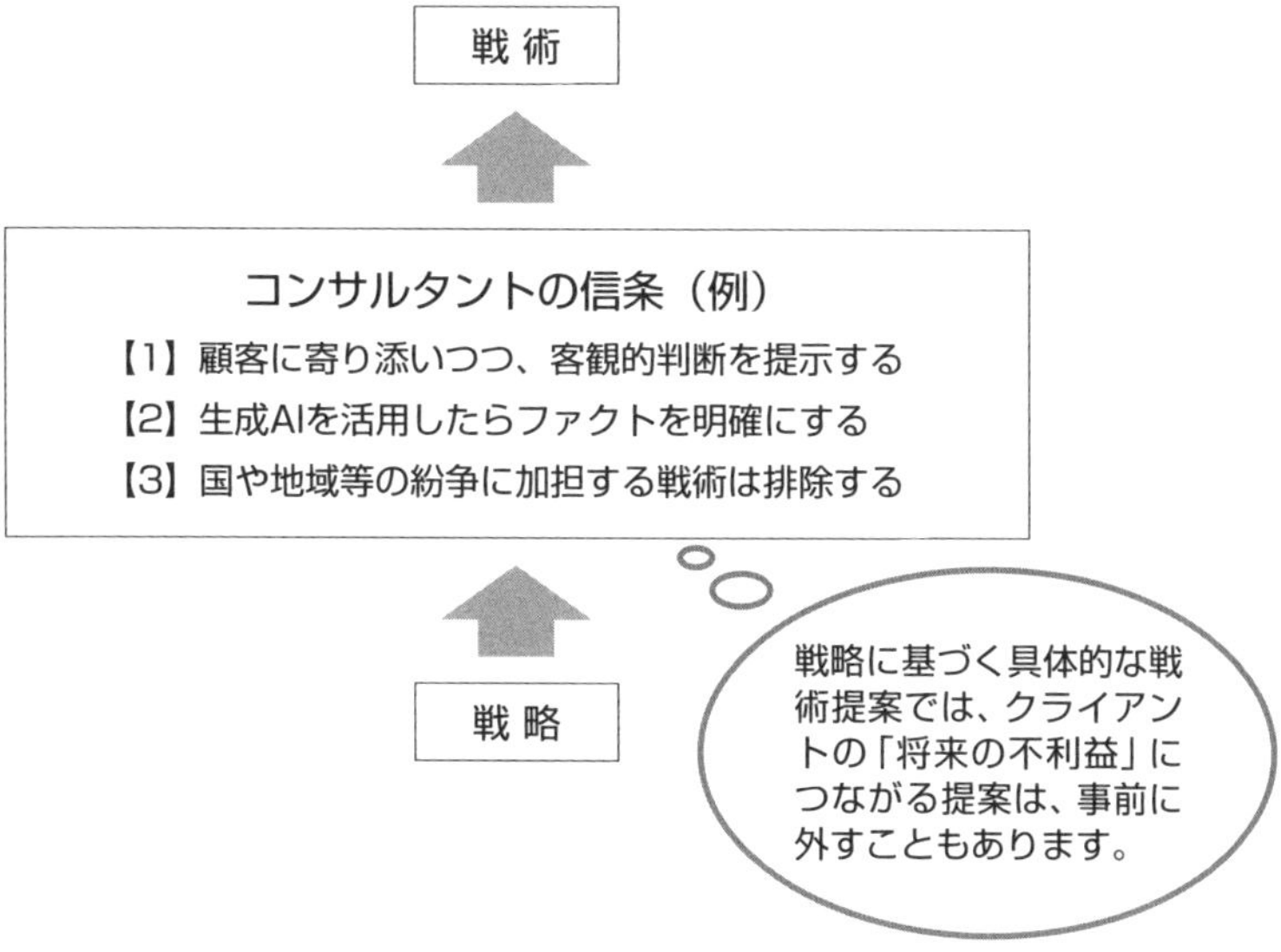
戦術
コンサルタントの信条（例）
【1】顧客に寄り添いつつ、客観的判断を提示する
【2】生成AIを活用したらファクトを明確にする
【3】国や地域等の紛争に加担する戦術は排除する
戦略
戦略に基づく具体的な戦術提案では、クライアントの「将来の不利益」につながる提案は、事前に外すこともあります。

Point
戦略あっての戦術　戦略と戦術の区別は難しい。戦略を実現するために立てる目標があり、それを実現するためには何をしたらいいかという具体的な行動が戦術になる。ただ、ビジネスを進めていると、いつしか戦術が目標になり、戦略に見えてくる。手段と目的を混同するのである。

Section
4-4 BPOの展開
共生時代の戦略論④

イノベーションが進む中、業務プロセスを外注するBPOの活用が経営課題に浮上しました。必要な業務をファームにアウトソーシングすることで対応していくのです。

■経営資源を強固にする

事業の**選択と集中***、経営の効率化が課題となる中、**アウトソーシング**が注目されています。コア・コンピタンス以外の業務、特に間接部門の業務は、アウトソーシングを戦略的に活用しようという動きです。中でも、業務プロセスの一部をアウトソースするものを**BPO（ビジネス・プロセス・アウトソーシング）**と呼んでいます。

単にコストダウンのために一部の業務を外部に委託するだけであれば、それはただの外注（業務代行）ですが、業務プロセスそのものを、まるで自社にあるのと同じように委託する場合は、そこに戦略性が入ってきます。

企業が成長し、競争優位に立つために、その部分をノウハウのある提携先にアウトソーシングすることで、自社の経営資源をより強固にし、コア・コンピタンスに集中させようという狙いです。

コンサルファーム自体、クライアントの業務プロセスの一部を戦略パートナーとして受託しますので、BPOを展開していることになります。戦略系ファームでも営業活動を一括受託すれば、これもBPOです。コンサルタントは、クライアントの経営戦略から導き出されるゴールを強く意識し、営業活動を行います。そこが、単なる外注との差になります。営業活動をアウトソースする場合、気になるのは顧客対応です。CRM（カスタマー・リレーションシップ・マネジメント）の要は顧客対応であり、そこにはプライバシー保護という大問題が生じています。

ChatGPTの時代になって、情報の真偽が見極めにくくなった今日、個人情報が守られているか否かは、企業活動の生命線として重大な役割を果たすことになります。大手企業でも、個人情報の漏えいや悪意のある転用が認められ

Term
選択と集中　80年代後半にGEが再生したのは、「選択と集中」の結果とされている。日本でも、とりわけ製造業で選択と集中が進んだ。その結果、必要な総合的技術についてもリストラがなされ、大手企業の「競争力」は低下することになる。選択と集中の結果、GEがメーカーではなくサービス業になった事実を想起すべきだろう。

たら存立基盤まで脅かされます。

AIが進化し、メタバースの時空間でビジネスが進むことになったとしても、ビジネスの中心が「人間」であることに変わりはないのですから、個人情報の保護は最優先課題として、真剣に取り組むことになります。そのマインドがあるからこそ、クライアントはコンサルファームの仕事に高いコストを支払うのです。

■個人情報の保護

2005年4月1日から「**個人情報保護法**」が実施されましたが、クライアントとしては、顧客情報が外部に漏れ、悪用されることがあってはなりません。それでいながら、情報を上手く活用して顧客満足と共に売上も伸ばしてほしいといった場合、その矛盾した状況にあって、無制限にアウトソーシングに頼って拡張するアライアンスは非常に危険。高度にコントロールされた組織が必要となります。

あらゆる業務がアウトソースの対象。しかも、それぞれに個人情報保護の課題が生まれるので、コンサルタントの活躍の機会が出てきます。個人情報保護法は、すべての事業者や組織が守るべき共通のルールで、2005年の成立以来、三度の大きな見直し改正が行われました。

日本における個人情報保護法の変遷

❶ 2015年改正法（2017年5月全面施行）

・取り扱う個人情報の数が5000人分以下の小規模事業者を対象化
・「匿名加工情報」に関する制度の創設
・国境を越えた域外適用と外国執行当局への情報提供に関する制度の整備
・外国にある第三者への個人データの提供に関する規定の整備
・個人情報保護委員会の新設

❷ 2020年改正法（2022年4月全面施行）

・保有個人データの利用停止・消去等の請求権の拡充
・漏えい等が発生した場合の個人情報保護委員会への報告および本人通知の義務化
・「仮名加工情報」に関する制度の創設
・不適正な方法により個人情報を利用してはならない旨を明確化
・データの提供先において個人データとなることが想定される「個人関連情報」について、第三者提供にあたっての本人同意が得られていること等の確認を義務付け

❸ 2021年改正法（2022年4月一部施行、地方公共団体などに関する部分は2023年4月施行）

・これまで別々に定められていた民間事業者、国の行政機関、独立行政法人等、地方公共団体の機関および地方独立行政法人のルールを集約・一体化するため、行政機関個人情報保護法、独立行政法人等個人情報保護法が個人情報保護法に統合されると共に、地方公共団体の個人情報保護制度についてもこれに統合され、個人情報保護に関する全国的な共通ルールが定められた

※出典：政府広報オンライン

Section
4-5
共生時代の戦略論⑤
経営刷新をしなければ生き残れない

クライアントの多くは、コストダウンはもとよりリストラも済ませています。さらに手を打つことになると乾いたタオルを絞る形になり、大きな効果は期待できません。

■賢いBPOを目指す

変化の激しい市場環境にあって、クライアントは何をすれば経営刷新となるのでしょうか。それは、端的にいえば**戦略的アライアンス**しかありません。自社の力だけでは、いくら死力を尽くしても限界があります。

欧米流にいえば**M&A**という手法もありますが、日本企業としては、同じ目的を持って動けるパートナーを探して、提携するほかありません。特に新しいアイデアやシステムを持った企業と提携することが、自社の弱みを補い、強みをさらに補強する手段となります。

これからの企業は、自らの業務を**BPO**として戦略パートナー企業に任せながら、自らも他社のBPO先として戦略パートナーになるという道を模索することになります。

特に、営業、コールセンター、発注、在庫管理、物流、ITの安全稼働の確認、セキュリティ、メンテナンスなどについては、自社で揃えるよりも、BPOとして他社をフル活用したほうが効果的な場合が多々あります。

■信頼関係こそ命綱

これまでの企業は、大きいことはいいことだとばかりに、売上を伸ばし、従業員数を拡大し、市場拡大に努めました。しかし､最近の流行は社員数に上限を設ける「**持たざる経営**」となっています。

政府も企業も、大きな組織では、変化の激しい市場に対応することができなくなっているのです。BPOとして提携しておけば、最悪の場合にはBPO契約を解消することで本体への影響を避けることができます。ITシステムも、自社で導入してもすぐ陳腐化しますが､ASP（アプリケーションサービスプロバイダ）の活用で、常に新しいシステ

Term
マルウェア　不正かつ有害な動作を行う意図で作成された悪意のあるソフトウェアや悪質なコードの総称。ウイルス、ワーム、トロイの木馬、スパイウェア、キーロガー、バックドア、ボットなど、多種多様なタイプがある。

ムを使って業務を推進することができます。

BPOで一番怖いのはセキュリティ問題です。個人で使うパソコンがウイルスに汚染されれば、そのパソコンを破棄すれば済みますが、社員全員がスマホやタブレット端末を介してウェブにつながっている今日、たった一人の社員の油断で、会社存続まで脅かされる時代になっています。

特に問題なのは、多様化・巧妙化している**マルウェア***と呼ばれるタイプの攻撃です。

マルウェアは「トロイの木馬」や「スパイウェア」などに分類されますが、企業がDXを進めた結果、オンラインバンキングも当たり前の時代となり、不正送金やシステムへの不正侵入に使われるようなタイプの攻撃も増えてきました。ある日突然、会社の基幹システムが乗っ取られ、暗号化されて社員が使えなくなり、「暗号によるシステムダウンを復元したければ身代金を支払え」などという脅迫文が送られてきます。こうなれば、専門家と共に警察にも相談し、対処しなければなりません。

このマルウェアの感染経路は「電子メール」「ウェブ」「記憶媒体」などになります。いずれもDX推進ツールでもあり、セキュリティを万全に整えながら、仕事や会社を守るすべを持たなければなりません。

社内にも目配り

セキュリティでは、外部攻撃に対処できたとしても、内部から情報漏えいがなされるケースも少なくありません。社外からの攻撃に備えるだけでなく、社内で不満を持つ人間などによる不正行為にも備えなければなりません。

特に、退職した社員が社外秘のデータを持ち去るケースもあり、データ漏えい対策として会社の仕組みそのものを変える必要も出てきます。

BPO で最大の課題は、相手先との信頼関係の構築となります。

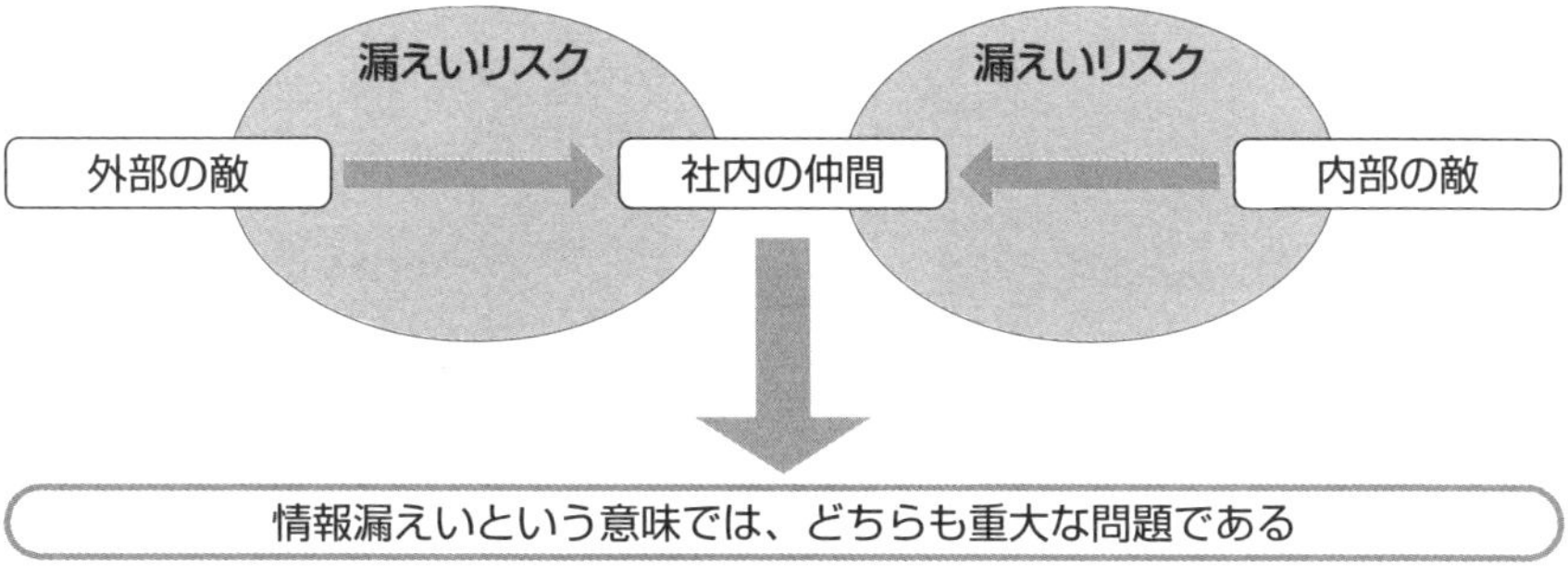
漏えいリスク
漏えいリスク
外部の敵
社内の仲間
内部の敵
情報漏えいという意味では、どちらも重大な問題である

Point

リスク分散　リスクは、なるべく減らしたほうがいい。しかし、減らしにくいからリスクとなっているので、減らすには大きな労力が必要になる。そこで経営者は、リスクそのものを減らすのではなく、リスクを要素に分解し、分散して管理することを考える。

Section
4-6 パラダイムシフト
DX時代の到来①

IoTは、産業構造を大きく変えます。変化するとき、既存路線で追随する場合と、変化を逆用して主体的に変革する場合とでは、その産業構造は大きく異なってきます。

■現状放置と変革のシナリオ

経済産業省では「**新産業構造ビジョン**」の中で現状放置シナリオに言及しています。

データ利活用において、島国である日本の各企業を成長させてきた系列や業種の壁が温存され、日本企業の得意とする自前主義が温存された場合、**IoT**を動かすデータのプラットフォームを海外企業に依存しているためにわが国の産業が世界の下請けになり、ジリ貧の状態が続く――と結論づけています。そこでは中間層の崩壊と二極化が進展し、一億総中流といわれた日本社会の平等感覚は失われます。

変革のシナリオでは、AI等の技術革新が進みます。そこでデータを活かした新たな需要の発掘と獲得に積極的に取り組むためには、企業や系列の壁を越えたデータプラットフォームの形成が必要となります。

それに加えて、これまでの閉鎖的な市場を確保するのではなく、柔軟な労働市場を実現し、外国人の活用も進むことで産業の新陳代謝が進みます。その結果、新たなサービス・製品創出による社会課題の解決、グローバルな市場・付加価値の獲得により、ソフトも含めた**破壊的イノベーション***から新たなビジネスのデザインが生まれます。

これらを総合的に判断すれば、DX推進前とあとでは、産業構造そのものが変化する**パラダイムシフト**が起きていると判断することができます。

■IoTとコンサルタント

IoTは、「あらゆるモノがインターネットによって紐《ひも》づけられてビッグデータとして把握できる」状態を示しています。そのポイントは「AIでできることはAIに任せる」という姿勢。それゆえ各企業は「人しかできないこと」と「機

Term
破壊的イノベーション　故クレイトン・クリステンセン（ハーバードビジネススクール教授）が著書『イノベーションのジレンマ』で提唱したモデルの1つ。既存事業の安定した状況を打破し、その事業の業界構造そのものを激変させること。

械に任せたほうがいい仕事」の区分けが必要です。

この区分け作業も、コンサル会社に任せたい業務となります。というのも、自社の人材を客観的に調査分析する仕事は、自社スタッフでは難しく、できたとしても公平性や有効性の点で疑問があるからです。

また、IoTによってビジネスチャンスが生まれる「下地」ができたとしても、それを具体的なビジネスの展開につなげるには、相応のビジネス感覚と戦略立案能力が必要になります。IoTの仕掛けを他社に先駆けて実行し、利益を得るには非常に難解な経営判断が必要なのです。

しかも、IoTのプラットフォームであるインターネットの覇者はグーグル、アマゾン、アップルなどの巨大なグローバル企業。それゆえ、コラボする場合も契約締結など難しい手続きが不可欠となります。その意味でも、弁護士や弁理士、会計士に業務を依頼するように、当たり前にコンサルタントを活用する時代です。この状態は、コンサルタントを抱えるファームには大きなビジネスチャンスです。コンサルタントは、これまでクライアントの利益を最大化することで、その対価を得ていました。これからは、ファーム自らがプレイヤーとして表舞台に登場し、新たな価値を生み出す時代になるかもしれません。

同じゴールを向いているか

パラダイムシフトの時代は、クライアントの社内にイノベーションに対応する部署をつくって変化に対応することになります。このときにありがちなのが、通常業務をしている既存の部署と、特別な業務をしている新規の部署とのせめぎ合いが起きることです。パラダイムが変わると、利益構造も変わりますので、社内で「利益相反」になることも。そんな場合は、ジョイントベンチャーなどの別会社をつくってチャレンジすることになります。ここもまた、コンサルファームの活躍の舞台です。

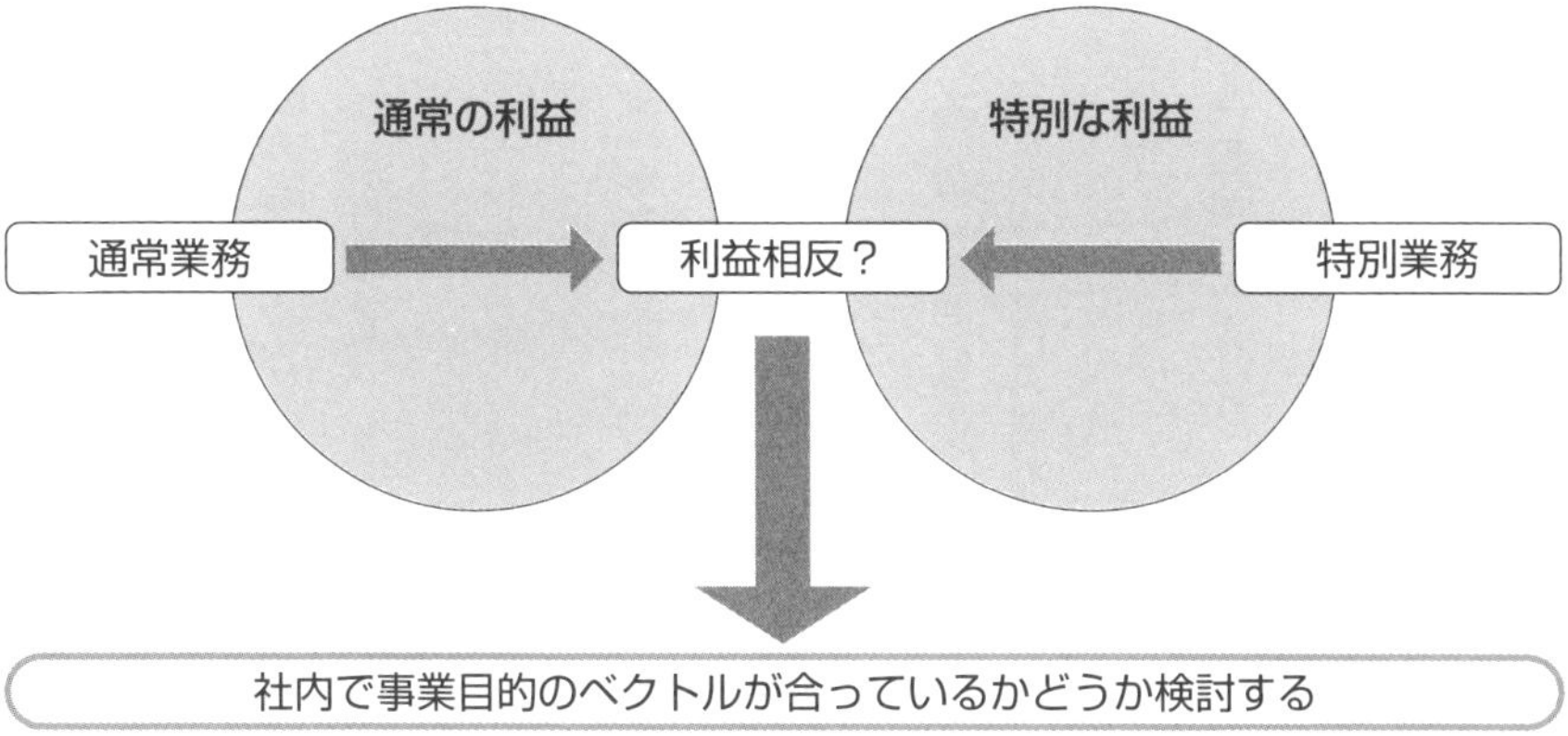

Section

4-7 四次元の経済学

DX時代の到来②

第四次産業革命では、経営資源「ヒト・モノ・カネ・情報」における変革の集大成である「ヒト」の利活用にメスが入ります。その変革を支えるのは「四次元の経済学」となります。

経済学も新たなステージに

ビジネスの本質が、最終的には「リアル世界で生きている80億人の幸せを実現するためにある」とした場合、そこで展開される経済学も、最終的にはリアル世界での行動原理を示すものでなければなりません。第四次産業革命を支える技術革新は「IoT」「**ビッグデータ**＊」「AI」など、すべてデジタル化したサイバー空間で実現したものを、リアル世界に「移し替える」ことで成立しています。

ここで重要なのは、「サイバー空間で成立していたことが、リアル世界では必ずしも通用しない」こと。むしろ「サイバー空間での結論は、そのままではリアル世界での応用がきかない」と認識しておいたほうがいいという点です。

第四次産業革命の時代には、それまでの時代に合った経済学とは別の視点で、サイバー空間とリアル世界との「変換の方程式」に当たる理論が必要になります。それが**四次元の経済学**となります。

サイバー空間で得られた結論を、そのままの形でリアル世界に落とし込んでも、リアルな生活者の「心」に触れることはできません。サイバー空間が、人間の五感に落とし込まれたときに、どんな反応につながるのか。それを身体的な生物的特性だけでなく、人間の心理的な側面まで含めてとらえ、理解し、行動する、というアナログ的な感性が求められることになります。

コンサルタントの存在意義

リアル世界は四次元の時空で成り立っています。それをビジネスの視点でとらえ直すと、一次元は「直線」の関係。供給者と顧客とは一対一の関係にあり、顧客接点が重視されます。顧客接点はロボットでの代替も可能ですが、訓練

ビッグデータ　ビッグデータ（Big data）とは、大量かつ多種多様なデータのことで、そこにはVolume（量）、Variety（種類）、Velocity（速度）、Veracity（正確性）、Value（価値）が大きいという特徴がある。

された生身の人間のほうがクオリティが高い。すなわち、ビジネスのキモとして人間力を活用することになります。

二次元は「平面」で、地域性がポイントになります。一人ひとりの生活者は、地域の影響を受けています。その地域をフル活用するのが二次元の経済学です。エリアマーケティングは、今日でも魅力的な手法となります。

三次元は「空間」の関係です。グローバル経済が発達した今日、二次元では実現しなかったビジネスの仕掛けも、三次元でとらえると成立します。その延長に、四次元の経済学があります。

第四次産業革命では、IoTやAIをフル活用したプラットフォーム・ビジネスが進行していきます。そこでは製造現場の構造が変わり、一人ひとりの顧客ニーズをダイレクトに製品化する一品生産の同時多発展開が実現します。

そんな時代でも、コンサル業界は不滅です。なぜなら、企業は四次元の経済学という新しいルールによるビジネス展開に対応する必要があり、コンサルタントの手を借りることになるからです。特に四次元の経済では「時間」「情報」が軸となり、ICTに強いコンサルタントがいなければ、とても自社内で道を切り開くことはできません。それゆえ、コンサルタントが存在感を示すことになります。

四次元の経済学

①一次元の経済学

・一次元のビジネスは、商店の商売。どんなにIT時代が進んでも、最終的な商売としては必ず「一対一」になり、ワン・ツー・ワン・マーケティングが成立している。
・この原点を忘れると四次元の経済学は成立しない。

▼

②二次元の経済学

・一次元の経済学では、常に「一対一で競って、強いほうが勝つ」ことに決まっているが、二次元の経済学では、一対一では負けても総合力で勝つ場合が出てくる。専門店がスーパーやデパートに負けるのはその理由。

▼

③三次元の経済学

・二次元の経済学では、日本だけのことを考えていれば済んだ。三次元の経済学では、グローバルな視点が求められる。二次元の経済学では解決できなかったコスト問題が、外国市場を使うことによって解決する。

▼

④四次元の経済学

・三次元の経済学ではグローバル化が進んだが、そこでポイントになったのが「どこに安いコストの材料があるか」という「情報」であり、それを仕入れる「時間」だった。市場は、四次元の経済を求めていた。

Section
4-8 DX時代の到来③
第四次産業革命を生き抜く知恵

四次元の経済学におけるコンサルテーマの1つは、第四次産業革命に対する経営指南。変化の渦中にいる顧客企業内のブレーンの市場分析を支援する業務となります。

■ICTはコンサルを引き寄せる

他業界動向やライバル動向などを、より大きな視点から多角的に分析し、提言するコンサルタントの存在が不可欠となります。また、新ニーズとして「サイバー空間」と「リアル世界」との変換方程式を解く仕事が発生します。

これまでのICT化では、サイバー空間の構築が主たるテーマであり、新たなシステムを組み、課題を解決する道筋を立てれば業務が終了しました。あとのプロセスは個々の企業の力量に左右されるので、コンサルも「助言」にとどまっていました。これからは、システムを組んで一部の課題を解決するだけではビジネスを成功に導けません。

■成果をリアル社会につなぐ

情報化は、第四次産業革命においても引き続き進展していきます。それゆえ、情報化への対応が大きなコンサルテーマだと勘違いする企業経営者も出てきます。しかし、ビジネスの「現場」はすべてリアル世界での出来事。サイバー空間のシミュレーション*でどんなに「成功」しても、最終的にアナログである人間がジャッジする商品・サービスは、サイバー空間で得られる結論と同じは限りません。むしろ「別物」として考えるのが自然です。

そこに、コンサル業界のノウハウが効果を発揮します。サイバー空間の結論が意味するところを正しく読み解けなければ、経営のかじをとることはできません。リアル世界で働く人々も、サイバー空間にはない「感性」に訴える経営があってこそ、働くモチベーションが生まれるのです。すなわち、コンサルの大きな役割は「サイバー空間で得た結論をリアル世界につなぐ方程式を解く」ことになります。

Term
シミュレーション 現実には実験するのが難しいことについて、想定する場面を再現したモデルを用いて分析すること。今日ではコンピュータを用いる場合が多い。また、何かを行うのに備え、事前に似た状況で行う訓練なども指す。

■パラダイムシフトと四次元の経済学

2016年以降、世界経済は5つの打撃を受け、本書執筆時点では、第6の打撃としてパラダイムシフトへの対応に追われています。「時間」軸で考えてみましょう。

第1の波「**DX Shock**」は、2025年の崖を乗り切るためのデジタル化による改革を説きましたので、少なくとも10年間は持続するものでした。

第2の波「**Sustainability & Climate Shock**」で最大の課題となっているのが気候変動リスクへの対応ですが、これは100年単位の変化を想定するもの。2030年に一応の区切りが来ますが、その後も持続します。

第3の波である「**Pandemic Shock**」による経済閉鎖はほぼ終わりましたが、コロナ禍が収束しているとする見方は拙速です。地球温暖化により地表に出てきたグリーンランド古代層に眠っていた超新型コロナウイルスの感染症患者が発見されると、私たちは2020年から始まったパンデミックが予行演習と気づかされるかもしれません。

いたずらに不安をあおる必要はないものの、少なくともパンデミックが終わったと安心して、科学技術の極みであるワクチン開発の手を緩めることは許されません。

世界を襲った激震の結果

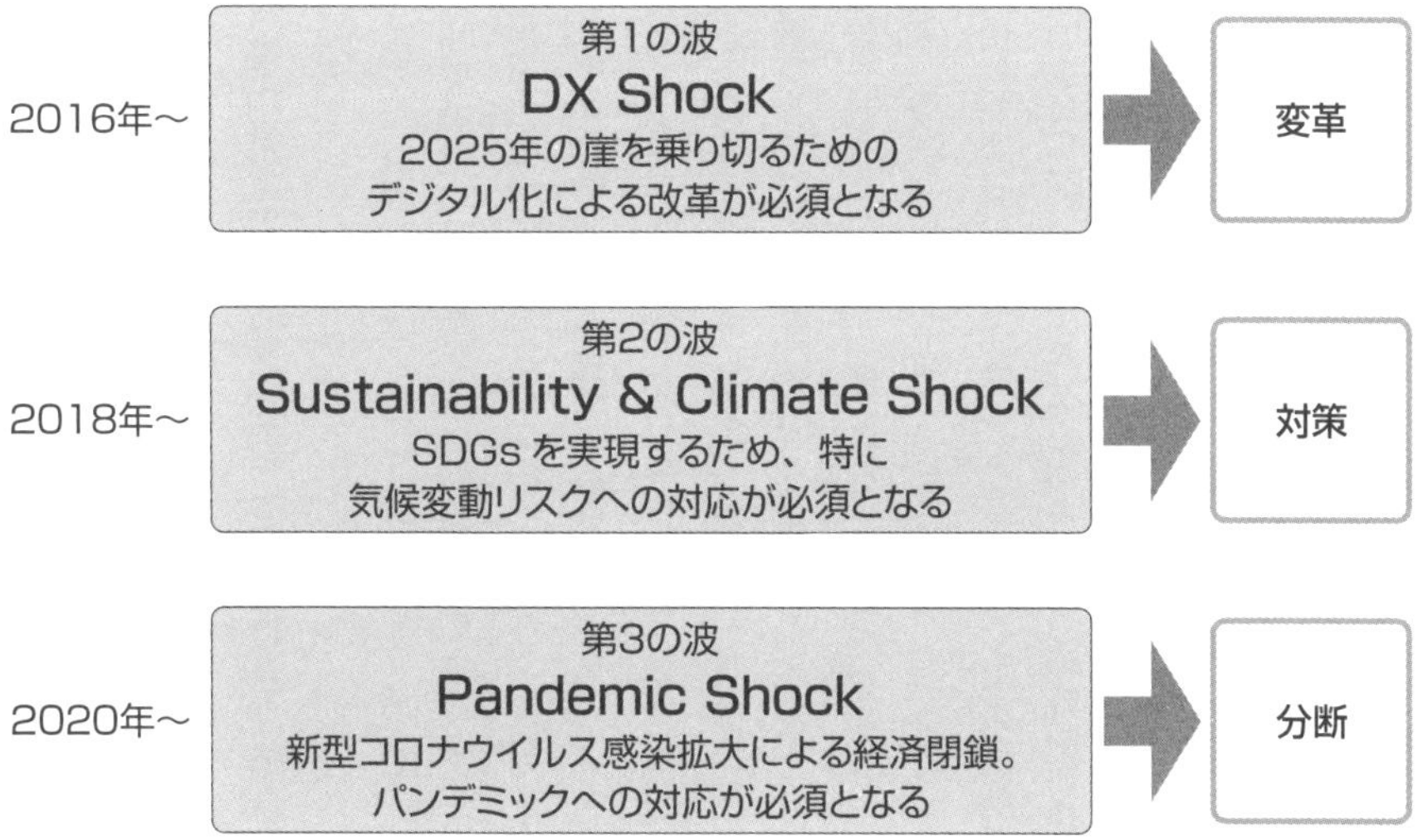
2016年〜
第1の波
DX Shock
2025年の崖を乗り切るための
デジタル化による改革が必須となる
変革
2018年〜
第2の波
Sustainability & Climate Shock
SDGsを実現するため、特に
気候変動リスクへの対応が必須となる
対策
2020年〜
第3の波
Pandemic Shock
新型コロナウイルス感染拡大による経済閉鎖。
パンデミックへの対応が必須となる
分断

Point

地球が危ない　DXは先進国の企業に「変革」を迫ったが、SDGsの視点で見ると地球の未来そのものの危機が露呈し、世界共通の「対策」が必要となった。しかしパンデミックにより、ワクチン先進国とワクチン後進国が再び「分断」されてしまった。

Section
4-9 DX時代の到来④
三次元では変革できない

パンデミック＊の対応に追われながら、コロナ禍も収束が見えてきた矢先のこと、２０２２年３月、ロシアによるウクライナ侵略という衝撃が走りました。

■第４、そして第５の衝撃

第４の波「**Ukraine Shock**」では、残念ながらロシアによるウクライナへの侵略は本書執筆時点でも終わっていません。この侵略は、２０１４年のクリミア半島侵略の続編のようですが、改めて世界が分断されていることが明確となり、**欲望資本主義**と独裁資本主義の戦いが始まりました。

ここで欲望資本主義とは、自由経済に任せた結果、一部の富裕層だけが科学技術の進歩の恩恵を受け、自らの欲望を満たすことを目的にビジネスを展開することです。地球全体、人類全体を考える思考回路がない人々です。

ネット上のデマやフェイクニュース、利害関係のある同業他社の送り出した医師や学者の「警鐘」も影響して、世界は分断されました。

戦争が長期化し、世界を統一的に平和に導くはずの国連安保理が「何の役にも立たない」状況は、少なくとも２０２５年まで続くという見解もあります。

また、ウクライナに平和が訪れたとしても、復興には20年、30年という時間が必要になります。破壊するのは簡単ですが、再構築するには長い時間とコストがかかります。しかも戦争で失われた命は、二度と戻ることはありません。戦争は、決して始めてはいけなかったのです。

民間企業も新しい国際秩序のもとでのビジネス活動を模索していましたが、米国中心のＩＣＴ企業の「外側」から、第５の波「**Generative AI Shock**」がやってきました。

ここでコンサル業界にとって重要なことは、２０２３年に始まる第５の波による仕事の中身の点検や変革は、コンサル業界にも求められていたということです。

第１の波も、その後の波も、すべて優等生として乗り切り、

Term
パンデミック　特定の区域・集団で感染症の症例が増大し、人的被害が拡大して社会経済への影響が大きくなっている状態のこと。一般に、複数の国にまたがって広がる。

逆にチャンスに変換したコンサル業界でしたが、第5の波は自らの業務の総点検を強いられるものでした。

5つの波は持続している

2016年以降、世界経済は5つの激震を経験しましたが、その影響はしばらくは続くとみられています。

DXも、新型コロナウイルス対策も、SDGsも、ロシアによるウクライナへの侵略も、生成AIへの対応も、いずれも一過性の出来事ではありません。それらの打撃は世界規模であり、どれも数年で消える小波ではありません。

ここで独立行政法人情報処理推進機構発刊のDX白書2023のデータを見ていきましょう。

DX白書2023には、【外部環境変化への機会と認識】という興味深いデータがありました（次ページのグラフを参照）。本書で取り上げた6つの波について、日米企業の「意識」を比較したものです。

6つの波のいずれについても、「対応している」割合は米国企業のほうが高くなっています。逆に見れば、対応が遅れている日本ではコンサルファームのチャンスは続くことになります。

激変の潮流

【2016年～】第1の波 **DX**	→	【技術の発展】 **DXによる社会全体の変革**
【2018年～】第2の波 **Sustainability & Climate**	→	【SDGs】 **特に気候変動による自然災害**
【2020年～】第3の波 **Pandemic**	→	【パンデミック】 **コロナ禍での経済封鎖**
【2022年～】第4の波 **Ukraine & Gaza**	→	【地政学的リスク】 **ウクライナやガザ地区の悲劇**
【2023年～】第5の波 **Generative AI**	→	【プライバシー規制】 **生成AIによる脅威**
【2025年～】第6の波 **Paradigm**	→	【ディスラプターの出現】 **パラダイムシフト**

Point **四次元に生きる**　私たちは、空間に時間を加えた四次元の世界で生活し、ビジネスを展開している。ところが、AIが支配統合するメタバースなどのサイバー空間には「時間の矢」がない。それが、リアルな世界との決定的な違いだ。

世界を襲った激震の結果

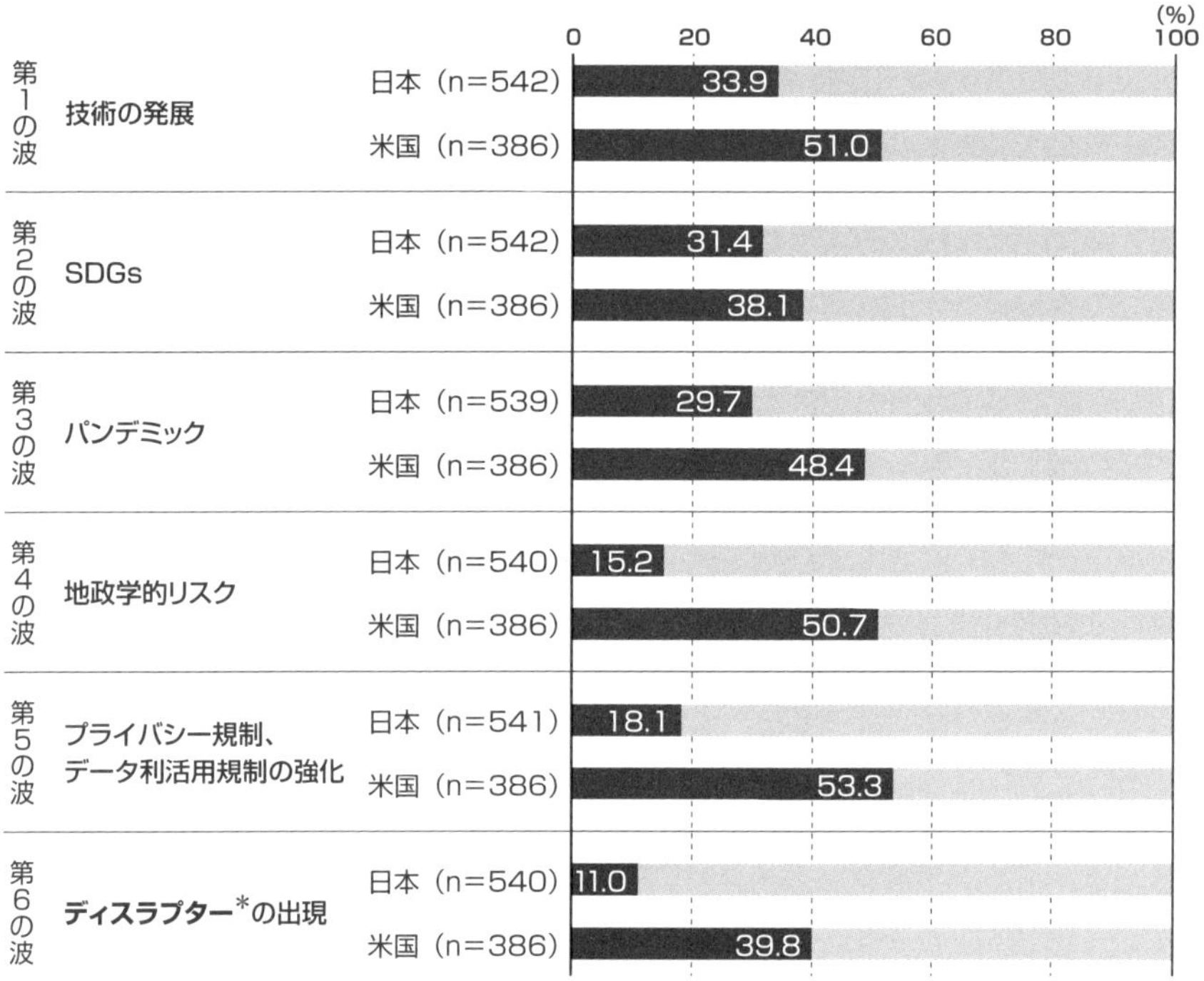

(%)
0
20
40
60
80
100
第1の波
技術の発展
日本（n=542）
33.9
米国（n=386）
51.0
第2の波
SDGs
日本（n=542）
31.4
米国（n=386）
38.1
第3の波
パンデミック
日本（n=539）
29.7
米国（n=386）
48.4
第4の波
地政学的リスク
日本（n=540）
15.2
米国（n=386）
50.7
第5の波
プライバシー規制、
データ利活用規制の強化
日本（n=541）
18.1
米国（n=386）
53.3
第6の波
ディスラプター*の出現
日本（n=540）
11.0
米国（n=386）
39.8

※「非常に強い影響があり、ビジネスを変革させ最優先で影響に対応している」と「強い影響があり、ビジネスを変革させ影響に対応している」の回答の合計値（単位：%）。

※出典：独立行政法人情報処理推進機構「DX 白書 2023」

コンサルの目

自力と他力

コンサルタントは、課題に対する解決策として、クライアントが自力で対処すべき課題と、自力では解決できない課題に分けて考えます。クライアントは「自分で何でもできるし、やるべきだ」と考えたいので、ついつい「他力」に頼るべきことも自力で対処し、結果としてコスパもタイパも著しく損ねてしまうことがあります。もちろん、自力ですべきところを他力のみに頼っていてはビジネスとしての価値創造がなくなってしまいます。要は「自力と他力を意識して使い分けること」が求められているのです。ところが、そのためには事業を客観的な目で広く俯瞰しなければなりません。そこにコンサルタントが関わってくるのです。　（廣川州伸）

Term

ディスラプター　デジタルテクノロジーを活用し、既存のビジネスモデルを破壊するプレイヤー。タクシーの利用形態を変革したUber、民泊のAirbnb、音楽ストリーミングのSpotifyなどがある。

観光業DXは成功できるか

Column

筆者は、2022年12月に『改革・改善のための戦略デザイン 観光業DX』（秀和システム）を発刊させていただきました。その関係で、コロナ禍が収まり、中国以外の多くのインバウンド（外国人観光客）が戻りつつある観光地に行き、旧知の観光業界方たちとの交流を復活させています。本のチカラは、本当に大きいと思います。

コロナ禍で観光業が停滞していた時期、世界各国の富裕層ないしプチ富裕層が「アフターコロナで行きたい国」の筆頭に日本を挙げていました。自然・文化・社会的安定・交通宿泊インフラの整備などに加え、親切な人々が「おもてなし」をしてくれる日本の人気は健在でした。

ただ「DX」となると、日本は中途半端なデジタル化にとどまっています。例えばインバウンドへの対応にスマホを活用すれば、人気観光地の分散化を図り、コロナ禍前のようにオーバーツーリズムで不評になることは避けられます。しかし現実を見れば、DXが進んでいないのは明白です。

都市部に限らず、電車に乗れば8割の人がスマホをいじる日本ですが、その多くはSNSのチェックやゲーム、投稿動画での時間つぶし。スマホのセンサーやネットワークを活用すればインバウンドのおもてなしもできるはずですが、そのようなアプリも登場しません。

思うに日本人は、もともと電車に乗っている時間も「公」としての自分を意識してきました。個人のための時間だけではなく、誰かのために自分の時間を使うことを「是」としてきました。ところが、電車の中でスマホをいじるとき、多くの人は「自分モード」に入っています。

例えば、混雑している車内の座席で、足を組む人、化粧をする人、大音量で音楽を聴く人……そのような人が多数派の「場」は、居心地がよくありません。外国人観光客のみなさんも、「これが本当に、サッカーの試合後にゴミ拾いをしていく日本人か」と、戸惑っているかもしれません。

私たちは自分の利になるDXは得意ですが、みんなの利になるDXも進める必要があるのではないでしょうか。

◀『改革・改善のための戦略デザイン 観光業DX』

Column 個人の信用価値

現在、コンサルタントとして活躍されている方々には、様々なタイプの人がいます。その区分けも様々ですが、例えばクライアントの事業規模により、大手企業中心と中堅・中小企業中心に分けられます。

筆者は、従業員数名の中小から100名を超える中堅、そしてプライム市場に上場している大手と、様々な規模のクライアントと仕事をさせていただきました。その経験を踏まえて仕事を振り返っておきましょう。

筆者が独立してコンセプトデザイン研究所を立ち上げたのは1997年4月。メインクライアントに新興航空機会社を予定していましたが、運輸省の認可が得られず、コンサルの仕事は消えました。そのとき友人の中小事業主から「時間があるならコンサルして」と頼まれたのです。ありがたいことで、週に2日通って1カ月で新規事業計画書を作成し、公的な補助金500万円の獲得に成功しました。前職ならタイムチャージ50万円で受けていた仕事です。

居酒屋で飲みながら「先生への謝金はいくらにしたらいいですか？」と聞かれたので、筆者は指5本をかざして「これでいかがでしょう」と伝えました。「いいの？　助かった。すぐに振り込みます」と言われて振り込まれた金額は5万円でした。

その話を友人のコンサルタントにすると、当時の相場を教えてくれました。中小企業の場合、月額5万円は「相当」です。それ以上支払ってほしければ、クライアントの規模を変えるしかないというのです。そういえば、筆者が懇意にしていた大学教授は、中小企業の顧問先を10社以上抱えていましたが、やはり1社当たり月額5万円。それが当時の相場だったのです。

筆者は、独立したら中堅・中小企業を支援したいと考えていました。その場合でもコンサルフィーが直接もらえるので「儲かる」と考えていたのですが、甘かったわけです。

大手のコンサルファームに500万円を支払う仕事の場合でも、独立したコンサルタントは50万円しかもらえないことになります。そこで頭を切り替え、大手家電メーカーの事業部長に仕事をもらいに行きました。代理店経由で500万円をもらい、15%を代理店に戻せば425万円の売上。とても助かりました。

コンサルタントはファームに守られています。特に、著名なコンサルファームから独立するときには、仕事を継続できても受注額は変わってくるはず。コンサルタントは信用をもって価値創造をしていますが、独立すればコンサルタント個人の信用しかありません。筆者の場合、独立当初は5万円の価値しかなかったのですが、逆に見れば、個人で5万円も稼げたと喜ぶこともできたのです。

これからコンサルタントになりたいというみなさんは、コンサルファームにいるうちに自らの信用価値を冷静に判断する必要があります。

第5章

コンサルファームの実態

　これまでコンサルファームは、それぞれの出自により「会計系」「戦略系」「ICT 系」「シンクタンク系」「中小企業系」などと分類されてきました。しかし、それらのレッテルはコンサルファーム自身が貼ったものではなく、便宜上、分類していたものでした。

　市場の変化が激しく、デジタル化が画期的に進んできた今日、その分類も、あまり意味をなさなくなりました。

　多くの企業が、事業規模は別として「総合系コンサルファーム」に向かい、2023 年 12 月現在、それぞれのファームが「変革の途上」にある状態だからです。

　本書でも、旧版ではファームを分類して紹介していましたが、今回の第 5 版ではレッテルをはがすことにしました。第 2 章で取り上げたアクセンチュアや DX 系の 4 社は別として、この章では筆者が気になったファームを順不同で紹介しています。

　今日、企業データはインターネット経由で入手できます。本書に掲載した情報は、各ファームのホームページをもとに筆者が特記事項をまとめたもので、2023 年 12 月現在のデータをベースにしています。コンサル業界に本気で関わりたくなったら、ぜひ、ご自分で最新の情報を確認してください。

Section

5-1 ボーダーレスに拡大中

コンサルファームの分類①

コンサル業界には多種多様なファームがあり、スタイルや方法論、必要な資質やスキルも違います。「総合系」「戦略系」といった分類はあれど、仕事の境界はなくなりつつあります。

■コンサルファームの分類

かつては、**コンサルファーム**別に明確な特色があり、それを「売り」にしてクライアントを集めていましたが、最近では得意領域が重なり合い、混在化する傾向にあります。

その理由の1つに、市場が固定化していないことが挙げられます。日々進化し、既存の方法ではとらえにくくなる事業環境にあるクライアントは、戦略だけが欲しいわけでも、ICTだけが欲しいわけでもなく、総合的に「現状を乗り切るための支援」を求めているのです。

そのため、かつて戦略系ファームといわれた会社といえども、当然ながらグローバルな会計基準に合わせたコンサルテーションを実施しなければなりませんし、業務革新やDX推進のためにはIT系のSI（システムインテグレーション）も実施します。

逆にIT系ファームでも、戦略性のないITシステム構築はナンセンスですし、特化系といえども、最近では守備範囲を広げて得意ジャンルを増やす傾向にあります。そのため、盛んにアライアンス（提携）やM&A（吸収合併）が行われているのです。

■コンシェルジュが欲しい

クライアントが、パートナーとしてコンサルファームを選ぶ場合には、相手がどのようなジャンルが得意なのかをよく見極める必要があります。**戦略系ファーム**に期待するのは、やはり経営戦略を深めることが中心となります。収益性を改善したり、コスト削減の具体的な手順を知ることや、収益を上げるための組織体系の刷新は、**会計系ファーム**が得意です。また、思い切って業務システム全体のIT化に取り組む場合には**IT系ファーム**ですし、コーポレー

Term

コンシェルジュ　フランス語で門番・守衛を意味した言葉だが、ホテル業務では「顧客に従う人」として定着。館内の案内はもとより、近隣観光、レストラン、劇場、航空機や鉄道の切符手配、タクシー、レンタカー、通訳などの手配や紹介まで、様々なサービスや情報を提供する。

ト・ガバナンスの課題の解決といった明確な特殊性がある場合には**特化系ファーム**がよいでしょう。

本来は、クライアントに最適なコンサルファームを探して紹介するというコンシェルジュ＊の役割ができるコンサルタントが必要なのですが、残念ながら、それができる人材は多くありません。

国内系ファームの中で、個人的に世話になっているコンサルタントに相談するのが手っ取り早い方法ですが、得てして「その課題なら当社で対応させてください」ということになっていきます。コンサルタントは、クオリティが高くなればなるほど、パートナーとして自社の利益を中心に考えます。目の前にチャンスがあれば、多少無理があっても自分でチャレンジしたいと思うのがコンサルタントの性《さが》なのです。

ちなみに、どのファームを選ぶかはクライアントの特権でもありますが、選定のツボは、過去の実績が中心となります。とはいえ、新しいテーマの場合は過去の実績からは判断できません。過去の延長に現在や未来があるとは限らないからです。その場合は、何よりもリサーチ力に優れ、時代の方向性を深く洞察でき、自社と共に悩んでくれるパートナーとしての評価を重視します。

コンサルファームの5大系列

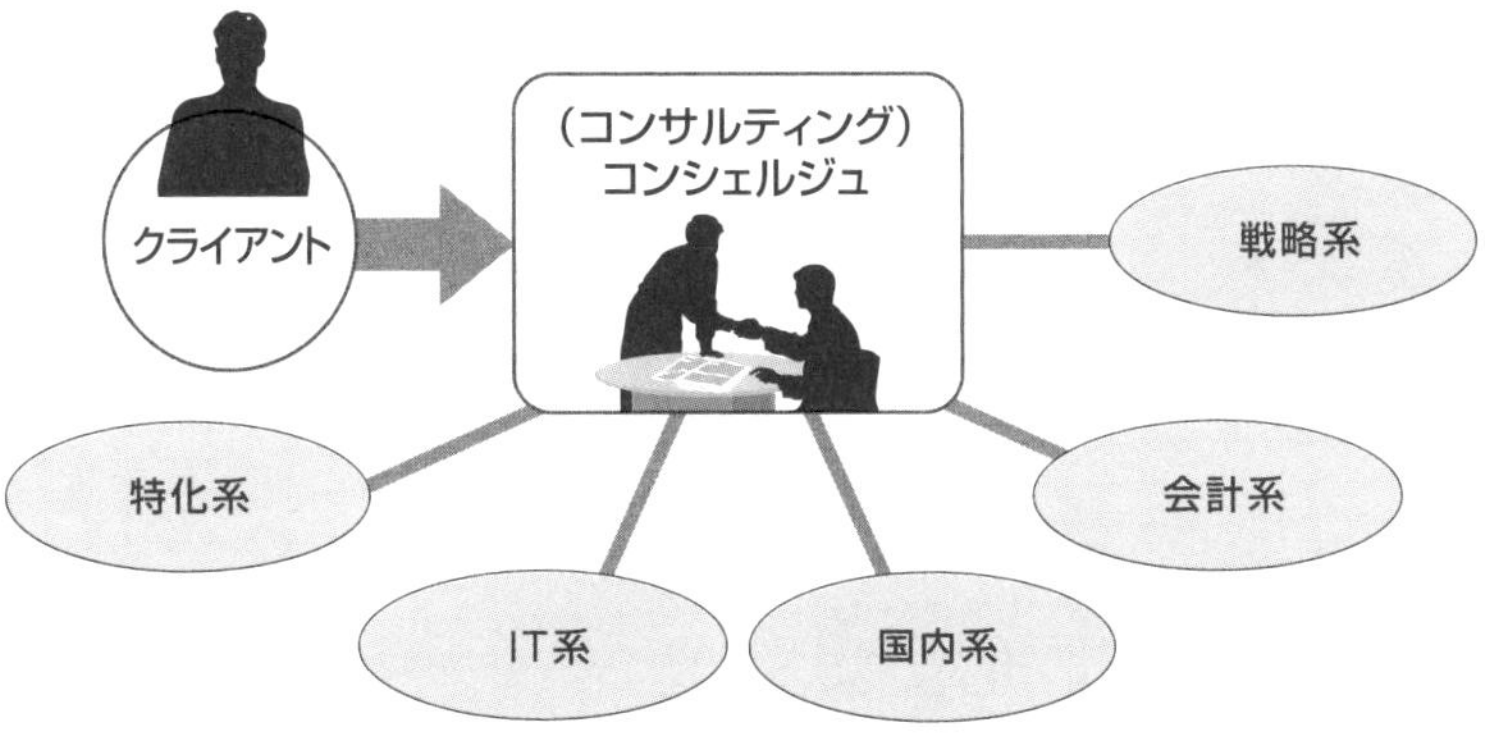

クライアントは、自分の直面する
課題、テーマなどに応じて、
解決するにふさわしいコンサルファームを
選択する必要がある

Point **ボーダレス化**　世界にはボーダー（境界）がある。ビジネスも同様で、業界別に様々なルールがある。その領域内でビジネスを展開していれば、大きな失敗はないかもしれない。しかし、変化は常にボーダーで起こり、ボーダーを越えたところにビジネスチャンスが眠っている。

Section
5-2 経営のマルチタレント集団

コンサルファームの分類②

戦略は、今日の経営層にとっては将来を左右する最重要課題であり、コンサルティングの中でも花形の仕事。戦略系コンサルタントは経営に関してのマルチタレント*です。

花形コンサルタントを輩出

コンサルタントをイメージしたとき、思い浮かぶのは**戦略系コンサルタント**でしょう。テレビや講演などでおなじみの、コンサルタントの大御所である大前研一氏はマッキンゼー&カンパニー、堀紘一氏はボストン・コンサルティング・グループなどの戦略コンサルティング会社出身です。

戦略系コンサルファームの多くは、米国や欧州を拠点にして、グローバルな展開をしている会社です。クライアントには外資系の大企業が多いのですが、もともと創業当初から、そのような大手企業の経営層を相手に、会社の方向性などの重大な意思決定に関わるテーマを扱ってきたという経緯があります。

「アクセンチュア」などは、その出自から会計系として分類されることもありますが、実は世界最大規模の戦略コンサルティング部門を持っています。

経営者の強い味方

戦略系コンサルティングの役割は、経営全般の課題を解決することです。クライアントの経営課題に対して、問題を発見し、分析し、解決策を提示します。そこでは、経営層が考えているすべての課題がテーマとなります。

具体的には、企業戦略、コーポレートビジョン策定、中期計画策定、マーケティング、新規事業の開発、BPR（ビジネス・プロセス・リエンジニアリング）、さらには組織、人事に関わることまで、テーマは多岐にわたります。

特に、経営層が何らかのイノベーションの必要性を感じている場合には、戦略系コンサルファームが強く求められます。なぜなら、かじ取りを誤れば、大手企業といえども死活問題になるからです。

Term

マルチタレント　マルチタレントは俳優、歌手、演芸、声優など多様なジャンルをこなす芸能人のことだが、複数の仕事をこなしているコンサルタントも「マルチタレント」と見ることができる。

戦略系コンサルファームは、ＩＴ系コンサルファームなどとは異なり、金融業や製造業といった業界別に組織が分かれていないため、様々な業界の仕事を体験することができます。ファームでの仕事は格好の修行の場ですが、花形である反面、クライアントの目も厳しく、実力がなければ生き残れない厳しい世界でもあります。

国内系コンサルファームには、**シンクタンク系ファーム**と**国内独立系ファーム**があります。いずれも、日本独自の市場を開拓することで成長してきました。

シンクタンク系コンサルファームの多くは、１９６０年代半ば以降に、証券会社や都市銀行などを母体として、マクロ経済や業界分析などのリサーチを担当する機関として設立されました。

そのため、個別企業のコンサルティング活動というよりも、経済基礎調査や産業動向調査などと共に、少子化や高齢化など日本社会の抱える問題について研究し、政府に提言する形での活躍が多々見られました。

その後、ＩＴ化が進み、海外からグローバルなコンサルティング手法が導入され始めると共に、システム部門が取り込まれていきました。その結果、今日では会計系ファームやＩＴ系ファームと激しい競合関係にあります。

戦略系の主なプレイヤー

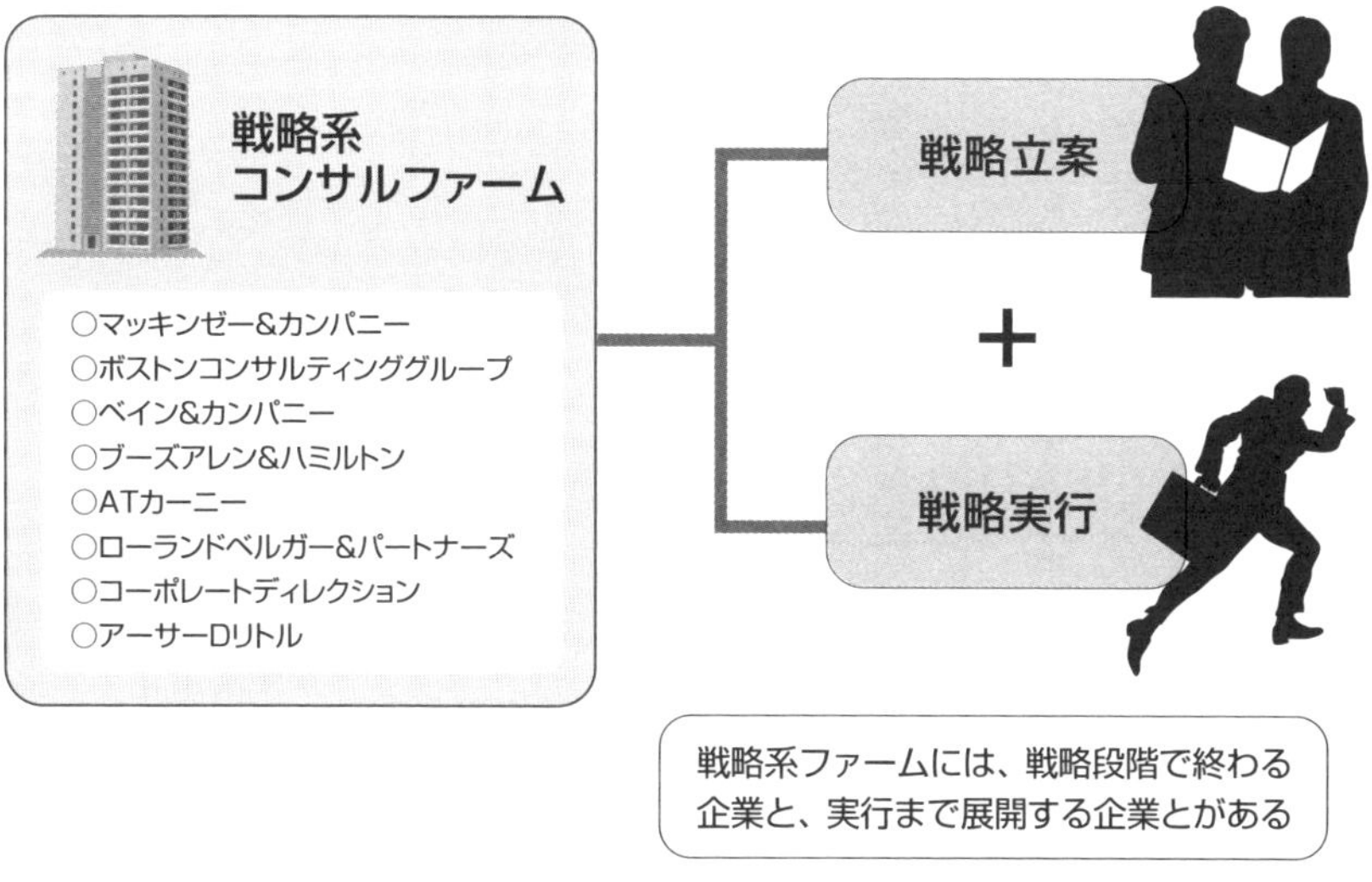
戦略系
コンサルファーム
○マッキンゼー&カンパニー
○ボストンコンサルティンググループ
○ベイン&カンパニー
○ブーズアレン&ハミルトン
○ATカーニー
○ローランドベルガー&パートナーズ
○コーポレートディレクション
○アーサーDリトル
戦略立案
+
戦略実行
戦略系ファームには、戦略段階で終わる企業と、実行まで展開する企業とがある

Point **コンサルファームのイノベーション**　生成AIの登場により、コンサルファームは自らの体質改善に活用することを考えているようだ。もともと、コンサルファームは正解が明確な事案より、誰も見たことがない市場構造を解き明かし、方向性を示すことを得意技としてきた。生成AIも、必ず、いい形で活用すると期待される。

Section
5-3 日本経済を支える影の主役
コンサルファームの分類③

日本には多数の中小企業がありますが、正しい経営判断をして事業を推進していく必要があります。中小企業専門のコンサルファームも、日本を支えるファームです。

■個別指導で力を発揮

国内独立系コンサルファームは、公益財団法人日本生産性本部など、独自の理論武装をして主に中小企業に対して、会員制にするなど組織的なコンサルティング活動を行います。クライアントは大手企業の工場などを除けば、中小企業が中心です。

日本の中小企業は、生産性向上や品質管理などの現場レベルでの競争力に強みを持っています。国内独立系のコンサルタントは、工場や流通業の現場などでサークル単位に展開されるTQC手法の指導その他で活躍しています。海外のコンサルファームはプロジェクトチームを組んでコンサルティングを展開しますが、国内独立系ファームでは、コンサルタントが個別企業と顧問契約を結び、経営陣に対して直接経営指導にあたるという点が異なっています。

国内独立系ファームでも、トップコンサルタントになれば、講演会などで全国を回るようになります。

直接指導するのは若手のコンサルタントに任せ、経営の心得などの大局的な話題を展開します。中小企業に勤めるビジネスパーソンにとっては、コンサルタントといえば国内独立系ファームに所属する人を想起することでしょう。

■技術力を武器に新規市場に進出

SIベンダー*に限らず、ハードメーカーやソフトベンダーでも、自社製品の性能や値段だけで差別化を図ることが困難になってきたため、付加価値としてのコンサルティング業務に力を入れ始めています。

IBMは、会計事務所出自の大手コンサルファームである「プライスウォーターハウス・クーパーズ」を買収しました。NECもコンサルティング部門を立ち上げ、提携や

Term
ベンダー 「販売業者」「売り手」「仕入れ先」などを指す。業界によって異なる意味で使われている。ICT業界では、パソコンなどの製品やサービスをユーザーへ販売する側を総じてベンダーと呼んでいる。

合併を模索しています。

パッケージベンダー系ファームは、業務革新ソフトを導入するときに活躍します。業務用パッケージは個人向けソフトと違って、複雑で大規模です。

パッケージを導入したいクライアントも、それを手伝うSIベンダーも、パッケージの細かい仕様やバグなどについては知識が追い付きません。そこでパッケージベンダーには、スムーズな導入を手助けし、アフターケアをするサービス部門が存在します。こういったサービス部門が、コンサルティングに深く入り込もうしているのです。

インターネット系ファームは、インターネットビジネスコンサルティング特化型のファームです。

2000年頃に、米国において旋風を巻き起こしました。その事業領域は、ネット戦略策定やネットビジネス（プロセス）デザインの構築です。インターネット事業を始めたいというクライアントに対し、ウェブサイトを総合的にプロデュースする会社です。従来のSIとは違ったノウハウやスキルが必要とされることから、戦略系ファームや会計系ファームがインターネット技術を研究し、あるいは吸収合併して、この分野に参入しました。現在は、世界的なICT不況のあおりから業界の再編が進んでいます。

■代表的なコンサルファーム

次ページから、代表的なコンサルファームについて、それぞれ特徴を主観的にまとめておきます。タイトルの社名は日本で表記されているもので、株式会社、合同会社などの名称は略してあります。

気になるファームがありましたら、その詳細は自分でネットで確認してください。

なお、記載した企業データは2023年12月現在、各ファームの日本語版ホームページに掲載された情報に基づいています。変化の激しい時代であり、データも特記事項もすぐに古くなるので、気になるファームがあればぜひご自分でホームページを確認してください。

成功している企業の裏には、経営戦略を支えるコンサルタントがいます。

Point

3大職種　筆者の持論になるが、20代で仕事を経験したビジネス人は、30代以降に3つの職業を目指すべきだと考えている。それが、技術を身につける「エンジニア」、新価値を生み出す「クリエイター」、そして経営を支援する「コンサルタント」である。

アビームコンサルティング

アビームコンサルティングは日本発、アジア発のNo.1グローバルコンサルファームを目指し、日本で4400名、アジアを中心とした海外3100名、計7500名のコンサルタントと世界各地のアライアンスパートナーの「総合力」で、顧客の企業変革実現への挑戦を支援しています。

企業哲学

展望（Vision）のもたらす世界に注目！

使命（Mission）

クライアントに新たな成功をもたらし、継続的な企業価値向上に貢献します。

展望（Vision）

私たちは画一的世界観に縛られることなく、地域や企業の特性を活かすアジア発のグローバルコンサルファームとして、クライアントの真のパートナーであり続けます。

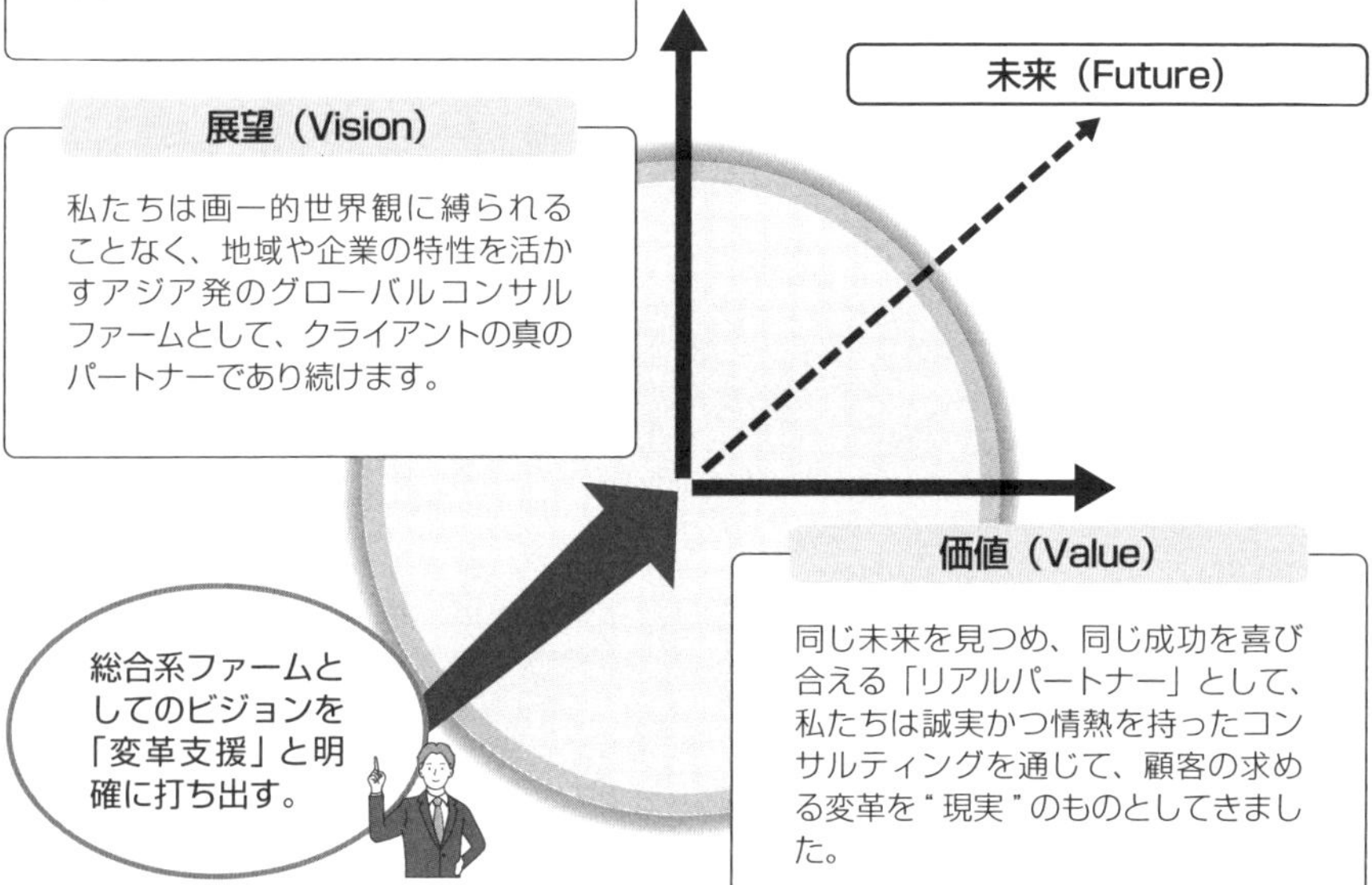

未来（Future）
総合系ファームとしてのビジョンを「変革支援」と明確に打ち出す。

価値（Value）

同じ未来を見つめ、同じ成功を喜び合える「リアルパートナー」として、私たちは誠実かつ情熱を持ったコンサルティングを通じて、顧客の求める変革を“現実”のものとしてきました。

■会社概要

※ホームページに記載のデータより（2023年12月10日現在）

【所在地】	〒104-0028 中央区八重洲2-2-1 東京ミッドタウン八重洲 八重洲セントラルタワー
【設　立】	1981（昭和56）年4月1日
【資本金】	62億円
【代　表】	代表取締役社長：山田 貴博
【従業員】	7523名（2023年4月1日現在、連結）
【売　上】	2023年3月期 1217億円
【主事業】	マネジメントコンサルティング、ビジネスプロセスコンサルティング、アウトソーシング ほか

※同社ホームページから注目すべき特長をピックアップし、筆者がまとめたものです。最新のデータとは異なる場合がありますので、興味を持たれた方は、ぜひ、最新情報を自分で入手してください。

変革を支援する

アビームコンサルティングは、変化の激しいデジタル時代において、クライアントが、その環境変化をとらえて柔軟かつ、スピーディーに、目指す方向性や取り組み方を自ら変えることを支援しています。具体的には、クライアントの変革力を高め、長期ビジョン・戦略の策定を支援し、いかに組織能力を高めるのかを重要論点としています。

デジタル時代の経営は、アナログ時代と大きく異なっています。アビームコンサルティングでは、デジタル時代の経営方針策定には、3つの視点が必要としています。

視点①：既存の枠を超える企業変革

環境変化が大きく速い昨今、変化のスピードに対応していくためには、既存の事業の枠組みを取り払い、全社レベルでブレない社会の中での在り方を長期ビジョンとして描く必要があります。

視点②：未来とは、自ら創るもの

少子高齢化、環境問題、After/with COVID-19など、これまで誰も経験したことがない未来に自社が存続し成長を続けるためにも、アビームコンサルティングでは、未来は予測するのでなく、〝主体的に定義するもの〟ととらえています。

視点③：構想・戦略策定だけでなく組織能力（ケイパビリティ）向上まで踏み込む

テクノロジードリブンでアジャイルの事業変革を推進するエンジンとして、柔軟かつスピーディなオペレーションを実現する事業基盤の設計・再構築を支援します。

コンサルの目

起点に着目する

コンサルファームは立ち位置によって仕事のスタイルが異なってきます。立ち位置にもいろいろありますが、特に注目したいのが「起点」となります。

日本を起点として世界市場を見るのか、世界を起点として日本市場を見るのか、という問題です。起点を日本・北米・欧州のどこに置くかによって、仕事の形も、スタッフの価値観も、働き方も異なるからです。（廣川州伸）

Point **何を変えるか**　特にコンサルタントには、クライアントの文化や慣習を越えて「ここだけは変えてみませんか」と明言できる力量が求められている。

デロイト トーマツ コンサルティング

デロイトの一員として日本のコンサルティングサービスを担い、提言と戦略立案から実行まで一貫して支援するファームです。クライアントの持続的で確実な成長を支援するコンサルティングサービスはもちろん、社会課題の解決と新産業創造でクライアントと社会を支援します。

企業哲学

リーダーシップ（Leadership）を発揮するスキームに注目！

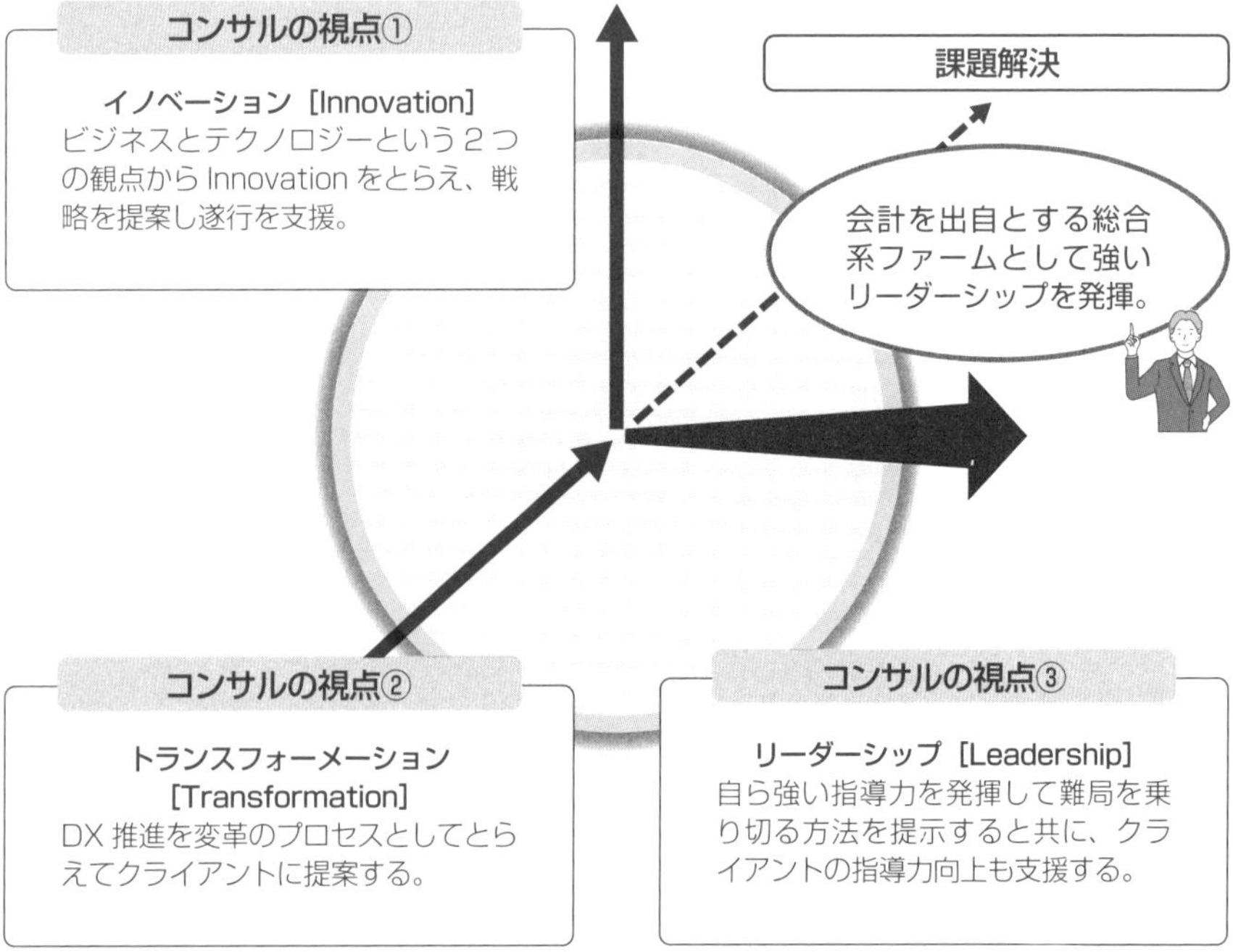

コンサルの視点①
イノベーション［Innovation］
ビジネスとテクノロジーという２つの観点から Innovation をとらえ、戦略を提案し遂行を支援。
課題解決
会計を出自とする総合系ファームとして強いリーダーシップを発揮。
コンサルの視点②
トランスフォーメーション［Transformation］
DX 推進を変革のプロセスとしてとらえてクライアントに提案する。
コンサルの視点③
リーダーシップ［Leadership］
自ら強い指導力を発揮して難局を乗り切る方法を提示すると共に、クライアントの指導力向上も支援する。

■会社概要　※ホームページに記載のデータより（2023年12月10日現在）

【所在地】〒100-0005 東京都千代田区丸の内 3-2-3 丸の内二重橋ビルディング
【設　立】1993 年 4 月
【資本金】500 百万円（2018 年 5 月末日現在）
【代　表】代表執行役社長：佐瀬 真人
【従業員】5263 名（2023 年 5 月末日現在）
【売　上】3129 億 9300 万円（2021 年 6 月～ 22 年 5 月）
※デロイトトーマツグループ全体

※同社ホームページから注目すべき特長をピックアップし、筆者がまとめたものです。最新のデータとは異なる場合がありますので、興味を持たれた方は、ぜひ、最新情報を自分で入手してください。

グローバルなコンサルファーム

デロイトトーマツコンサルティング（DTC）は、国際的なビジネスプロフェッショナルのネットワークである「Deloitte（デロイト）」のメンバーで、日本ではデロイトトーマツグループに属しています。

DTCは、デロイトの一員として日本のコンサルティングサービスを担い、デロイトおよびデロイトトーマツグループに所属する専門スタッフ（監査、税務、法務、コンサルティング、ファイナンシャルアドバイザリー）の総合力と、グローバルなネットワークを活かしたサービスを展開しています。日本市場だけではなく、世界市場に出ていくときに頼りになるプロ集団といえるでしょう。

その特長は、提言と戦略立案から始まり、実行支援まで一貫して支援するファームという点。5000名以上のスタッフが、デロイトの各国現地事務所と連携し、世界中で最適なサービスを提供する体制を整えています。

DTCのサービス

DTCのスタッフは、複雑に絡み合う経営や社会課題をダイナミックに解決します。グローバルな視野に立てるところが強み。日本国内だけを見ていれば、まだまだ縦割り構造でビジネスが進んでいますが、世界市場では様々な業界がデジタル化の推進、DXの進展でボーダレス化しています。そこで求められるのは、業界・業種の垣根を取り払うことで飛躍的な成長をすることです。

DTCは、複雑化している世界市場の仮説検証型に加え、実験実証型のサービスに取り組む体制を整えています。また、外部のパートナー企業との提携やDTCの深い知見に基づくデジタルアセット開発を通じて、業界そのものの変革をも支援できるので、業界のリーディングカンパニーを目指して進むことができます。

> **コンサルの目**
>
> **第４の波に対応**
>
> 同社は戦略立案からDX推進までテーマを拡大してきましたが、宇宙・安全保障や官公庁へのサービスを提供する新会社を設立するなど、第４の波であるウクライナ&ガザショックへの対応も進めてきました。クライアントの事業が、様々な「波」にさらされている以上、総合力を売りとするコンサルファームも、たとえ参入障壁が高い分野でも、何らかの対応が必要となります。
>
> なお、筆者の憶測にすぎませんが、第４の波への対応を別会社で進めているのは、平和産業であるコンサルファームのブランドを守るためと見ることができます。
>
> （廣川州伸）

Point **４大国際会計事務所**　会計事務所系コンサルファームでは、「デロイトトーマツコンサルティング」「PwCコンサルティング」「EYストラテジー・アンド・コンサルティング」「KPMGコンサルティング」が「ビッグ4」といわれている。

PwC コンサルティング

PwC コンサルティング合同会社は、ロンドンを本拠地とし、世界 158 カ国に 18 万人のスタッフを擁する世界最大級のプロフェッショナルサービスファームであるプライスウォーターハウスクーパースの、日本におけるコンサルティング会社です。

企業哲学

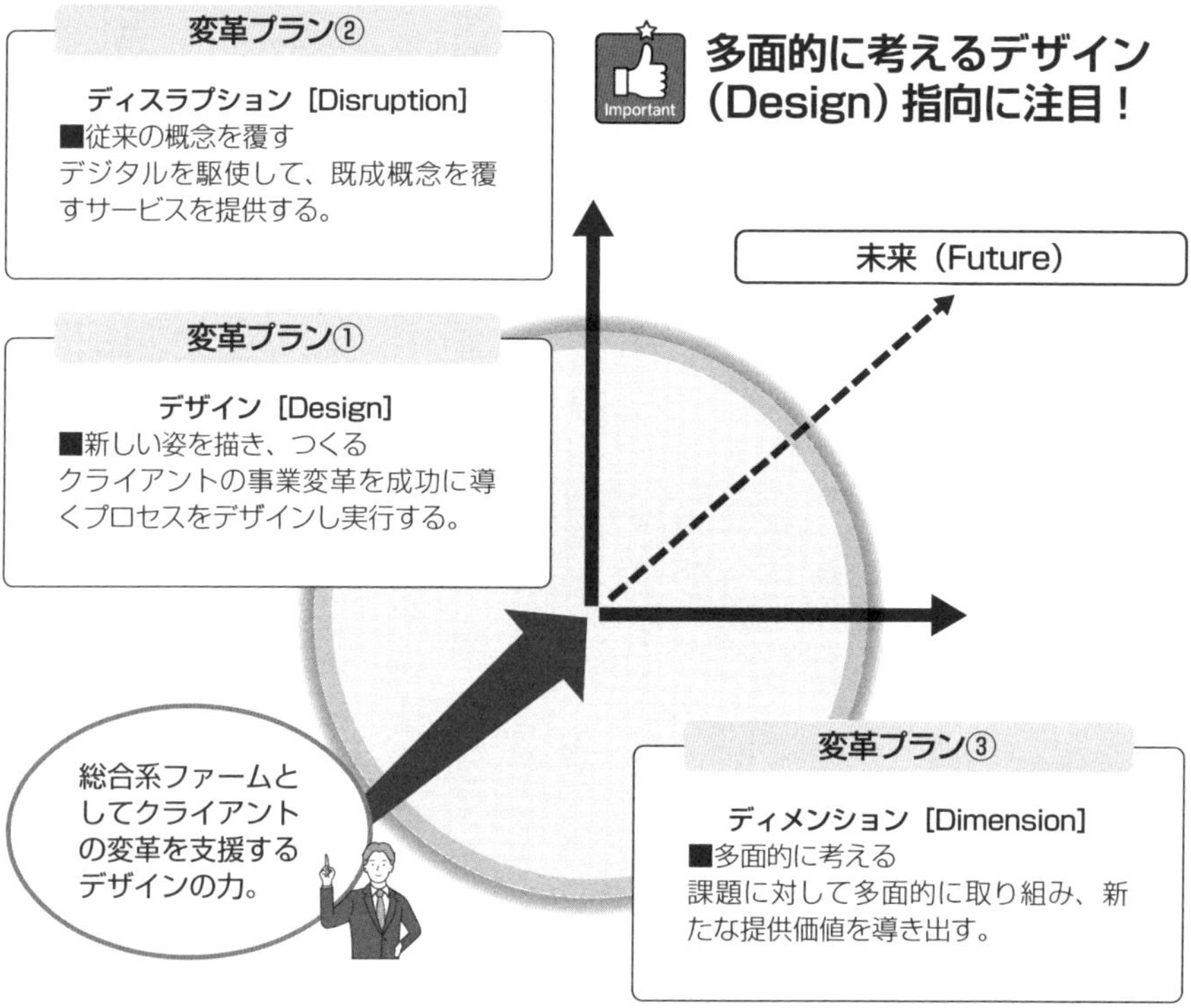

変革プラン②
ディスラプション［Disruption］
■従来の概念を覆す
デジタルを駆使して、既成概念を覆すサービスを提供する。
Important
多面的に考えるデザイン（Design）指向に注目！
未来（Future）
変革プラン①
デザイン［Design］
■新しい姿を描き、つくる
クライアントの事業変革を成功に導くプロセスをデザインし実行する。
総合系ファームとしてクライアントの変革を支援するデザインの力。
変革プラン③
ディメンション［Dimension］
■多面的に考える
課題に対して多面的に取り組み、新たな提供価値を導き出す。

■会社概要　※ホームページに記載のデータより（2023年12月10日現在）

【所在地】〒100-0004 東京都千代田区大手町 1-2-1 Otemachi One タワー
【設　立】1983 年 1 月 31 日（2016 年 2 月 29 日の組織変更で PwC コンサルティング合同会社を設立）
【代　表】代表執行役 CEO：大竹 伸明
【従業員】約 3850 人
【売上高】約 1000 億円（2023 年 6 月期）

※同社ホームページから注目すべき特長をピックアップし、筆者がまとめたものです。最新のデータとは異なる場合がありますので、興味を持たれた方は、ぜひ、最新情報を自分で入手してください。

自ら変革を課している

PwCコンサルティングは、戦略の策定から実行まで総合的なコンサルティングサービスを提供しています。グローバルに広がるPwCのネットワークと連携しながら、クライアントが直面する複雑で困難な経営課題を解決し、国内はもとよりグローバル市場での競争力強化を支援しています。

同社は、これからの時代における重要なニーズとして「Trust」（信頼）と「Sustained Outcomes」（持続的な成長）の2つを重視しています。クライアントやステークホルダーが不確実な環境下にあってもゆるぎない成果を実現することで「信頼」を構築できるよう支援します。

PwC Japanグループのコンサルファームも、クライアントの戦略策定から実行・実装に至る変革を支援するため、まず自身がニーズや期待に応え続けられる組織へと変わる必要があると考え、実行してきました。

変革を推進する3つのエンジン

PwCコンサルティングは、自らの変革についての議論を重ね、「3つのDによる変革プラン」を策定しています。

3つのDは「Design」（新しい姿を描き、つくる）、「Disruption」（従来の概念を覆す）、「Dimension」（多面的に考える）のことであり、自社を変革するコンセプトとなります。

2023年までの3カ年計画で、同社はクライアントに最適なサービスをより早く提供できる体制をつくり上げてきました。ここでのポイントは、「まず自分自身が変化を体現」したことです。その上で、クライアントやステークホルダーに実効性のある具体的な提案をし、価値を提供できるよう取り組んでいます。

コンサルの目

起点を意識する

今日のコンサルファームに求められているのは、誰も予想できない未来市場に向かって、情熱を持って、共に歩んでくれるパートナーになること。それには、クライアントが置かれている経営環境を少し先取りし、自ら対応してノウハウを蓄積しておくことが不可欠となっています。

そうやって正解のないチャレンジでノウハウを蓄積していくコンサルファームに勤務することは、時代そのものへの挑戦でもあり、非常にワクワクする体験となることでしょう。

（廣川州伸）

Point

M&Aスタッフ　総合系コンサルファームの中には、経営戦略の1つとしてM&Aを得意とするコンサルタントがいることもある。PwCコンサルティングも、その1つとなっている。

EY ストラテジー・アンド・コンサルティング

「企業の長期的な価値創造のために、どのような経営戦略を描き、成長・発展を遂げていくべきか」というところから共に考え、実行し、目標の達成に貢献する、信頼されるビジネスパートナーを目指しています。EY は、世界 150 カ国以上の国と地域、36 万人以上のメンバーにより、ワンストップでクライアントを支援しています。

企業グループの構成

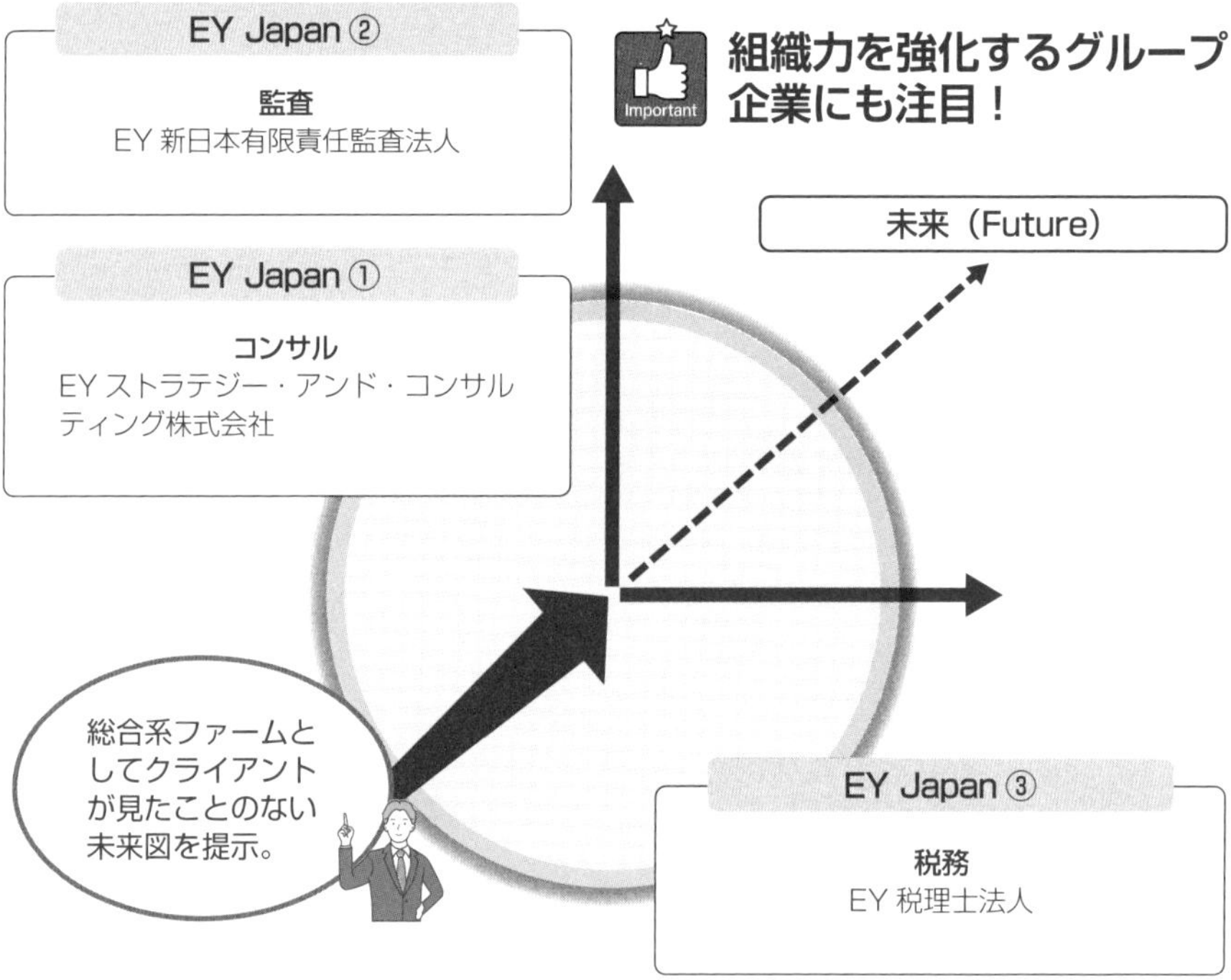

EY Japan ②
監査
EY 新日本有限責任監査法人
Important
組織力を強化するグループ企業にも注目！
未来（Future）
EY Japan ①
コンサル
EY ストラテジー・アンド・コンサルティング株式会社
総合系ファームとしてクライアントが見たことのない未来図を提示。
EY Japan ③
税務
EY 税理士法人

■会社概要　※ホームページに記載のデータより（2023年12月10日現在）

【所在地】〒100-0006 東京都千代田区有楽町 1-1-2
東京ミッドタウン日比谷 日比谷三井タワー
【設　立】2020 年 10 月
【資本金】4 億 5000 万円
【代　表】代表取締役社長：近藤 聡
【従業員】4170 名（2023 年 12 月 1 日時点）

※同社ホームページから注目すべき特長をピックアップし、筆者がまとめたものです。最新のデータとは異なる場合がありますので、興味を持たれた方は、ぜひ、最新情報を自分で入手してください。

■外資系コンサルファームの実力

　EYとは、英国の保証有限責任会社「アーンスト・アンド・ヤング・グローバル・リミテッド」のグローバルネットワークのことであり、単体もしくは複数のメンバーファームを指しています。各メンバーファームは、法的に独立した組織となっています。

　EYストラテジー・アンド・コンサルティングは、変化の時代を勝ち抜くために欠かせないビジネスマインドとスキルに特化したサービスを提供するコンサルファームです。仕事のあり方が急速に変わり、労働人口構成においても新しい世代が大半を占める社会へと突入している今日では、まったく新しいライフスタイルが生まれ、それに適応していくために、各企業にはこれまで以上に高い独創性、俊敏性、協調性が求められます。

　しかし、変わらなければ生き残れないと頭で理解していても、実際にどんな行動をとれば持続可能な企業経営を実現できるか、ベンチマークすべき企業が見つからない現実があります。

　そこでEYストラテジー・アンド・コンサルティングでは、従来のやり方に甘んじることなく、クライアントが変革の時代を突き進めるように、ベストパートナーとして併走することを心がけています。

　デジタルを様々な面で柔軟に取り入れて、より効果的に戦略を実行できないか。AIを利用して人間の可能性を引き出すには、どのようにすればよいか。人材を変えるか、それとも人材の働き方を変えるか。様々な提案を続けながら、まだ見たことのない未来図を提示し、共に進んでいくことになります。

コンサルの目

新たなチャレンジ

　ビッグ４の日本市場での売上高を見ると、EY はデロイトや PwC に比べると見劣りがするかもしれません。しかし、2022 年度では大幅にスタッフを増やし、存在感を示しています。

　DX の潮流は、すべてのコンサルファームにとって新たなステージに移る絶好のチャンス。しかも、こと DX については ICT だけではなく、グローバルな展開が必須。世界のルールを無視して DX を進めるわけにはいきません。その意味でも、EY のように監査業務に強いファームがどのように成長していくか、楽しみでなりません。　（廣川州伸）

Point

テクノロジーコンサルティング　コンサルファームがクライアントのDXを進めるときに留意しなければならないことは、DX投資がクライアントの経営戦略にフィットしているかという点。EYのようなグローバルなコンサルファームの場合、クライアントが求めている戦略とのマッチングでも力を発揮できるはず。

KPMG コンサルティング

KPMG ジャパンのメンバーファームである KPMG コンサルティングは、グローバル規模でのビジネストランスフォーメーション（事業モデルの変革やオペレーションの改善、IT を活用したビジネス改革など）、リスクマネジメントといったコンサルティングサービスを提供しています。

企業哲学

リスク＆コンプライアンス（Risk & Compliance）で不安を解消！

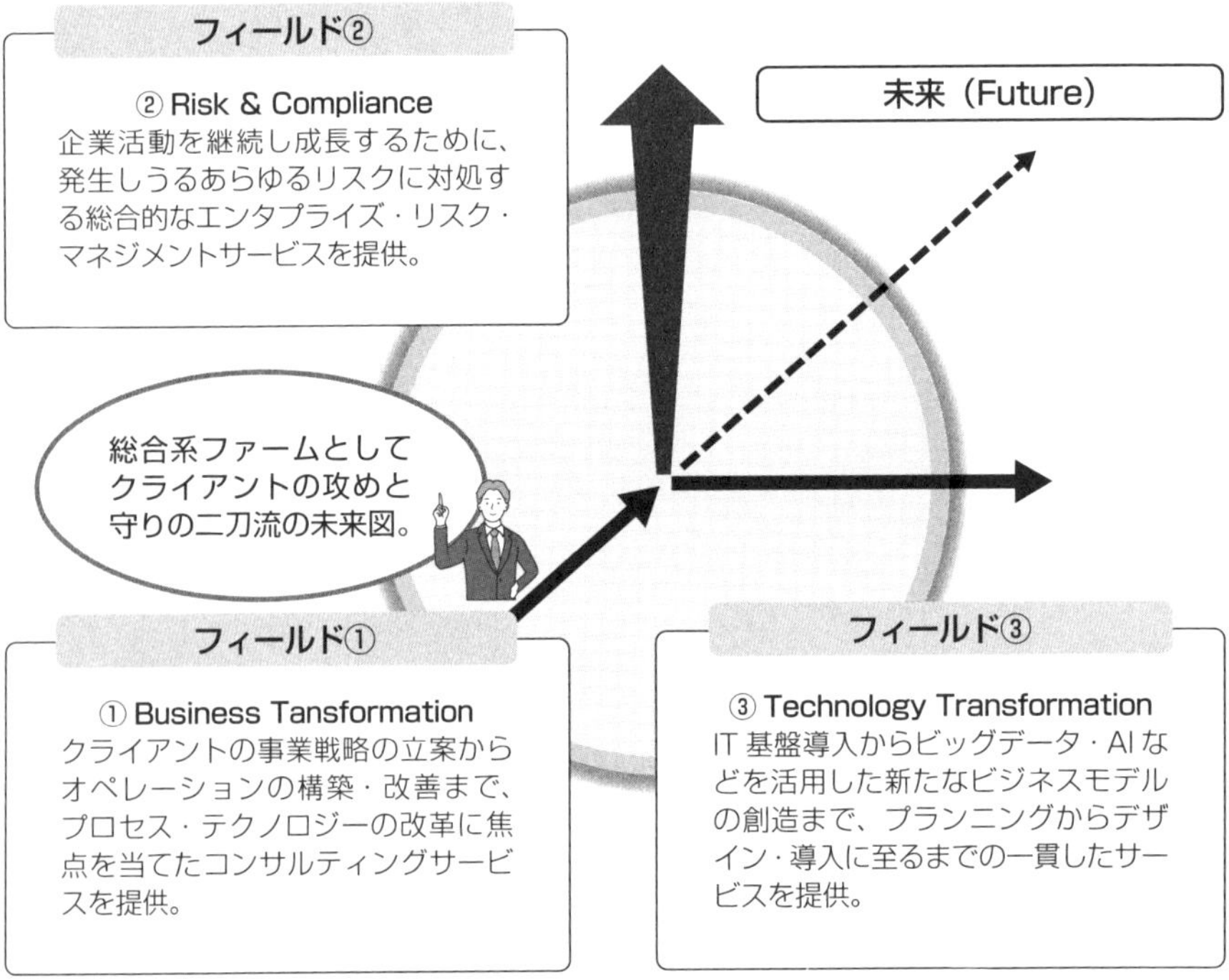

フィールド②
② Risk & Compliance
企業活動を継続し成長するために、発生しうるあらゆるリスクに対処する総合的なエンタプライズ・リスク・マネジメントサービスを提供。
未来（Future）
総合系ファームとしてクライアントの攻めと守りの二刀流の未来図。
フィールド①
① Business Tansformation
クライアントの事業戦略の立案からオペレーションの構築・改善まで、プロセス・テクノロジーの改革に焦点を当てたコンサルティングサービスを提供。

フィールド③
③ Technology Transformation
IT 基盤導入からビッグデータ・AI などを活用した新たなビジネスモデルの創造まで、プランニングからデザイン・導入に至るまでの一貫したサービスを提供。

■**会社概要**　※ホームページに記載のデータより（2023年12月10日現在）

【所在地】〒100-8172 東京都千代田区大手町１丁目９番７号
大手町フィナンシャルシティ サウスタワー
【設　立】２０１４年
【資本金】１億円
【代　表】代表取締役社長 兼 CEO：宮原 正弘
【従業員】1795 名（2023 年７月１日現在）

※同社ホームページから注目すべき特長をピックアップし、筆者がまとめたものです。最新のデータとは異なる場合がありますので、興味を持たれた方は、ぜひ、最新情報を自分で入手してください。

■KPMGコンサルティングの独自性

社会のグローバル化が急速に進み、生産拠点やR&Dセンターを海外に移す日本企業が急増する中、同社はKPMGマネジメントコンサルティング株式会社とKPMGビジネスアドバイザリー株式会社が統合する形でスタートしました。もともとKPMGジャパンは、「監査」「税務」「アドバイザリー」の3分野において、各分野のプロフェッショナルが専門的知識やスキルを活かして価値あるサービスを提供していました。企業活動を取り巻く環境が複雑化・高度化する中、アドバイザリーサービスに対するニーズの高まりを受けて、KPMGジャパンでは3分野の中でアドバイザリーの機能をさらに強化すべく、特に企業の成長や事業モデルの変革をサポートする「マネジメントコンサルティング」、企業の成長をより確実で持続可能なものにする「リスクコンサルティング」に特化したプロフェッショナル集団KPMGコンサルティングを立ち上げたのです。

■攻めと守りの両輪でクライアントの成長をドライブ

同社のスタンスは、ビジネス・業務・ITが目指す姿、それを実現する全体改革プランを描き、各領域がその実現をリードし、経営・事業の戦略リスクへ対応など、「攻めと守り」の両面からクライアントに寄り添い継続的な成長に貢献し続けていくことです。

また、「業界の先見性」×「デジタル」×「データ」を掛け合わせた経営戦略の策定や新たなビジネスモデル構築、その実践に向けたオペレーションモデル、IT・デジタルアーキテクチャーの定義・設計・実行プラン策定により、社会にインパクトを創出します。

コンサルの目

成果を拝借する

KPMGがまとめた「KPMGジャパン CFOサーベイ2023」はCFO機能の今日的意味を明確にするもので、コンサルタントには必読のコンテンツとなっています。特にDX推進にあたって、社内に専門チームを設置したいと考えているクライアントには、他社動向を知る上でも貴重な資料となっています。

コンサルファームは、企業経営の課題を解決するときに参考となる調査・研究資料をタイムリーに企画し、編纂しています。クライアントのスタッフは、コンサルファームの門をたたく前に、それらの資料を入手して研究しています。それゆえ、少なくともコンサルタントを目指す人は、同じ資料にも目を通して視野を広げておく必要があります。

（廣川州伸）

Point

地政学リスク　本書では世界を襲ったパラダイムシフトの第4の波としてウクライナ＆ガザショックを取り上げているが、それは「地政学リスク」といわれている。企業は今日、経済の安全を保障する必要に迫られている。ちなみにKPMGでも地政学リスク対応の包括支援サービスを提供している。

ベイカレント・コンサルティング

ベイカレントは、幅広い業界での総合的な課題解決を通じて培った知見やネットワークの活用はもちろん、自身が日本企業だからこそ理解できる価値観や文化を織り込んだ付加価値の高いサービスの提供により、クライアントの成長に貢献することを使命としています。

企業哲学

存在意義（Purpose）

■ Beyond the Edge：
変化の一番先に立ち、次へのトビラを共に開くこと。

日本企業であることの強みに注目！

展望（Vision）

■あらゆる業界のリーディングカンパニーの成長に最も貢献している。
■付加価値を誰よりも追求している。
■未来を担う人材が集結している。

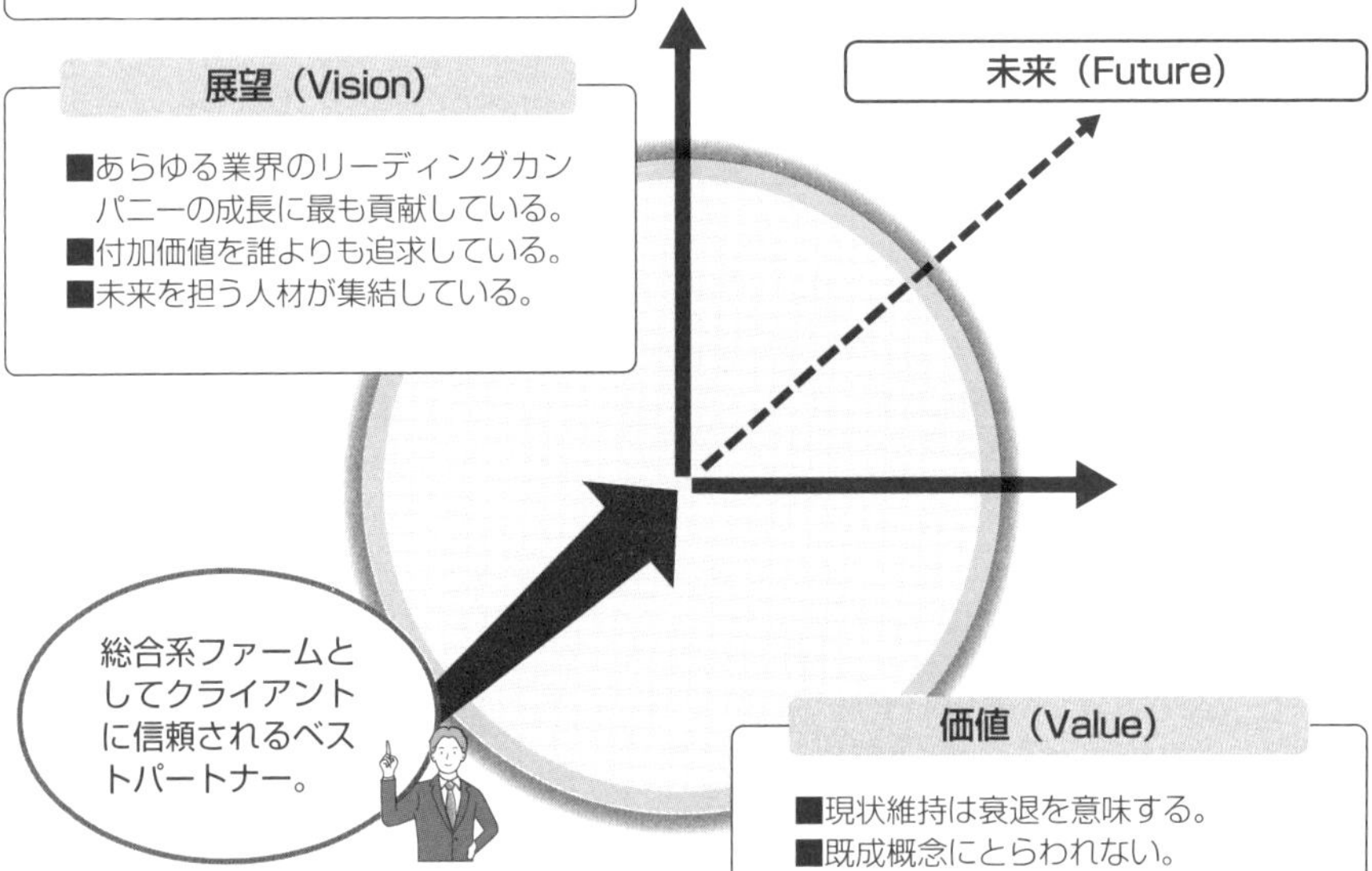

未来（Future）
総合系ファームとしてクライアントに信頼されるベストパートナー。

価値（Value）

■現状維持は衰退を意味する。
■既成概念にとらわれない。
■公明正大、真摯な姿勢。

■会社概要　※ホームページに記載のデータより（2023年12月10日現在）

【所在地】〒105-6309 東京都港区虎ノ門１丁目23-1 虎ノ門ヒルズ森タワー９階
【創　業】1998年３月25日
【資本金】282百万円
【代　表】代表取締役社長：阿部 義之
【従業員】3692名（2023年４月時点）
【売　上】761億円（2023年２月期）

※同社ホームページから注目すべき特長をピックアップし、筆者がまとめたものです。最新のデータとは異なる場合がありますので、興味を持たれた方は、ぜひ、最新情報を自分で入手してください。

日本発祥のコンサルファーム

国際化に対応しなければ事業を持続できないことが自明であるように、日本国内にいる強みを最大限に活かさなければ事業を持続できないことも自明でしょう。

世界経済は日本経済と緊密に連携しているので、デジタル社会が抱える構造的な課題は、日本国内でもますます深刻化します。

日本の企業としては、外資系コンサルファームのネットワークに期待すると共に、日本の市場を知り尽くしている日本発祥のコンサルファームにも期待することになります。そのとき、外資系企業とは「温度差」を感じていた企業も、日本のコンサルファームならば共感を持ってシェアできることでしょう。

例えば環境問題。SDGsは地球規模の課題です。その中でも気候変動問題に端を発するカーボンニュートラルなどのサステナビリティは、日本企業にとっても最優先で取り組むべきテーマであることは間違いありません。

日本企業には、持続的な成長を実現するために、業界の垣根を越えた新しいビジネスモデルの構築、DXの推進、優れた企業をM&Aで守ることなど、様々な課題が突き付けられています。一つひとつの「いかにも日本的な課題」を外資系コンサルファームに説明するのは至難の業ですが、日本発祥のコンサルファームなら、同じ目線で未来を見つめることができます。

コンサルの目

日本発の利点

クライアントが日本企業の場合、日本発のコンサルファームをパートナーに選ぶ利点は多々あります。例えば、事業に対する経営者の価値観・世界観などを共有しやすいこと。あるいは、悩ましい経営テーマについて、微妙なニュアンスまで伝えられること。すなわち、経営者の不安が払拭され、安心感につながることになります。

特に、時代の変化に対応して進める新規事業開発や、DXによる企業体質の変革など、根本的な価値観に関わることでのすれ違いをなくすことができます。一方、コンサルタントにとっても、課題を正しく共有し、共に歩くパートナーとしての役割を果たしやすいという利点があります。　（廣川州伸）

Point

あうんの呼吸　クライアントがファームに仕事を発注したとき、プロジェクトが進めば進むほど「同じ方向に向かっているか」が問われる。日本発のコンサルファームの場合、すべて書面で確認しながら進む欧米式より「あうんの呼吸」で仕事が進んでいくことが多くなるので、ゴールだけは常に書面で押さえておく。

クニエ

2009年7月、NTTグループのビジネスコンサルファームとして、日本の通信インフラを支え日本の発展を支えてきた「国民の公益に資する心」「日本経済への貢献心」という志を受け継ぎ誕生した、日本発の総合コンサルファームです。

企業哲学

少数精鋭で信頼を生む姿勢に注目！

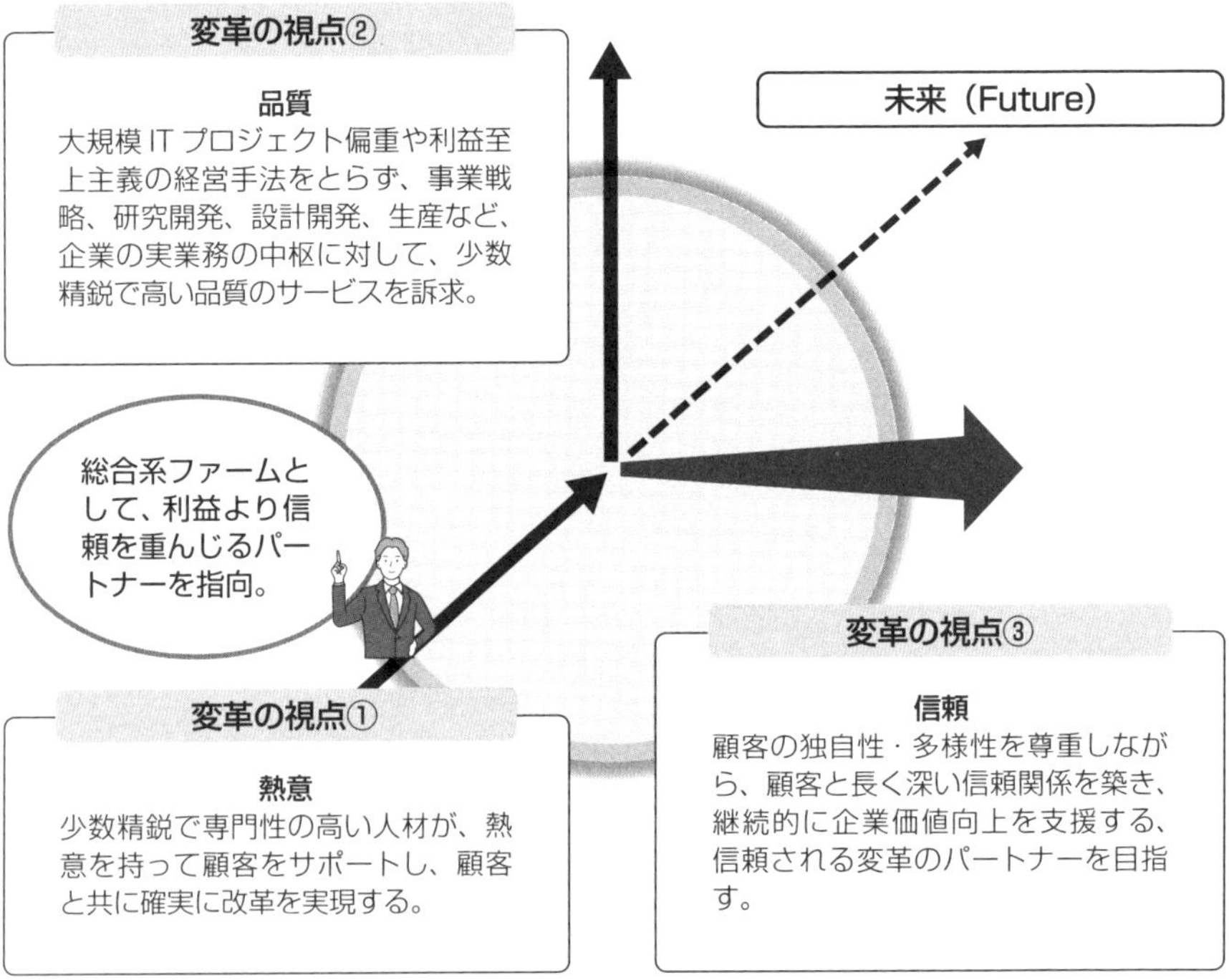

変革の視点②
品質
大規模IT プロジェクト偏重や利益至上主義の経営手法をとらず、事業戦略、研究開発、設計開発、生産など、企業の実業務の中枢に対して、少数精鋭で高い品質のサービスを訴求。
未来（Future）
総合系ファームとして、利益より信頼を重んじるパートナーを指向。
変革の視点③
信頼
顧客の独自性・多様性を尊重しながら、顧客と長く深い信頼関係を築き、継続的に企業価値向上を支援する、信頼される変革のパートナーを目指す。
変革の視点①
熱意
少数精鋭で専門性の高い人材が、熱意を持って顧客をサポートし、顧客と共に確実に改革を実現する。

■会社概要　※ホームページに記載のデータより（2023年12月10日現在）

【所在地】〒100-8101 東京都千代田区大手町 2-3-2 大手町プレイスイーストタワー 11F
【設　立】2009年7月1日
【資本金】9500万円（株式会社エヌ・ティ・ティ・データ 100％子会社）
【代　表】代表取締役社長：山口 重樹
【従業員】1000名
【主事業】経営戦略・企業変革を実現するためのコンサルティングサービスの提供

※同社ホームページから注目すべき特長をピックアップし、筆者がまとめたものです。最新のデータとは異なる場合がありますので、興味を持たれた方は、ぜひ、最新情報を自分で入手してください。

日本企業の発展への貢献

クニエ設立の最も重要な使命は、日本発のコンサルファームとして、日本企業の発展に貢献することでした。それゆえ同社は、日本企業が世界で戦うための最前線で、難易度の高いプロジェクトに貢献することを目指しています。

そのため少数精鋭を貫き、専門性の高い人材を集め育成し、クライアントと共に最後まで伴走する、実直で熱意あるコンサルティングスタイルでクライアントの変革実現をサポートしています。

また、日本企業のグローバルでの展開を支援するために、世界各国で日本品質のコンサルティングを提供。日本のプロジェクト経験が豊富な日本人コンサルタントを各国に配置すると共に、優秀で経験豊富な現地コンサルタントを選抜して育成し、日本マインドと日本品質でプロジェクトを実行しています。

日本社会への貢献

クニエのミッションは、最先端の日本企業だけでなく、地方創生にも向かっています。

同社は、日本最大の地方創生専用のコンサルティングチームを擁しています。農業再生、都市再生、地方企業の事業再生、観光誘客による地方活性化、という4つのジャンルで、活発な活動を行っています。その活動は、利益を目的としたコンサルティング活動とは一線を画し、真に地域のためになる活動を優先し、地域の方と一緒になって汗をかく、実直で真摯な活動を重視しています。

コンサルの目

世界市場に向かうために

日本経済は中小・中堅企業に支えられています。しかし、日本の市場そのものはすでに成熟化しています。それで海外市場に進出するわけですが、日本品質を武器とするだけでは海外の市場を開拓することはできません。それでも、停滞する日本市場から世界に、とりわけアジアに向かうときに、クニエのようなコンサルファームの役割が重要になってくるのです。

同社が、クライアントと向き合う現地コンサルタントと、日本のビジネス経験が豊富な日本人コンサルタントを組み合わせてプロジェクトを支援しているのも、それなりの理由あってのことでしょう。

（廣川州伸）

Point

日本品質　世界中からガラパゴスのようだと揶揄（やゆ）されている日本企業だが、「品質」では、世界中から注目され、いまもって称賛され、尊敬されている。問題は、技術に伴う価値創造が弱いこと。コンサル課題も、そこがポイントになる。

シグマクシス・ホールディングス

シグマクシス・グループのパーパスは「CREATE A BEAUTIFUL TOMORROW TOGETHER」であり、多様な能力・技能を持つスタッフが、社内外とのコラボレーションを通して、VUCA 時代に有効な価値を生み、美しい社会を実現することです。

企業哲学

一人ひとりのコンサル力に注目！

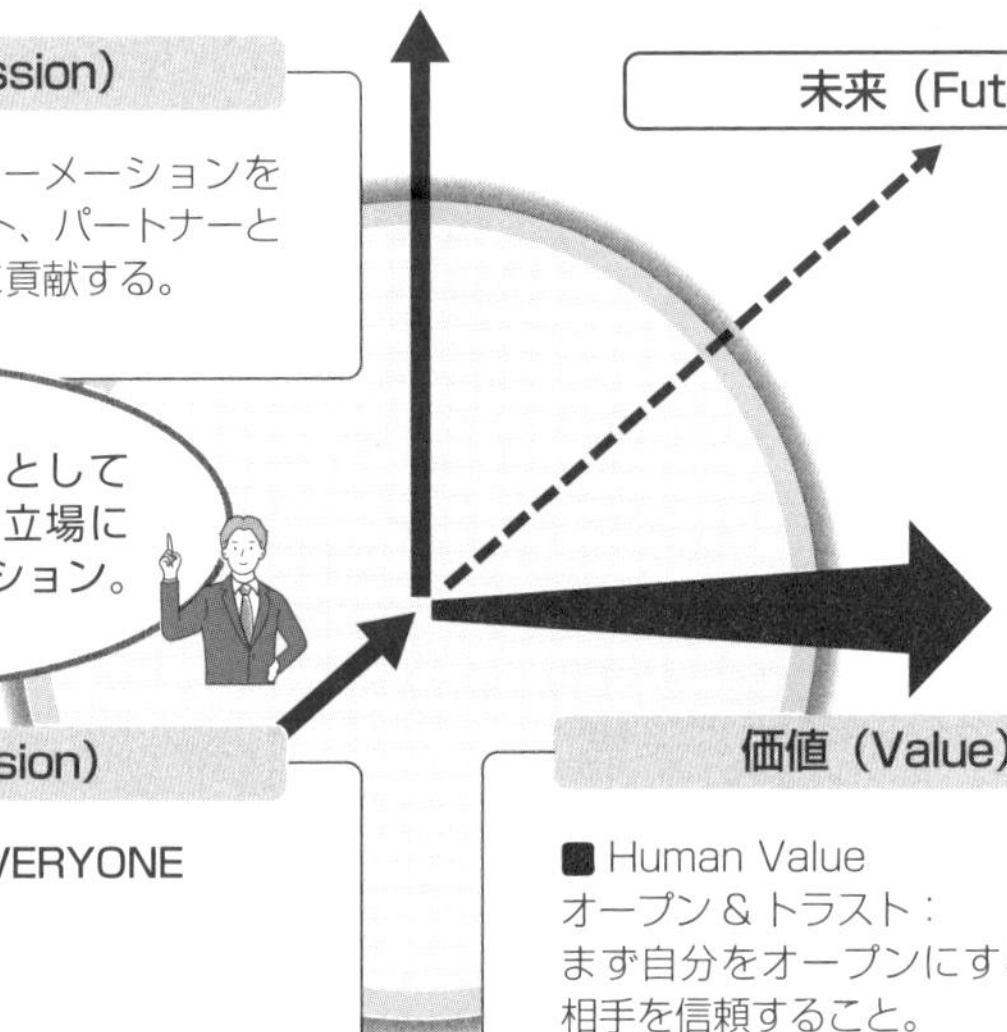

使命（Mission）

企業のトランスフォーメーションを推進し、クライアント、パートナーと共に SDGs の達成に貢献する。

未来（Future）

総合系ファームとして
クライアントの立場に
立つコラボレーション。

展望（Vision）

LOVED by EVERYONE
- 仲間と出会える。
- チャンスが広がる。
- チャレンジできる。
- 成長できる。
- 社会に貢献できる。
- 人生が豊かになる。

価値（Value）

■ Human Value
オープン & トラスト：
まず自分をオープンにする。そして相手を信頼すること。
■ Business Value

■会社概要

※ホームページに記載のデータより（2023年12月10日現在）

【所在地】〒105-0001 東京都港区虎ノ門 4-1-28 虎ノ門タワーズオフィス 9F
【設　立】2008 年 5 月 9 日（HD のコンサル部門は 2021 年 10 月 1 日設立）
※三菱商事グループの IT サービスおよびコンサルティングサービス事業強化を目的に三菱商事および RHJ International SA による合弁で設立
【資本金】30 億円（2023 年 3 月末時点）
【代　表】HD 代表取締役会長：倉重 英樹、代表取締役社長：富村 隆一
【従業員】グループ全体で 595 人（2023 年 3 月）
【売上高】15,654 百万円（連結、2022 年 3 月）

※同社ホームページから注目すべき特長をピックアップし、筆者がまとめたものです。最新のデータとは異なる場合がありますので、興味を持たれた方は、ぜひ、最新情報を自分で入手してください。

■社会の進化を加速させる、新しい価値創造モデルを

将来の変化が予測できない環境下、既存のビジネスモデルが通用しないVUCA時代が到来しました。

シグマクシス・グループは、従来の企業のあり方やビジネスモデルにとらわれることなく、常に未来に目を向けて産業の新たな姿を構想し、コンサルティング事業と投資事業、そして幅広いアライアンス・ネットワークを組み合わせて、顧客やビジネスパートナーと共に、価値創造に取り組んでいます。そのために必要なのは、多様な能力のコラボレーションです。価値創造の源泉となる「人財」の多様性を常に大切にし、一人ひとりの能力とモチベーションを最大化することで組織として成長すると共に、産業を超えた幅広い企業、組織、個人とのコラボレーションを拡げ、社会の進化を推進することを目指しています。

■大切にしているValue

【Human Value】

・**オープン&トラスト**　まず自分をオープンにすること。そして相手を信頼すること。

・**真摯**　何事にもひたむきであること。

・**ホスピタリティ**　相手の心をおもんぱかり、行動すること。

・**美意識**　美しい自分であるように努力すること。

・**異質の尊重**　多様な価値観を知り、理解し、尊重すること。

【Business Value】

・**思いの共有**　相手の真意を理解し、自らの真意を伝える。

・**コラボレーション**　立場の違いを超えて目標を共有し、高い価値を創造する。

・**アグリゲーション**　ヒト、モノ、コトを自在に組み合わせ新しい価値を生み出す。

コンサルの目

美しいという感覚

経営哲学を「美」に関するキーワードで表現する会社は、そう多くはないと思います。経営は、どちらかというと論理的な言葉、右脳的な言葉で語るもので、感覚的な表現では伝わらないような気がします。しかし、経営も哲学も、どこかで論理には当てはまらない感覚的な側面があることも、人間の営みですから、当然のことではないでしょうか。

シグマクシスグループは、経営哲学として堂々と「美しい」という言葉を使っています。それは、VUCAといわれる現実に対して、経営を売上や利益や効率という「客観的に認められる手段で測定できるもの」だけをベースにとらえるのではなく、別のとらえ方もしていく、ということの表明になっています。

筆者は、そこにロマンを感じているのですが、コンサルタントの仕事も、つまるところ人間の営みになりますから、「美しい」という感覚を大切にしたいと思っています。　（廣川州伸）

Point
VUCA（ブーカ）　Volatility（変動性）、Uncertainty（不確実性）、Complexity（複雑性）、Ambiguity（あいまい性）で象徴されるVUCAの時代に、コンサルタントの役割はますます重要になっている。

マッキンゼー・アンド・カンパニー

マッキンゼーは世界 65 カ国 130 以上の都市に拠点を持つ、グローバル戦略系ファームのトップブランドです。日本支社では日本のトップ企業 30 社の 8 割をサポートしています。

企業哲学

オリジナリティあふれる人財力に注目！

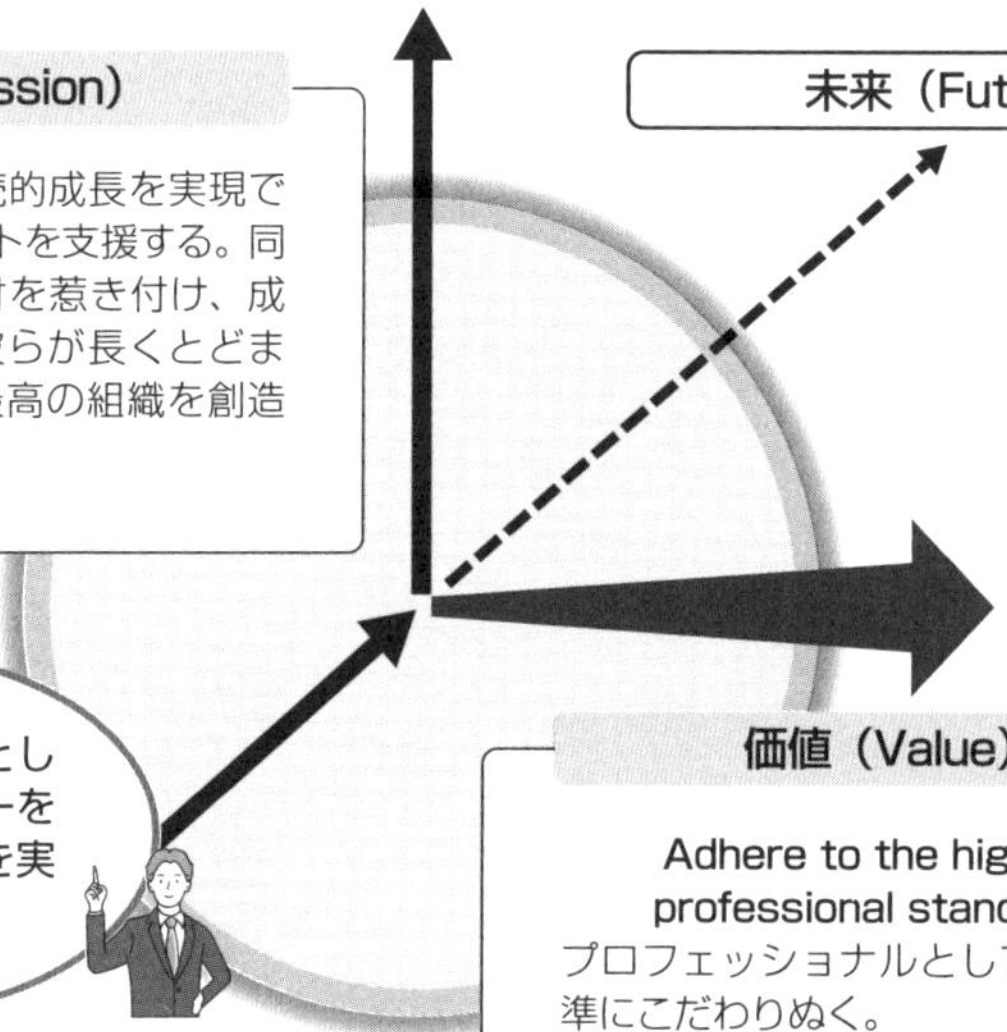

使命（Mission）

際立って大きな継続的成長を実現できるようクライアントを支援する。同時に、卓越した人材を惹き付け、成長させ、刺激し、彼らが長くとどまりたくなるような最高の組織を創造する。

未来（Future）

戦略系ファームとしてネームバリューを超える価値創造を実現。

価値（Value）

Adhere to the highest professional standards
プロフェッショナルとしての最高水準にこだわりぬく。
Improve our clients' performance significantly
クライアントの経済的成長を最大化する。
Create an unrivaled environment for exceptional people
卓越した人材にとって比類なき環境を創造する。

存在（Purpose）

To help create positive, enduring change in the world.
世界に創造的かつ持続的な変化を生み出す後押しをする。

■会社概要　※ホームページに記載のデータより（2023年12月10日現在）

【所在地】東京オフィス：〒106-0032 東京都港区六本木 1-9-10
アークヒルズ仙石山 森タワー
【設　立】1973 年
【代　表】日本代表シニアパートナー：岩谷 直幸
【従業員】約 600 人（2020 年 3 月現在）※グローバルで3万人規模

※同社ホームページから注目すべき特長をピックアップし、筆者がまとめたものです。最新のデータとは異なる場合がありますので、興味を持たれた方は、ぜひ、最新情報を自分で入手してください。

世界最強のネットワーク

マッキンゼーは、社員の成長を重視し、個々人のキャリアを支援する社風。OBやOGは広く政財界で活躍しており、そのネットワークは世界最強ともいわれています。

同社は、グローバルの専門知識とローカルの深い知見を組み合わせ、クライアント企業のサステナブルかつインクルーシブな成長の実現を支援しています。

マッキンゼー・デジタル

マッキンゼー・デジタルは、日本の「失われた30年」を取り戻し、組織がデジタルテクノロジーを活かして競争優位を構築することを支援しています。事業環境変化が激しい中で、多くの組織が従来の本業を維持するだけでは生き残れなくなってきているために、デジタルを活用した企業変革（DX）を実現する組織です。

日本の企業を取り巻くデジタル環境が目まぐるしく変化する中において、現在、マッキンゼーが携わっている案件のうち半分以上がデジタルに特化したものとなっています。マッキンゼーでは、データサイエンティスト、エンジニア、アーキテクト、デベロッパー、アジャイルコーチ、デザイナー、サイバーセキュリティエキスパートを含む日本オフィスのデジタルエキスパートとグローバルのデジタルエキスパートが連携して、クライアント企業のデジタルトランスフォーメーションや能力構築を支援しています。

コンサルの目

右脳と左脳を協調させる

日立製作所からマッキンゼーの日本支社長となり、現在はビジネス・ブレイクスルー大学学長を務めている大前研一氏は、右脳と左脳を共鳴させる思考方法を説いてきました。右脳の感性でとらえた概念を左脳の理性で補い、協調させると、素晴らしいアイデアがわくというのです。

右脳と左脳を同時に使うには、散歩しながら考えたり、電車の中で窓外の風景を追いながら考えたりします。それが右脳と左脳を同時に活性化することになり、いいコンセプトがわいてくるというのです。これは、コンサルタントなら日常的に行っていることでもあります。（廣川州伸）

Point

ネームバリュー　コンサルファームでクライアントの課題を解決する経験を積むことは、いずれ転職してクライアントの経営陣に加わったり、コンサルタントとして独立するときの有効なキャリアとなる。そのときに頼もしい味方は「マッキンゼー」というネームバリュー。

ボストン・コンサルティング・グループ

BCGのグローバルで多様性に富むチームは、可能性を解き放ち、変革を実現することに情熱を傾けています。最先端のマネジメントコンサルティング、テクノロジーとデザイン、デジタルベンチャーなどの機能により、統合されたソリューションを提供しています。

企業哲学

クライアントを勇気づけるパワーに注目！

使命（Mission）

ビジョナリーリーダー
クライアントとBCG自身の考え方を根本的に変え、ビジネスを再考し、将来に向けた競争上の課題に対応することで、クライアントと共に新たな価値観を持つビジネスリーダーとなる。

未来（Future）

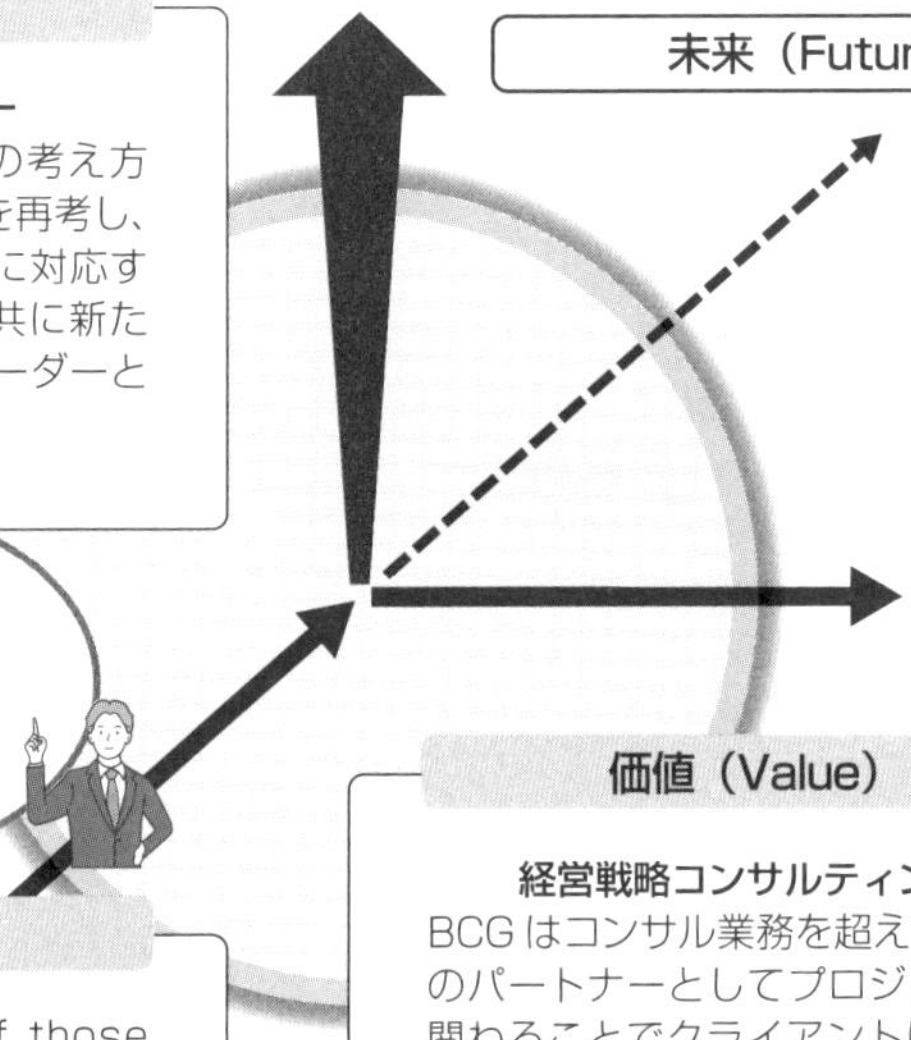

戦略系ファームとしてクライアントの情熱に油を注ぐ使命感を発揮。

展望（Vision）

Unlock the potential of those who advance the world.

価値（Value）

経営戦略コンサルティング
BCGはコンサル業務を超えて、変革のパートナーとしてプロジェクトに関わることでクライアントに大きな価値を提供。

■会社概要

※ホームページに記載のデータより（2023年7月30日現在）

【所在地】〒103-0022 東京都中央区日本橋室町三丁目2番1号
日本橋室町三井タワー25階
【設　立】1963年（1966年には世界で2番目の拠点として東京オフィスを開設）
【資本金】世界で86億ドル（2021年11月）
【代　表】代表取締役社長：秋池 玲子
【従業員】1147人（2022年度）※グローバルでは2万人以上

※同社ホームページから注目すべき特長をピックアップし、筆者がまとめたものです。最新のデータとは異なる場合がありますので、興味を持たれた方は、ぜひ、最新情報を自分で入手してください。

5つのパーパス原則

・**インサイトを導き出す**　従来型の思考やオペレーションの仕方に疑問を投げかけ、極めて困難な問題に対して新たな視点を取り入れる。

・**素晴らしいインパクトの火付け役となる**　次の期限を超え次の10年といった長期を見据えて、また、クライアントの組織能力を高め活力を吹き込むためにクライアントと緊密に協働する。

・**複雑性を克服する**　ダイナミックで複雑なシステムの中に独自の競争優位性の源泉や隠れた真実を見つけ出す。

・**高い倫理観と誠実さをもってリードする**　困難な課題に立ち向かい、独自の価値観に対し忠実であり続け、自身の見解を正面から率直に述べる。

・**他者の成長を助けることで自らも成長する**　クライアントや同僚、幅広いコミュニティが可能性を最大限に発揮して成功を収められるように能力構築・向上を支援する。

アイデアから価値を生む

BCGが「戦略」を専門分野に選んだときに、企業経営の果てしない革新のプロセスに火がつけられました。BCGではアイデアから価値を生み出します。今日に至るまで長きにわたり、社内のディスカッションやクライアントとの協働から様々なアイデアや分析が絶え間なく生まれ、BCGの経営コンセプト・手法の開発や経営思考における比類ない実績につながっています。

コンサルの目

スーパースター

多くの企業と同じように、コンサルファームも人材で成り立っています。市場動向の把握、競合の戦略分析などは組織力が問われますが、ファームの評価は、最終的には所属している一人ひとりのスタッフ、コンサルタントにかかっています。

その意味でも、コンサルファームの代表、経営陣、イメージシンボルとなる人材は貴重なブランド資産であり、スーパースターとしての立ち居振る舞いが求められます。例えばマッキンゼー時代の大前氏、BCG時代の堀紘一氏など、マスコミに出て、見事に役割をこなされました。

今日では、マスコミに取り上げられる前にSNSでバズることで注目されるので、スターの数も大幅に増えています。芸能界ではありませんが、みなさんも、コンサル業務で日本を代表し、世界を変えるスーパースターを目指していただきたいところです。　（廣川州伸）

Point
デジタルBCG　マッキンゼー・アンド・カンパニーが「マッキンゼー・デジタル」を立ち上げたように、ボストン・コンサルティング・グループでも「デジタルBCG」を立ち上げ、クライアントのDXニーズに応えている。

ドリームインキュベータ（DI）

DI は一貫して、社会課題を解決し、日本経済を元気にするための事業創造を行ってきた。ビジネスにおける最も普遍的で有益な戦略コンサルティングスキルと、インキュベーションで培われたリアルかつ当事者的な経営力を融合する「ビジネスプロデュース」を実践します。

企業哲学

コンサルタントは使命（Mission）でつながる！

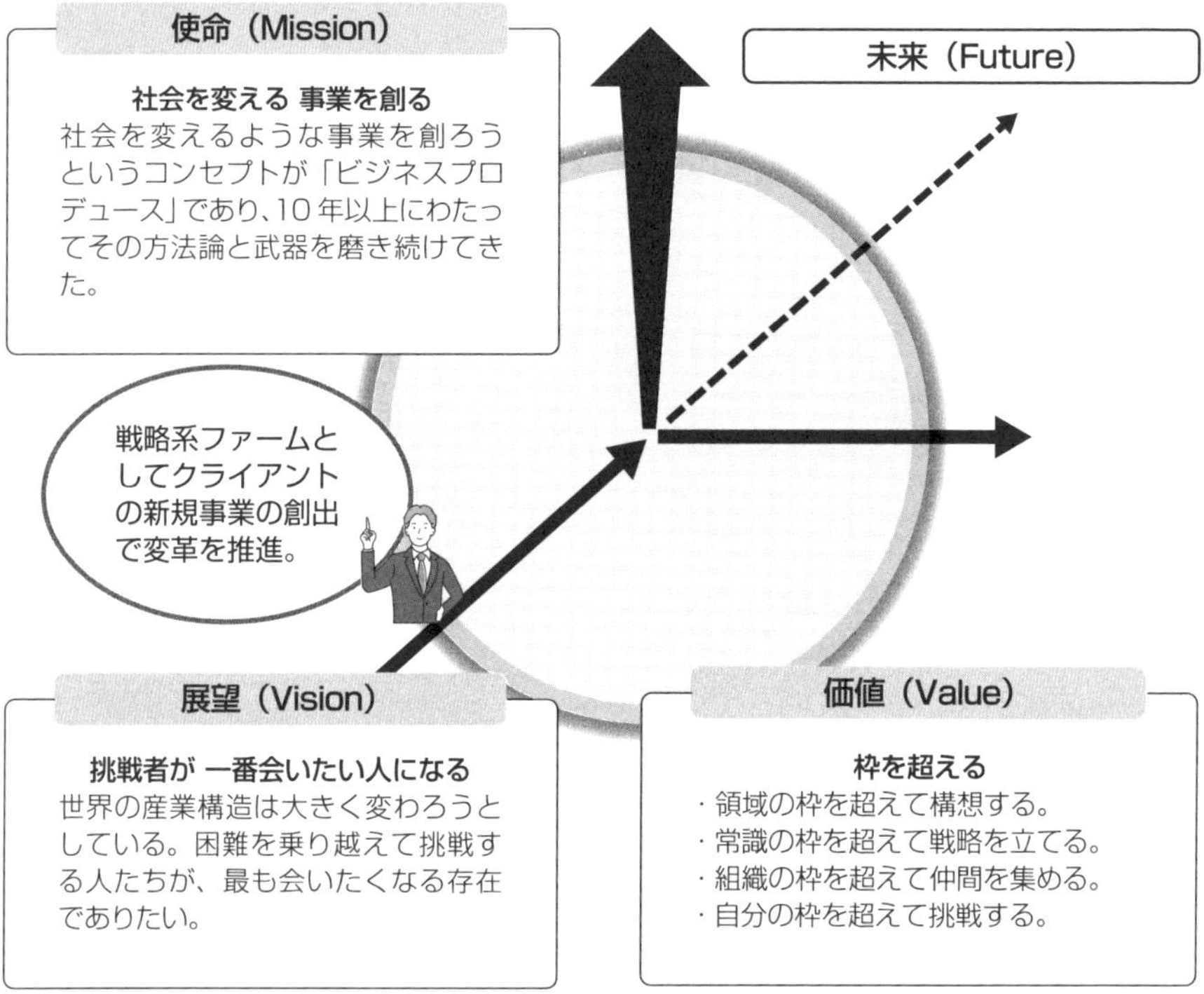
使命（Mission）
社会を変える 事業を創る
社会を変えるような事業を創ろうというコンセプトが「ビジネスプロデュース」であり、10 年以上にわたってその方法論と武器を磨き続けてきた。
未来（Future）
戦略系ファームとしてクライアントの新規事業の創出で変革を推進。
展望（Vision）
挑戦者が 一番会いたい人になる
世界の産業構造は大きく変わろうとしている。困難を乗り越えて挑戦する人たちが、最も会いたくなる存在でありたい。
価値（Value）
枠を超える
・領域の枠を超えて構想する。
・常識の枠を超えて戦略を立てる。
・組織の枠を超えて仲間を集める。
・自分の枠を超えて挑戦する。

■会社概要　　※ホームページに記載のデータより（2023年12月10日現在）

【所在地】〒100-0013 東京都千代田区霞が関 3-2-6 東京倶楽部ビルディング 4F
【設　立】2000 年 6 月 1 日
【資本金】連結純資産 129 億円　※ 2023 年 3 月末現在
【代　表】代表取締役社長：三宅 孝之
【従業員】143 名（連結職員数）　※ 2022 年 3 月末現在

※同社ホームページから注目すべき特長をピックアップし、筆者がまとめたものです。最新のデータとは異なる場合がありますので、興味を持たれた方は、ぜひ、最新情報を自分で入手してください。

■社会を変える事業

いま、世の中を代表する多くの企業のトップのアジェンダが「事業創造」になってきています。これまで各社の成長を支えてきた既存事業が世界的にも成熟。既存事業では成長を実現できなくなってきたところにコロナ禍が重なり、その傾向は益々強まっています。そうした中、同社にはこの先、既存事業が新規事業によって大きく置き換えられていくという未来が見えているといいます。

2020年、同社はミッションを「社会を変える 事業を創る」と再定義しました。新しい事業の創造は、規模の大小を問わず容易ではありません。せっかく苦労して創るなら、社会を変えるような大きな事業を創ろう、というコンセプトが「ビジネスプロデュース」であり、同社は10年以上にわたり、その方法論と武器を磨き続けてきました。

ビジネスプロデュースは、「社会課題の解決」を実現させるというサステナビリティのコンセプトとも高い親和性があります。社会課題をビジネスの力で解決できれば、事業の規模も大きくなり、社会にとっても大きなメリットがあります。そういう取り組みだからこそ、国や自治体の制度整備・見直しによる支援を得られる可能性も高まります。

同社は、これらの期待に応える形で、2022年度、構想レベルから価値を創造する「産業プロデュース」と、戦略構築後の実現を推進する「ビジネスプロデュースインストレーション」を追加し、より広く深い事業創造のニーズに対応できるようにしています。

コンサルの目

スタートアップを支援しよう

失われた30年、そして令和の時代も、日本では「ベンチャー企業が育ちにくい」といわれてきました。その理由の1つとして、日本には米国のようなエンジェルと呼ばれる投資家がいないといわれてきました。しかし、それは半分当たっていますが、言い足りていません。

米国では、スタートアップ企業に対して、国家機関が長期的な視野に立って投資をしています。日本では選ばれた超大手企業しか投資対象になりませんが、米国では、まだ事業計画も立てられない夢の技術に対しても「失敗を前提として」多額の投資が行われています。その資金を得て、失敗を恐れずにチャレンジする起業家の中から、GAFAMのようなエクセレントカンパニーが生まれるのです。

もし、DIが米国の企業として生まれていたら、現在の10倍以上の企業になっていたはず。悲しいことですが、日本の官僚体質の壁は厚く、米国の顔色をうかがいながらベンチャー企業をないがしろにするパラダイムのもとでは、GDP成長の失速も止まらないと思います。

コンサルファームで外資系に人気があるのも、そんな事情が背景にありそうです。

（廣川州伸）

Point **エンジェルの不在** 日本でエンジェルが育たない理由として、変化を嫌う人々の存在があるかもしれない。残念ながら官僚は変化が苦手。正解のないVUCAの時代に適応するためには、失敗を認めないという根本的な価値観から変える必要がありそう。

経営共創基盤（IGPI）

経営共創基盤では、破壊的イノベーションが次々と起こる中、会社のカタチを再構築し、適時適切に進化・更新していくコーポレートトランスフォーメーション（CX）を粘り強く共創しています。

企業哲学

真の実践的DXのスキームに注目！

使命（Mission）

私たちは、長期的･持続的な企業価値･事業価値向上を目指した経営革新・経営改革の最前線に先兵として飛び込み、経営と経済に新しい時代を切り拓きます。

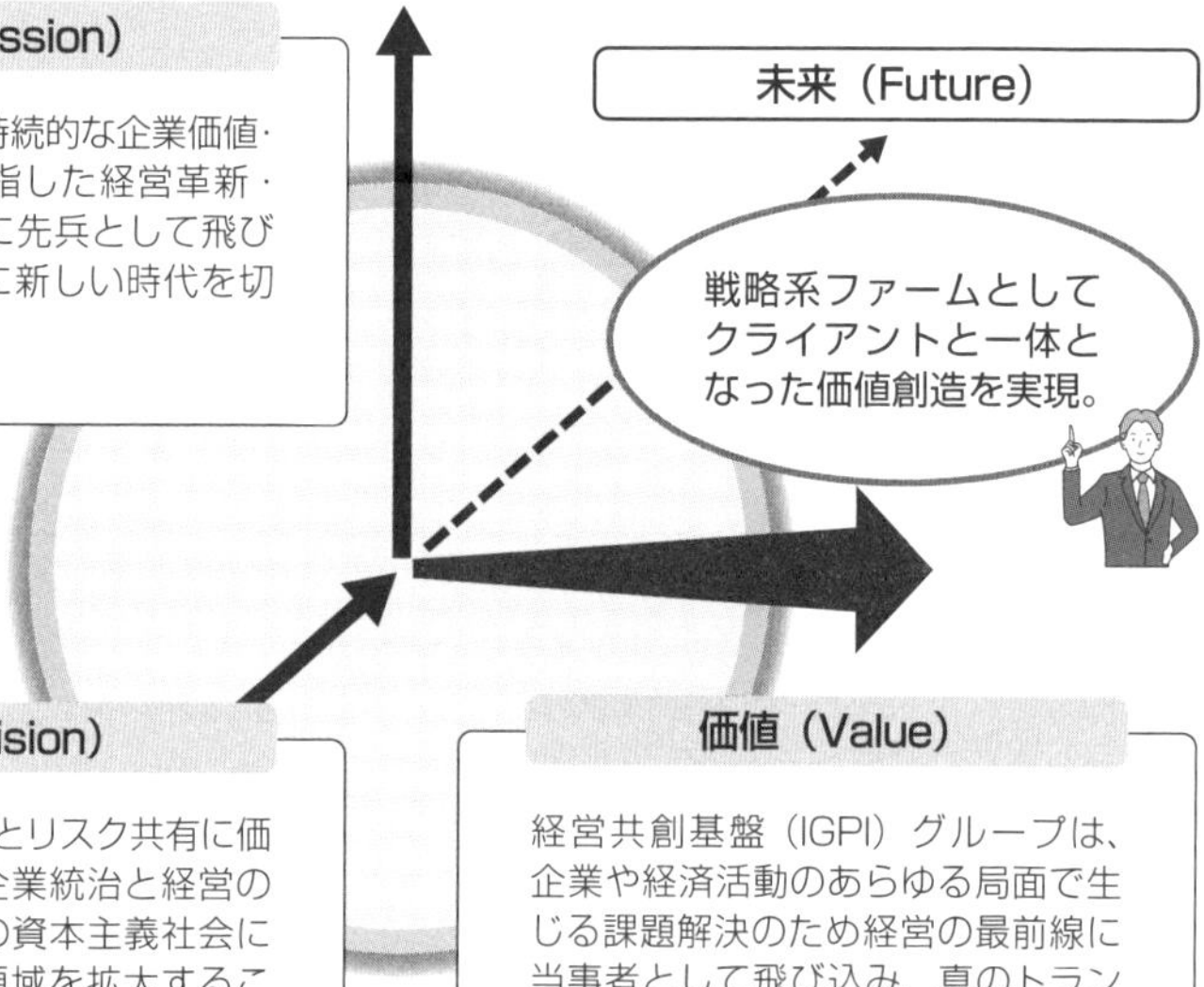
未来（Future）
戦略系ファームとしてクライアントと一体となった価値創造を実現。

展望（Vision）

長期コミットメントとリスク共有に価値を認め、投資と企業統治と経営のあるべき姿を世界の資本主義社会に問い、自らの活動領域を拡大することで理念を発信し、知識集約化の進展する世界の経営と経済における新たなパラダイムの構築に大きな役割を担うことを志します。

価値（Value）

経営共創基盤（IGPI）グループは、企業や経済活動のあらゆる局面で生じる課題解決のため経営の最前線に当事者として飛び込み、真のトランスフォーメーションの実現を粘り強く『共創』します。

■会社概要

※ホームページに記載のデータより（2023年12月10日現在）

【所在地】	〒100-6608 東京都千代田区丸の内一丁目９番２号 グラントウキョウサウスタワー８階
【設　立】	2007年7月
【資本金】	31億円
【代　表】	代表取締役CEO：村岡 隆史
【従業員】	プロフェッショナル約220名、グループ計約7500名

※同社ホームページから注目すべき特長をピックアップし、筆者がまとめたものです。最新のデータとは異なる場合がありますので、興味を持たれた方は、ぜひ、最新情報を自分で入手してください。

■コンサルティング

IGPIグループでは、企業の規模・業界・エリア（国内外）を問わず、会社のカタチ、人材のカタチの抜本的転換が求められる破壊的イノベーションの時代において、事業・組織・人材が一体となり、適時適切に進化・更新される経営の実現、すなわち**コーポレートトランスフォーメーション（CX）**の実現に、クライアント企業と共に取り組んでいます。

■インキュベーション

IGPIグループでは、国内外の大学・研究機関、ベンチャー、大企業、各国政府や現地投資家コミュニティ等との強固なネットワークをもとに、起業支援、資金提供（自己もしくはVCからの投資）、共同研究支援、ハンズオンサポート（経営・営業・バックオフィスなど）といった様々なアプローチで、新たな技術やイノベーションの社会実装・産業化による付加価値の創出に取り組んでいます。

非連続・破壊的なイノベーションが求められると同時に、その契機となる可能性を秘めた新たな技術やアイデアが数多く存在している今日において、IGPIグループは、前述した国内外の大学・研究機関、ベンチャー、大企業、各国政府や現地投資家コミュニティ等との強固なネットワークをもとに、その関係者による新たな技術の事業化・社会実装の共創を生み出し、世界を変える付加価値の創出を共に行っています。

コンサルの目

日本の産業は再生できるか

IGPIは、失われた10年で疲弊した企業を相手に辣腕を振るった（産業再生機構の）冨山和彦氏が創業。その出自ゆえに、単なる経営コンサル業務だけではなく、投資業務やインキュベーション業務で悩める大手企業の経営をサポートしてきました。

そのチャレンジは、日本の特徴となっている中堅・中小企業群に働きかけるスキームではなく、これまでコラボしてこなかった大手企業同士が新しい時代に合わせてコラボレーションするというもので、タテ社会からヨコ社会への転換を迫るものだったと筆者は考えています。それゆえ、日本の市場特性を活かしつつ、世界に通用する大手企業とコラボして価値創造をしたいという人は、門をたたいてみるといいでしょう。（廣川州伸）

Point

常識を疑う　VUCAの時代に求められることの1つに「常識を疑う」ことがある。クライアントの経営環境が劇的に変わる中、共に歩んでいくコンサルタントが既存の常識、従来の評価軸で未来戦略を語るわけにはいかない。

ベイン・アンド・カンパニー・ジャパン・インコーポレイテッド

グローバルに展開する大手経営戦略コンサルファームです。ベインは変革志向を持つクライアントの経営層が最適な意思決定を行い、それを実行し、継続的な利益を生み出せるように支援しています。

企業哲学

使命（Mission）

クライアントが期待する「結果」の実現にフォーカスし、経営コンサルティング業界に新たなグローバルスタンダードを設定するというミッションを掲げて、1973年に創業された。

オーナー目線を徹底的に訴求する展望（Vision）に注目！

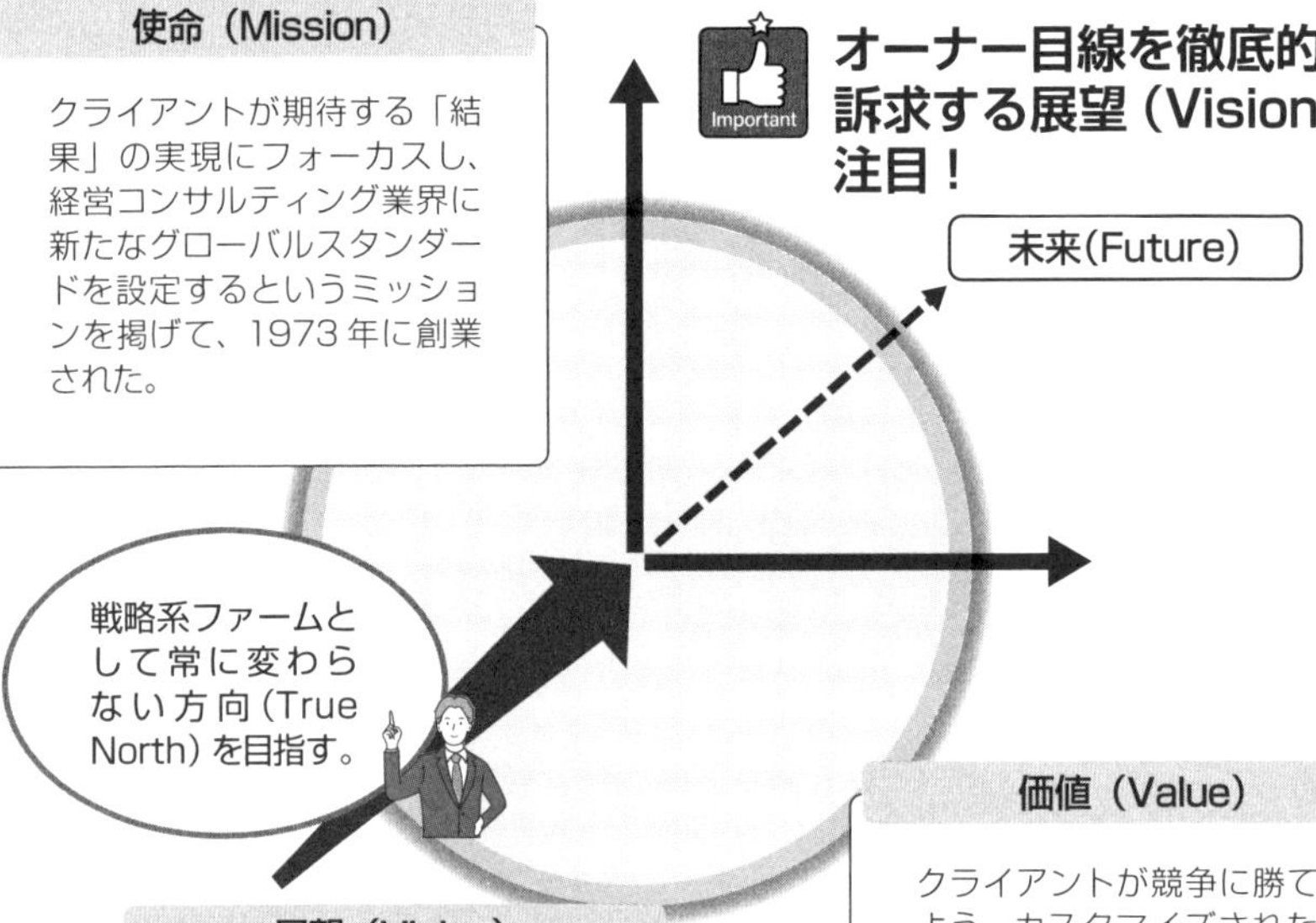
Important
未来(Future)
戦略系ファームとして常に変わらない方向（True North）を目指す。

価値（Value）

クライアントが競争に勝てるよう、カスタマイズされた戦略を策定し、クライアントと共に、提言を具体的な行動に落とし込んできた。ベインの「結果重視」主義は、コンサルティング業界における独自のイノベーションとなった。

展望（Vision）

ベインは、プライベートエクイティ向けコンサルティングのグローバルリーダーであり、オーナーの視点を熟知。この知見を活かし、クライアントが高収益かつ持続的な成長を遂げるための支援を行う。

■会社概要

※ホームページに記載のデータより（2023年12月10日現在）

【所在地】〒107-6237 東京都港区赤坂 9-7-1 ミッドタウン・タワー 37F
【設　立】1973年創業～ 1981年10月東京オフィス開設
【従業員】日本における250人以上のプロフェッショナルが、世界1万8500人の社員と密接に連携

※同社ホームページから注目すべき特長をピックアップし、筆者がまとめたものです。最新のデータとは異なる場合がありますので、興味を持たれた方は、ぜひ、最新情報を自分で入手してください。

■企業・人のフルポテンシャルを解き放つ

●日本に対する深い理解と、グローバルの経験、知見の活用

同社は、クライアントが日本およびグローバル市場でフルポテンシャルを発揮できるように支援しています。具体的には、日本における250人以上のプロフェッショナルが、世界1万8500人の社員と密接に連携しています。

●未来を切り開き、変革を起こすリーダーへの支援に注力

成功を裏づけるビジョンの策定から、専門知識、深い知見そしてツールの提供に至るまで、クライアントが持続可能な結果を出せるように導いています。

同社が提供するコンサルティングの約60％がフルポテンシャルトランスフォーメーションの支援です。

●「オーナー目線」を持った価値提供

クライアントのビジネスを自社のことのように考えて取り組んでいます。同社は、プライベートエクイティ向けコンサルティングのグローバルリーダーであり、オーナーの視点を熟知しています。この知見を活かし、クライアントが高収益かつ持続的な成長を遂げるための支援を行っています。

●クライアントと「ワンチーム」精神で協働

日本における人々、ビジネス、そして経済を成長させるというクライアントとの共通のビジョンのもと、True North の精神に則り、クライアントと「ワンチーム（1つのチーム）」で、クライアントおよび地域社会のために活動しています。

コンサルの目

失敗を恐れない

コンサルファームが「提言したことの結果にコミットする」のは、本来、大変難しいことです。特に、正解のない新規事業開発や戦略立案の案件は、クライアントを成功に導くこと自体が困難となっています。そのためコンサルファームは長い間、「成果は自己責任」として関知しないできました。

しかし、もともと「正解」があるから「成功と挫折」が生まれるのです。もともと正解がないと気づけば、失敗しても挽回できるはず。成功するまで寄り添い、共に歩んでいくことにすれば、途中で戦略を見直すことも、社会の変化に機敏に対応することもできます。

コンサルタントも、偉そうに横柄に対応しているうちは二流。超一流はもちろん、一流以上であれば身も心も経営陣に寄り添い、とてもフレンドリーですから、クライアントも失敗を怖がらずにチャレンジできるのです。

（廣川州伸）

Point **ワンチーム**　コンサルファームの姿勢は、指南役から「寄り添って、一緒に歩くパートナー」に変化してきた。その究極の形が、クライアントとコンサルファームのスタッフが1つのプロジェクトチームの一員として、同じ未来の景色を見るために歩んでいく「ワンチーム」となる。

ローランド・ベルガー

1967年にドイツで創業したグローバル・コンサルファーム。共同経営者であるパートナーが株式を保有するパートナーシップ制度で運用。現在は、日欧米をはじめ中国・東南アジア・南米・アフリカ・中東など世界50カ所以上のオフィスを展開、3000人を超えるスタッフを擁する。

3つのコアバリュー

人と人との共感（Empathy）を重視する姿勢に注目！

Value ②

卓越性［Excellence］
持続可能かつ目に見える成果を実現するため、最高の結果と世界トップレベルのベストプラクティスを追求する。

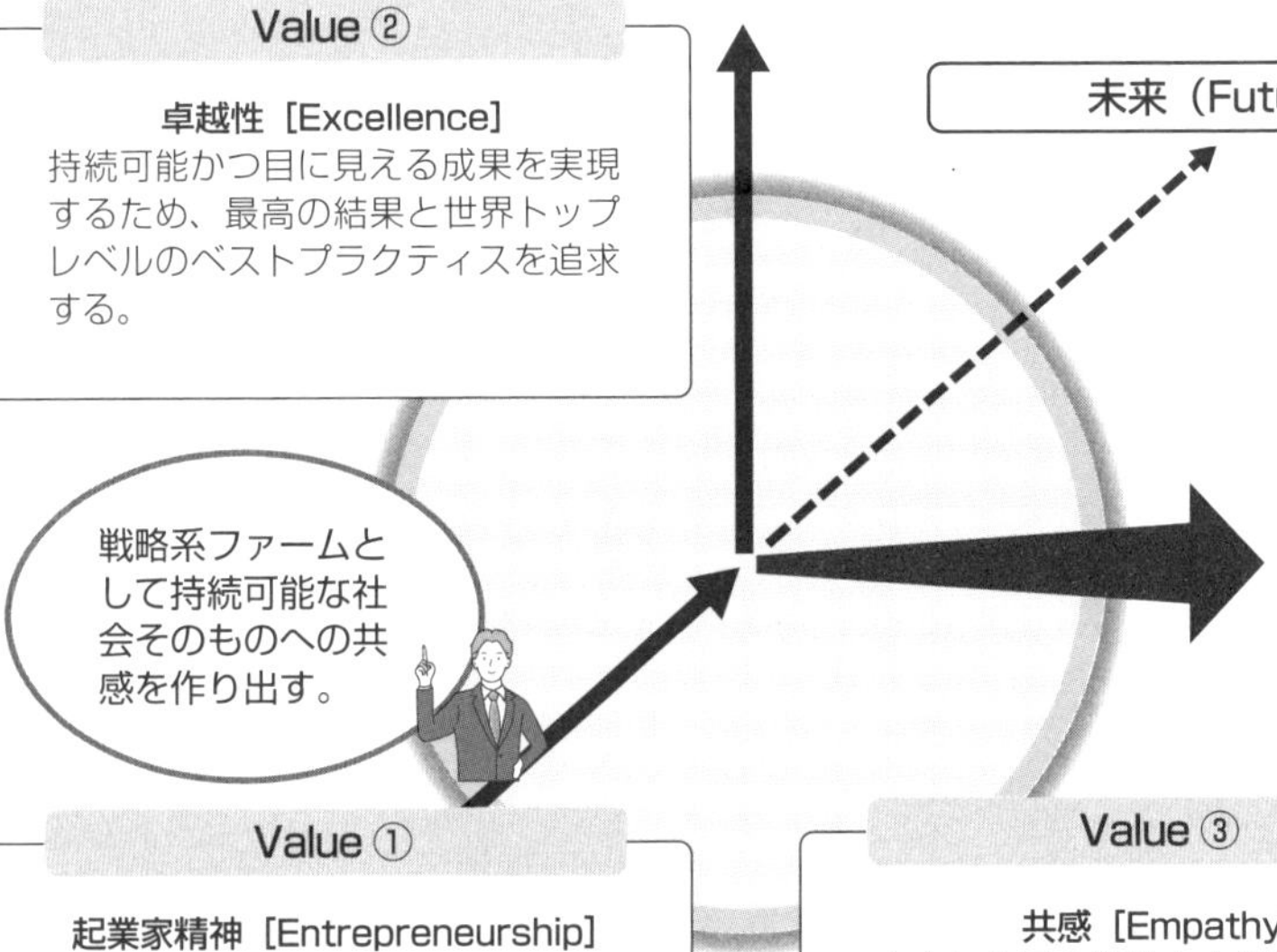
未来（Future）
戦略系ファームとして持続可能な社会そのものへの共感を作り出す。

Value ①

起業家精神［Entrepreneurship］
自律的に考え行動し、リスクをとり、新しい道を切り開くことに挑戦する。クライアントの変革を支援するため、革新的でありながら持続可能なソリューションを実現する。

Value ③

共感［Empathy］
寛容と尊重の精神を大切にし、クライアントのパートナーとして知性あふれる情熱を持って共に働く。多様性を強みとし、能力を最大限に発揮し、クライアントを成功に導く。

■会社概要　　※ホームページに記載のデータより（2023年12月10日現在）

【所在地】東京都港区虎ノ門2-6-1 虎ノ門ヒルズステーションタワー 35F（2024年2月に移転）
【設　立】1991年に日本法人株式会社ローランド・ベルガーとして発足
【代　表】代表取締役 シニアパートナー：大橋 譲
【資本金】8700万円
【従業員】約130名（2023年推定）※グローバルでは約3000人

※同社ホームページから注目すべき特長をピックアップし、筆者がまとめたものです。最新のデータとは異なる場合がありますので、興味を持たれた方は、ぜひ、最新情報を自分で入手してください。

■European Origin のDNA

欧州に起源を持つ**ローランド・ベルガー**のコンサルティングは、短期的な利益にとらわれない持続可能な社会への価値創造が信条です。

①すべてのステークホルダーを重視する姿勢
株主に寄りすぎず、従業員・取引先・地域社会など、広範な利害関係者への責任感

②長期的な視座
短期的な利益にとらわれず、企業と社会のサステナブルな繁栄をパーパス・ドリブンに志向

③協調・協業
自社・自国の覇権の横展開ではなく、協調的な精神のもとに多様性を受容し、地球規模での成長を追求するスタイル

■JAPAN DESK

東南アジアにジャパンデスクを設置。経験豊富なコンサルタントが、日系企業のグローバル化を支援しています。

ジャパンデスクのコンサルタントは、製造業・消費財・運輸・エネルギーなど、幅広い産業についての知見を有しており、クロスボーダーアライアンス、M&A、ジョイントベンチャー、販売戦略、事業再構築など、幅広いテーマにおけるプロジェクト経験を有しています。

東京オフィスおよび世界50カ所以上のオフィスに在籍する3000人のエキスパートと連携し、クライアントの現地法人と日本本社のトップマネジメントの双方に、同時並行できめ細かいコンサルティングサービスを提供しています。

コンサルの目

組織力の強化

同社はEU最大手のコンサルファームの1つ。少数精鋭主義をとり、コンサルスタッフ一人ひとりの個性が強みとなっていました。その一方で、組織力の点では、米国に本社を構えるコンサルファームの後塵を拝する一面がありました。

ところが、パンデミック以後、クライアントのDXニーズの高まりもあり、現在は組織力の強化を図っています。それはコンサルファームの生き残りをかけたチャレンジですが、もともと一人ひとりのスキルが非常に高く、地力が備わっているだけに、さらなる飛躍が期待できます。

ちなみに、筆者は生成AIの登場によって、米国よりEUの動向が気になっています。みなさんも研究してみてください。　（廣川州伸）

Point
パートナーシップ　ローランド・ベルガーは、一人ひとりのコンサルタントの力量を重視しているコンサルファームの典型のような会社で、パートナーが経営を切り盛りする合議制をとっている。トップによる上意下達式ではないので、一人ひとりがキャリアを磨くことができる。

野村総合研究所（NRI）

NRIは、徹底して顧客の立場に立つというDNAならびに高いチームワーク能力を武器に、多岐にわたる分野・領域で、高度かつ大規模なプロジェクトを推進してきました。この強みに磨きをかけ、先進性あふれる高品質なサービスを提供し、高い信頼を得ています。

企業哲学

未来志向でどんな価値を生み出すかに注目！

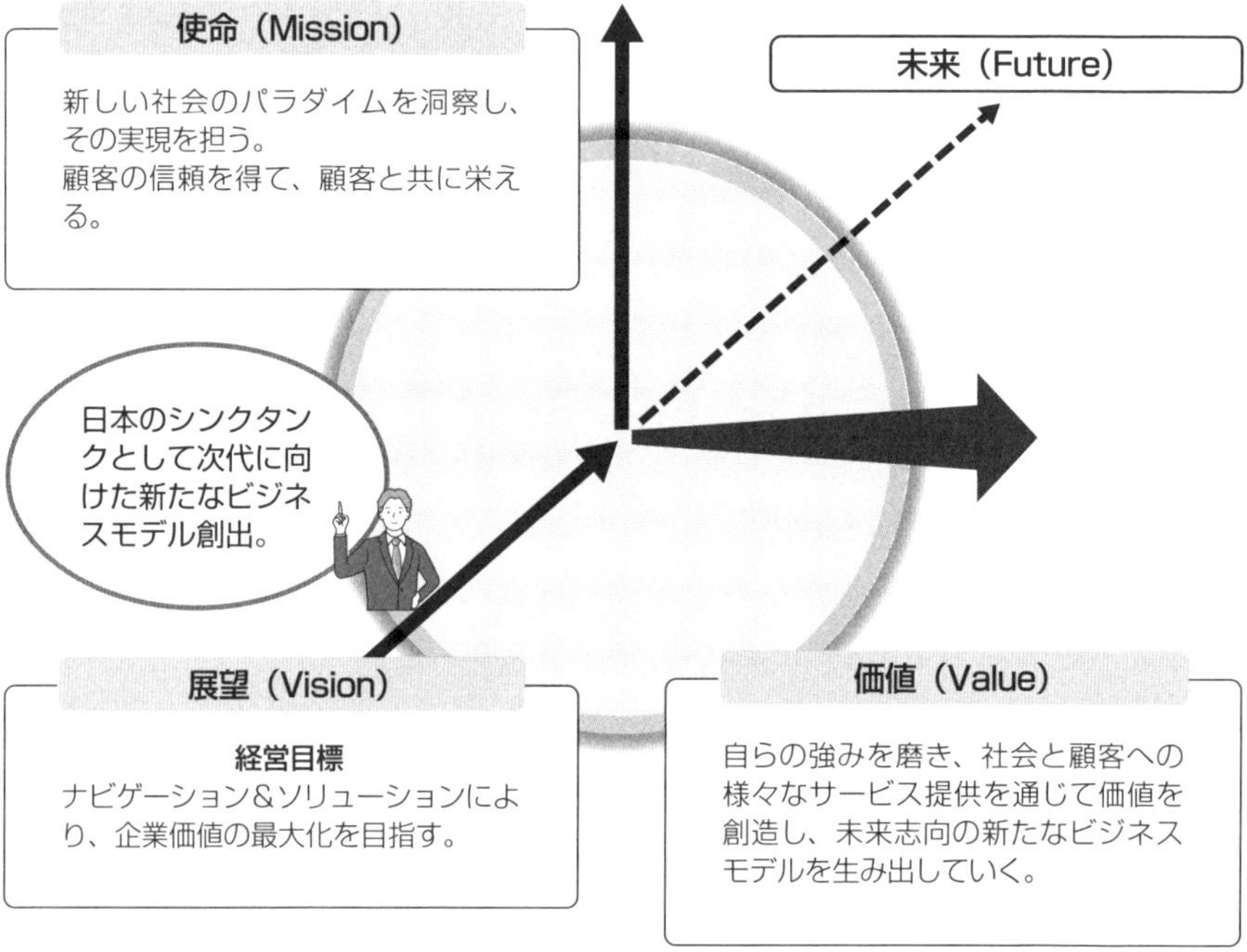
使命（Mission）
新しい社会のパラダイムを洞察し、その実現を担う。
顧客の信頼を得て、顧客と共に栄える。
未来（Future）
日本のシンクタンクとして次代に向けた新たなビジネスモデル創出。
展望（Vision）
経営目標
ナビゲーション&ソリューションにより、企業価値の最大化を目指す。
価値（Value）
自らの強みを磨き、社会と顧客への様々なサービス提供を通じて価値を創造し、未来志向の新たなビジネスモデルを生み出していく。

■会社概要　※ホームページに記載のデータより（2023年12月10日現在）

【所在地】〒100-0004 東京都千代田区大手町 1-9-2
大手町フィナンシャルシティ グランキューブ
【設　立】1965年4月1日
【資本金】23,644,932,600円
【代　表】代表取締役会長 兼 社長：此本 臣吾
【従業員】6782名（2023年3月31日現在）※NRIグループは1万7394名
【売　上】（連結）6921億円（2023年3月期）

※同社ホームページから注目すべき特長をピックアップし、筆者がまとめたものです。最新のデータとは異なる場合がありますので、興味を持たれた方は、ぜひ、最新情報を自分で入手してください。

■企業理念と価値共創

「社会に対して」新しい社会のパラダイムを洞察し、その実現を担う。

「お客様に対して」お客様の信頼を得て、お客様とともに栄える。

■3つの価値共創を通じた社会課題の解決

同社の企業理念には、「活力ある未来社会の共創」、「最適社会の共創」、「安全安心社会の共創」という3つの社会価値の考え方が組み込まれています。

・活力ある未来社会の共創

未来に向けて新たな価値が次々と生み出され、すべての生活者がそれらを享受できる、豊かで快適な社会を目指すことにあります。

・最適社会の共創

大切な社会資源（人財・モノ・カネ・知的資産）を有効活用する力強い産業を育み、あらゆる人が暮らしやすい社会を目指すことにあります。この領域においてNRIは、STARやBESTWAYなどの、金融を支える共同利用型プラットフォームを展開して、金融機関のビジネスプロセス変革、さらに情報システムの共同利用によるCO_2削減効果の創出に貢献してきました。

・安全安心社会の共創

情報システムをはじめとする社会インフラの守りを固め、事故や災害などにも強い、安全安心な社会を目指すことです。情報インフラが複雑化していく中で、NRIはセキュリティを担保したインフラをマネージドサービスとして請け負う事業を推進しています。

※詳細は同社サイトで確認してください。

コンサルの目

日本の未来をつくる

NRIは総合力のあるシンクタンク系コンサルファームですが、特に金融・流通に強いとされています。金融と流通は、日本経済全体を人間の身体として見た場合に「心臓」と「大動脈」に当たる部分。ふだんは当たり前に存在している心臓も大動脈も、不具合があれば血流そのものが滞留してしまいます。これは「生命の存続」に係ってきます。

昨今、様々な変化の波に襲われている日本経済ですが、世界情勢を的確に読み、失われた30年から脱却するイノベーションを頻繁に起こすためにも、金融・流通に強いコンサルファームに期待したいと思います。（廣川州伸）

Point

未来社会創発企業　NRIグループは「未来社会創発企業」として新しい社会のパラダイムを洞察し、その実現を目指している。その中心にあるのは、日本政府が打ち出しているSociety 5.0の人間中心の社会だろう。この視点は、日本企業が世界、とりわけアジア市場に進出していくときにも重要なものである。

三菱総合研究所

三菱総合研究所は、1970年に三菱創業100周年記念事業として設立されました。以来、経済・企業経営から政策・公共・科学技術分野に至る広い領域で、時代の羅針盤としての役割を担い続けてきました。

企業哲学

先の見えない時代に未来（Future）へのコミットメントに注目！

使命（Mission）

社会課題を解決し、豊かで持続可能な未来を共創する。

未来（Future）

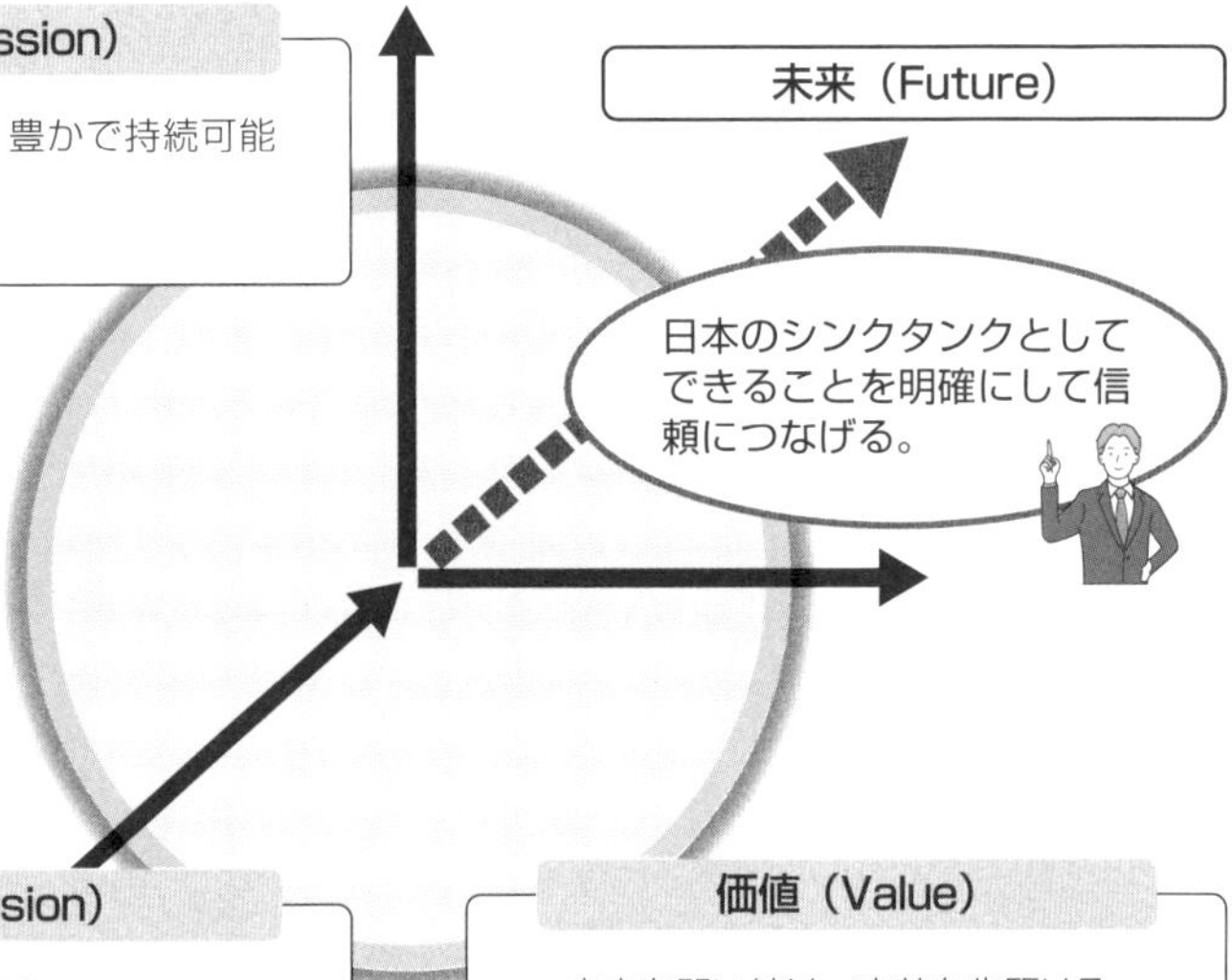
日本のシンクタンクとしてできることを明確にして信頼につなげる。

展望（Vision）

経営理念
三菱総合研究所は、豊かで持続可能な未来の共創を使命として、世界と共に、あるべき未来を問い続け、社会課題を解決し、社会の変革を先駆ける。

価値（Value）

未来を問い続け、変革を先駆ける。

■会社概要

※ホームページに記載のデータより（2023年12月10日現在）

【所在地】〒100-8141 東京都千代田区永田町 2-10-3
【設　立】1970（昭和45）年5月8日
【資本金】63億3624万円
【代　表】代表取締役社長：籔田 健二
【従業員】4428名（2023年9月30日現在、単体1150名）

※同社ホームページから注目すべき特長をピックアップし、筆者がまとめたものです。最新のデータとは異なる場合がありますので、興味を持たれた方は、ぜひ、最新情報を自分で入手してください。

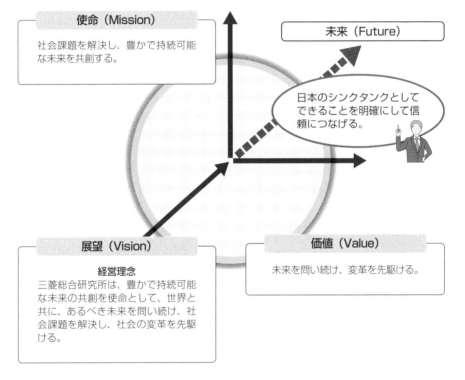

中期経営計画2026

シンクタンクとして50年前に創業した同社は、広い視野から、日本の社会変革力の低下という課題解決に大きく貢献できる存在であり、これからの日本社会において、より重い責任を担うべきだと考えています。

およそ30年前から少子高齢化・人口減少、地球環境問題、グローバル化、高度情報化、東京一極集中（地方活性化）、低成長経済（経済成熟化）などの社会課題はいずれも解決せず、日本社会は変革ができないまま足踏みを続けています。

そこで同社は変革を先駆けると共に、共感によってより多くの関係者を巻き込み、その結果、山積する多くの社会課題や、今後も生まれてくる新たな課題の解決を促進する存在になりたいと考えています。複雑化する現代の社会課題に対して、一企業単独では具体的な解決策を社会実装できないことは明らかです。経営理念には同社にない技術、人財、ノウハウ、ネットワークを持ったパートナーと共創することも盛り込まれています。

ステークホルダーへのコミットメント

【第1の約束】研鑽

社会や顧客への提供価値を磨き続ける。

【第2の約束】知の統合

知の結節点となり、多彩な知をつなぐ。

【第3の約束】スタンス

科学的知見に基づき、あるべき未来への道筋を示す。

【第4の約束】挑戦

前例にとらわれず、社会の変革に挑戦する。

【第5の約束】リアリティ

責任を持って実現に取り組む。

※詳細は同社サイトで確認してください。

コンサルの目

時代の羅針盤

シンクタンクにも多様なタイプがありますが、MRIは官公庁に強いシンクタンク系コンサルファームとして、技術立国日本を支えてきました。経済産業省が調査研究して発表する「技術ロードマップ」はコンサルタント必読ですが、それをベースにしながら独自の研究・分析を加えた「未来社会予測」は、時代の羅針盤として、多くの企業に活用されています。

企業経営をしていると、現在の波に乗るのが精いっぱいで、数年先を見るゆとりもありません。まして2050年にどんな社会が実現しているかということなど、非現実的な夢のように感じるはず。しかし、夢のない企業は、いずれ羅針盤が役立たなくなり、持続可能性を損なっていきます。混迷の時代であるからこそ、遠くを眺めつつ、足元を固める姿勢が必要なのです。（廣川州伸）

Point

技術立国の復権　経済活動を展開する場合、サービス業であっても技術力については深い洞察が必要となる。技術のことがまったくわからない、興味関心もないという経営者では、ベンチャー企業に目をつけることも、スタートアップ企業を見守り、新たなビジネスチャンスを求めて連携することもできない。

日本総合研究所

日本総研は、培ってきた豊富な経験と最新の経営手法、そしてアジアを中心とした世界各国のネットワークを駆使することで、斬新かつ実効性のある解決策を提供。高度な専門知識を持つプロフェッショナル集団によるプロジェクト編成を自在に行うことで、顧客の持続的な成長に貢献します。

企業哲学

ガラパゴス市場から脱却するシナリオに注目！

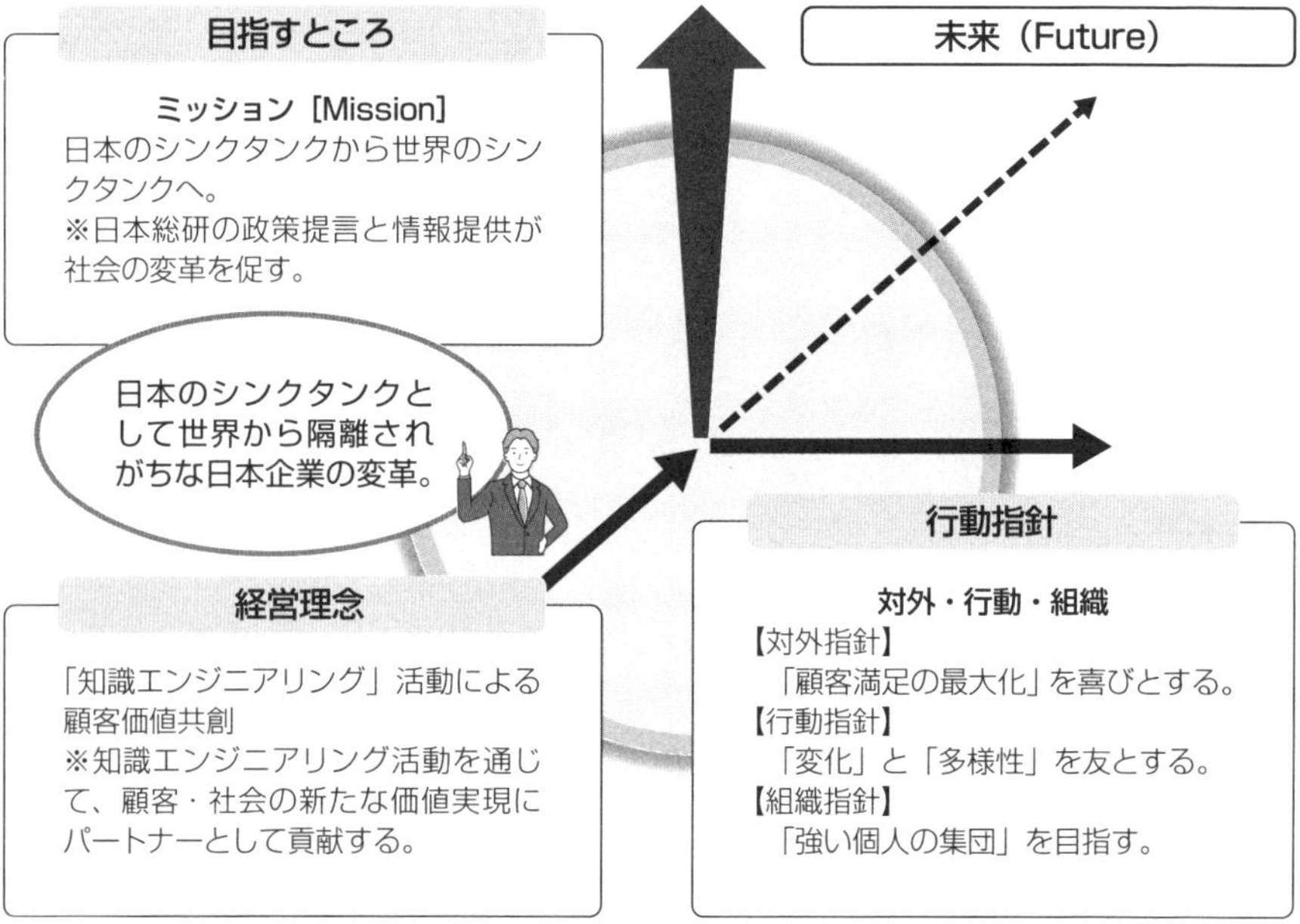

目指すところ
ミッション［Mission］
日本のシンクタンクから世界のシンクタンクへ。
※日本総研の政策提言と情報提供が社会の変革を促す。
未来（Future）
日本のシンクタンクとして世界から隔離されがちな日本企業の変革。
経営理念
「知識エンジニアリング」活動による顧客価値共創
※知識エンジニアリング活動を通じて、顧客・社会の新たな価値実現にパートナーとして貢献する。
行動指針
対外・行動・組織
【対外指針】
「顧客満足の最大化」を喜びとする。
【行動指針】
「変化」と「多様性」を友とする。
【組織指針】
「強い個人の集団」を目指す。

■会社概要　※ホームページに記載のデータより（2023年12月10日現在）

【所在地】	東京本社：〒141-0022 東京都品川区東五反田 2-18-1 大崎フォレストビルディング
【設　立】	1969 年 2 月 20 日
【資本金】	100 億円
【代　表】	代表取締役社長：谷崎 勝教
【従業員】	2962 名（2023 年 3 月末現在）
【売　上】	2197 億円（2023 年 3 月期）

※同社ホームページから注目すべき特長をピックアップし、筆者がまとめたものです。最新のデータとは異なる場合がありますので、興味を持たれた方は、ぜひ、最新情報を自分で入手してください。

■得意分野とプロジェクト分析

同社は構造・メカニズムに着目した内外のマクロ経済分析・景気予測ならびに、理想を追求しつつ現場の状況や実現可能性も念頭に置いた成長戦略・社会保障・税財政分野などの政策提言をしています。

■「税・社会保障の抜本改革」プロジェクト

日本の実情に応じた社会保障のあり方を追求すると共に、制度の持続性確保と財政健全化の両立を図る方策を探っています。調査研究活動の分野は、年金、医療・介護、子育て・教育、ワークライフマネジメント、若年層支援、および法人税を中心とする税制改革等、多岐にわたります。

■「地方創生の再構築」プロジェクト

人口減少が本格化している地方で生じる様々な問題に対していかに対処し、持続可能な地域モデルを構築していくかについて提言しています。

単に目先の人口増加を目指すだけでなく、人材のシェアリング、地に足の着いた地方自治の確立、コンパクトシティなど、多面的な分析を通じて地方創生を実現したいと考えています。

■「デジタル時代の価値創造」プロジェクト

ICTの飛躍的進歩、それに伴う社会環境の劇的な変化、グローバルな産業地図の変化、コロナ禍を機に生じた新たな要請を踏まえ、内外のイノベーションをとらえて評価すると同時に、企業など各主体に求められる新たな価値創造について提言しています。

※詳細は同社サイトで確認してください。

コンサルの目

滅私奉公

日本経済は、優秀な官僚機構に支えられています。しかし、キャリア組は、調査の企画設計はするものの、現場に出ることはありません。企業の現場を肌感覚で理解しているのは、日本総研のようなシンクタンク系コンサルファームです。

本来、官僚は「国民のために滅私奉公する」ことが存在意義となっていました。そこでは高い倫理観と共に、心から日本国民全体の幸福を願う、尊敬すべき人々でした。ただ利益を訴求し、欲望の再生産をするだけではなかったのです。ところが、いつしか一部の「優秀な」官僚たちが、私利私欲のために官僚機構を利用するようになりました。その象徴が天下りシステムです。

悲しいかな、現在はシンクタンク系のコンサルファームが、官僚の代わりに、国民に滅私奉公しているような気がします。これはコンサルタントが大好きな筆者の偏見でしょうか。

（廣川州伸）

Point

シンクタンクの役割　シンクタンクは、政府や行政機関から調査・分析・提言の仕事を受注し、客観的視座から報告書を作成している。調べたこと、考えたこと、発見したことが直接、国の提言につながったとき、スタッフのワクワク感がピークとなる。

日本M&Aセンターホールディングス

同社が目指しているのは、老舗ブランドや固有の技術を守り、成長を支援し、地方を、そして日本を創生することです。業界リーディングカンパニーとして、最高のM&Aを追求し続けます。

パーパス〜最高のM&Aをより身近に〜

日本におけるM&Aの成立条件と顧客満足の関係に注目！

Purpose経営②

顧客満足

M&A仲介事業のみならず、ネットマッチングや企業評価、PMI、M&A後のオーナーサポートなど、周辺業務についても専門性の高いグループ会社が質の高いサービスを提供し、M&Aの"成約"にとどまらない真の"成功"を支援します。

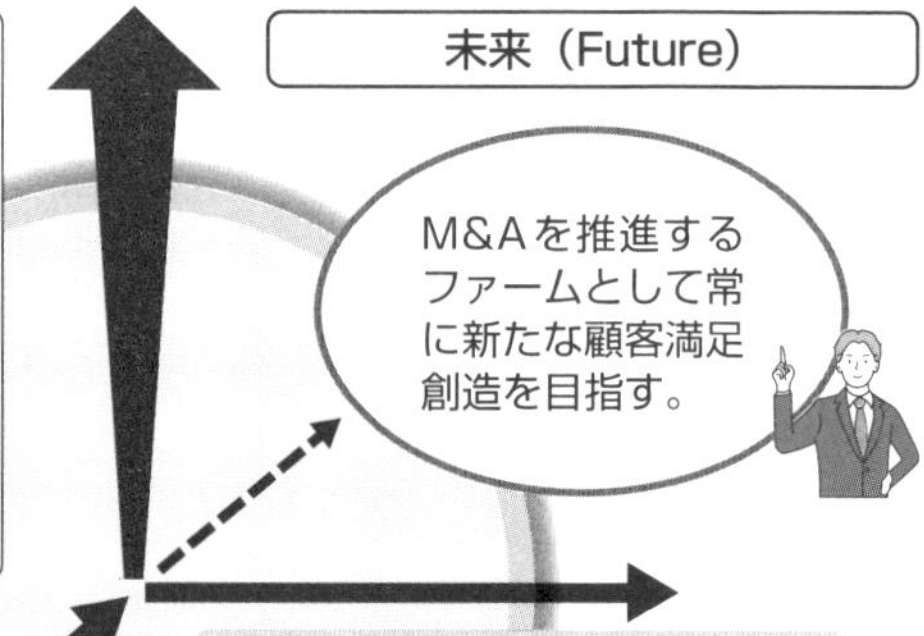
未来（Future）
M&Aを推進するファームとして常に新たな顧客満足創造を目指す。

Purpose経営①

コンプライアンス

CCO（チーフコンプライアンスオフィサー）を中心に、コンプライアンス教育体制を整え、定期的なコンプライアンス研修を実施することで、コンプライアンス遵守・倫理観重視の組織風土浸透に取り組んでいます。

価値（Value）

業務品質

2022年10月より新たに「品質本部」を設置し、従前の3本部体制（戦略本部・営業本部・管理本部）から4本部体制（戦略本部・営業本部・品質本部・管理本部）へ移行しました。

■会社概要　※ホームページに記載のデータより（2023年12月10日現在）

【所在地】〒100-0005 東京都千代田区丸の内1-8-2 鉄鋼ビルディング24F
【設　立】1991年4月25日
【資本金】4,045百万円（東証プライム上場　証券コード：2127）
【代　表】代表取締役社長：三宅 卓
【従業員】1111名（2023年9月末時点）
【特　記】2021年10月1日に純粋持株会社体制へ移行し、「株式会社日本M&Aセンターホールディングス」に商号を変更

※同社ホームページから注目すべき特長をピックアップし、筆者がまとめたものです。最新のデータとは異なる場合がありますので、興味を持たれた方は、ぜひ、最新情報を自分で入手してください。

パーパス経営に込めた決意

・**最高のコンプライアンス**　CCOを中心に、コンプライアンス教育体制を整え、定期的なコンプライアンス研修を実施することで、コンプライアンス遵守・倫理観重視の組織風土の浸透に取り組んでいます。

・**最高のお客さま満足**　お客さまアンケートの内容を反映し、業務提供プロセス等の見直しを行うと共に、お客さま相談窓口を設けてサポート体制を用意しています。

・**最高の業務品質**　2022年10月より新たに「品質本部」を設置し、従前の3本部体制（戦略本部、営業本部、管理本部）から4本部体制（戦略本部、営業本部、品質本部、管理本部）へと移行しました。

M&A仲介トップの日本M&Aセンターの特長

①業界最大級の情報ネットワークでM&Aプラットフォームを構築（1000社超の会計事務所と連携）
②専門コンサルタントがAIを駆使して月2万件ものマッチングを実現（専門コンサルタント約640名）
③全国の拠点やネットワークを活かし広範囲から最適なマッチングを実現（異業種や遠隔地のマッチングが多い）
④M&Aの各プロセスDX化を推進（各社のDXを支援）
⑤弁護士、公認会計士、税理士、司法書士など40名超の専門家が社員として所属（経験豊富なプロ集団）
⑥M&Aセレモニストによる最高のM&A成約式を演出
⑦譲渡オーナーの自伝「THE WAY」の制作・提供
⑧ASEAN地域5拠点（ベトナム、タイ、シンガポール、インドネシア、マレーシア）体制を確立

※詳細は同社サイトで確認してください。

コンサルの目

技術資産の継承

日本経済は、戦後の復興、高度成長、バブル経済、そして失われた30年と、波乱万丈ともいえる歴史を持っています。どの時代も、エクセレントカンパニーが牽引してきましたが、その下請けとなった中堅・中小企業経営者の底力、そして技術を磨く国民性あっての成功となっていました。

しかし、戦後80年になろうとする今日、社会構造そのものが大きく変化する中で、世界をリードしてきた日本の技術資産が、後継者のないまま消滅しようとしています。それは、日本経済の損失というだけでなく、世界経済の損失でもあります。一人のコンサルタントでどうにかなる問題ではありませんが、ベンチャーやスタートアップを支援するコンサルタントになることも、日本経済を復活させるパワーとなることでしょう。

（廣川州伸）

Point　**M&Aのフィロソフィー**　日本経済は中小企業に支えられて成立しています。中小企業が細胞のように、一社一社が元気になれないと、日本全体の活性化はありません。しかし、パラダイムシフトにより、中小企業単独で事業を継続するのは困難な時代。そこで必要なM&Aですが、フィロソフィーがなければ併合できません。

ストライク

株式会社ストライクは1997年の創業以来、日本国内の中堅・中小企業を対象としたM&A仲介業務を行っている、公認会計士が主体となって設立したM&A専門の会社。コーポレートスローガンに「M&Aは人の想いでできている。」と定め、日々寄せられる一つひとつの依頼に応えています。

事業の３本柱

人の想いが詰まった未来（Future）図に注目！

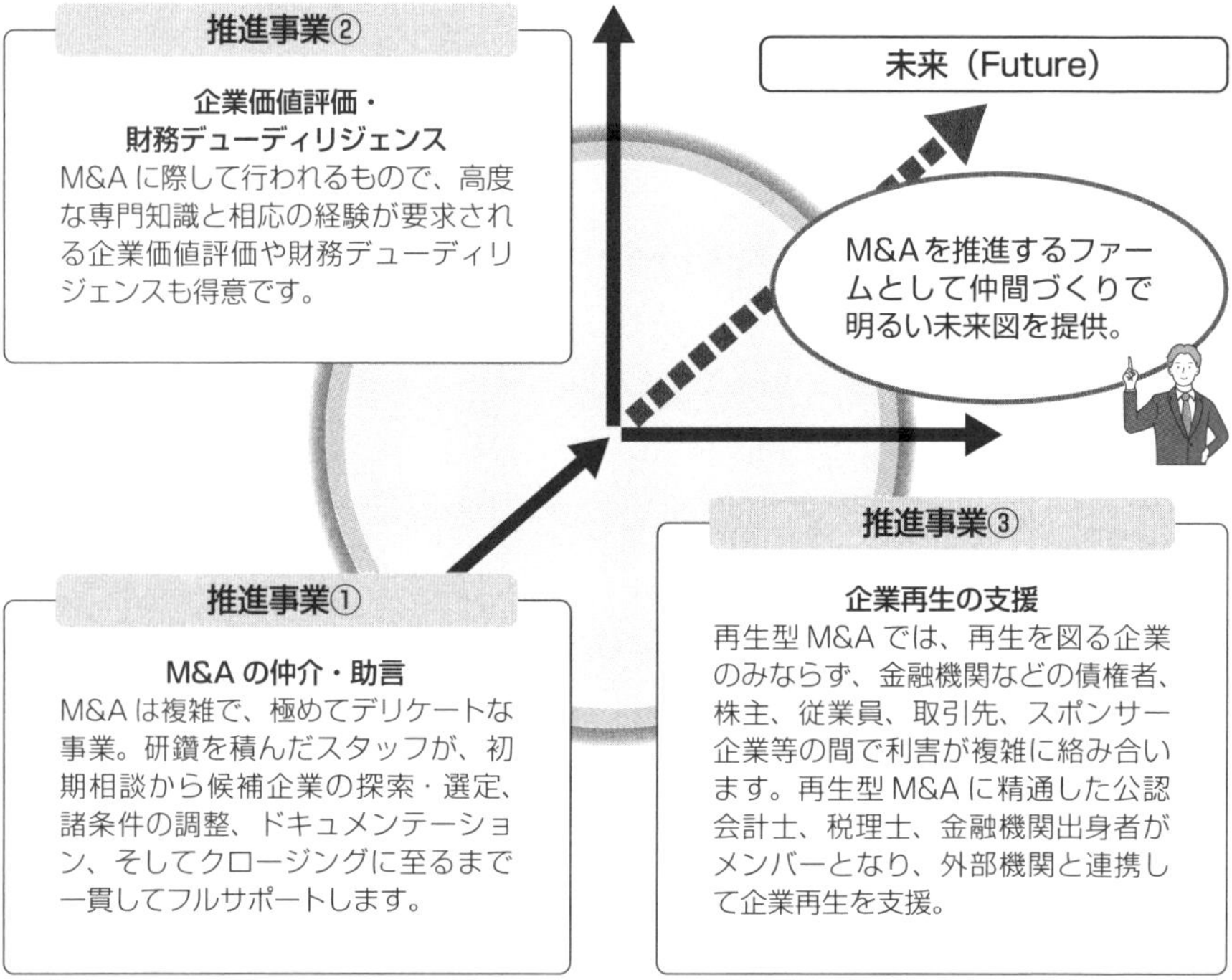

未来（Future）
M&Aを推進するファームとして仲間づくりで明るい未来図を提供。
推進事業②
企業価値評価・
財務デューディリジェンス
M&Aに際して行われるもので、高度な専門知識と相応の経験が要求される企業価値評価や財務デューディリジェンスも得意です。
推進事業①
M&Aの仲介・助言
M&Aは複雑で、極めてデリケートな事業。研鑽を積んだスタッフが、初期相談から候補企業の探索・選定、諸条件の調整、ドキュメンテーション、そしてクロージングに至るまで一貫してフルサポートします。
推進事業③
企業再生の支援
再生型M&Aでは、再生を図る企業のみならず、金融機関などの債権者、株主、従業員、取引先、スポンサー企業等の間で利害が複雑に絡み合います。再生型M&Aに精通した公認会計士、税理士、金融機関出身者がメンバーとなり、外部機関と連携して企業再生を支援。

■会社概要　※ホームページに記載のデータより（2023年12月10日現在）

【所在地】東京都千代田区大手町1丁目2番1号 三井物産ビル15階
【設　立】1997年7月
【資本金】8億2374万円（2023年9月30日現在）
【代　表】代表取締役社長：荒井 邦彦
【従業員】278名（2023年9月30日現在）
【売　上】138億2600万円（2023年9月30日）

※同社ホームページから注目すべき特長をピックアップし、筆者がまとめたものです。最新のデータとは異なる場合がありますので、興味を持たれた方は、ぜひ、最新情報を自分で入手してください。

世界を変える仲間をつくる

創業間もないとき、同社が、M&Aが盛んに行われている米国に目を向けると、M&Aの仲介サイトをインターネット上で運営している会社がありました。その当時、日本ではM&Aの仲介をインターネット上で運営する会社が存在しなかったため、同社は1998年、国内初の「M&A市場SMART（Strike M&A Rapid Trading system）」をインターネット上に開設。このマッチングサービスは、今日でも同社の強みとなっています。

中堅・中小企業のM&A市場は成長をしていますが、同社では事業承継型M&Aだけでなく、新たにスタートアップのイグジット手段としてのイノベーション型M&Aの普及にも取り組んでいます。

ミッションを果たす手段は、M&Aに限定せず、仲間づくりのための新たな手法や新たな事業を創出することも想定。今後は、持続的に会社の規模を拡大し、売上・利益を成長させていけるよう、新たな挑戦をするイノベーターであり続けたいと考えています。ちなみに同社は2022年4月に東京証券取引所プライム市場に移行しました。

ミッション

- **後継者不在を解消したい**　会社を次世代へバトンタッチ、M&Aが抜本的な解決策となります。
- **会社を次のステージに引き上げたい**　M&Aが資金や多用な人材を結び付け、短期間で会社をステップアップさせます。
- **事業の戦略的再編を図りたい**　M&Aが選択と集中を高め、企業の進化をバックアップします。
- **成長の速度を上げたい**　M&Aで、必要な営業基盤や技術を取り込めば、短期間で成長できます。

コンサルの目

ICTバブルを超えて

ストライクが創業した1997年はタイの通貨危機が起きた年。翌98年にはロシアの債務不履行（デフォルト）で世界経済が不安定になり、米連邦準備制度理事会（FRB）は積極的な金融緩和策に出たため、あふれたマネーが株式市場に流れ込んだ結果、ICT銘柄に人気が集まり、米国で関連企業の株価が急騰してICTバブルが生まれました。

ストライクが、インターネットを使ったM&Aマッチングのプラットフォームを日本で最初に立ち上げたのも98年。先見の明があったわけですが、残念ながら、米国で不正会計事件が発覚したこともあり、2001年にはバブルも崩壊してしまいました。それでもM&Aのニーズは拡大を続け、今日ではスタートアップ企業を育成するまでに成長しています。企業の歴史をたどってみると、感慨深いものがあります。　（廣川州伸）

Point

M&Aのイメージ　バブル期およびITバブル期では、M&Aというと乗っ取りやマネーゲームという印象があったが、近年では経営課題を解決し、持続可能性を訴求する究極の戦略手段としてM&Aを認識する経営者も増えてきている。

船井総合研究所

船井総研は、時流に適応し高い確率で業績アップを実現できるコンサルティングサービスを目指し、業界・業種別のコンサルティングをコアに、マネジメントや高い専門性を伴うコンサルティングにも挑戦し、あらゆる経営課題に対応しています。

3つの信条

事例のエビデンスに基づく地に足のついたコンサル力に注目！

信条②

事例主義
全国5000社以上のクライアント先を持つ船井総研だからこそ、現場で実証された経営施策を提案することができます。

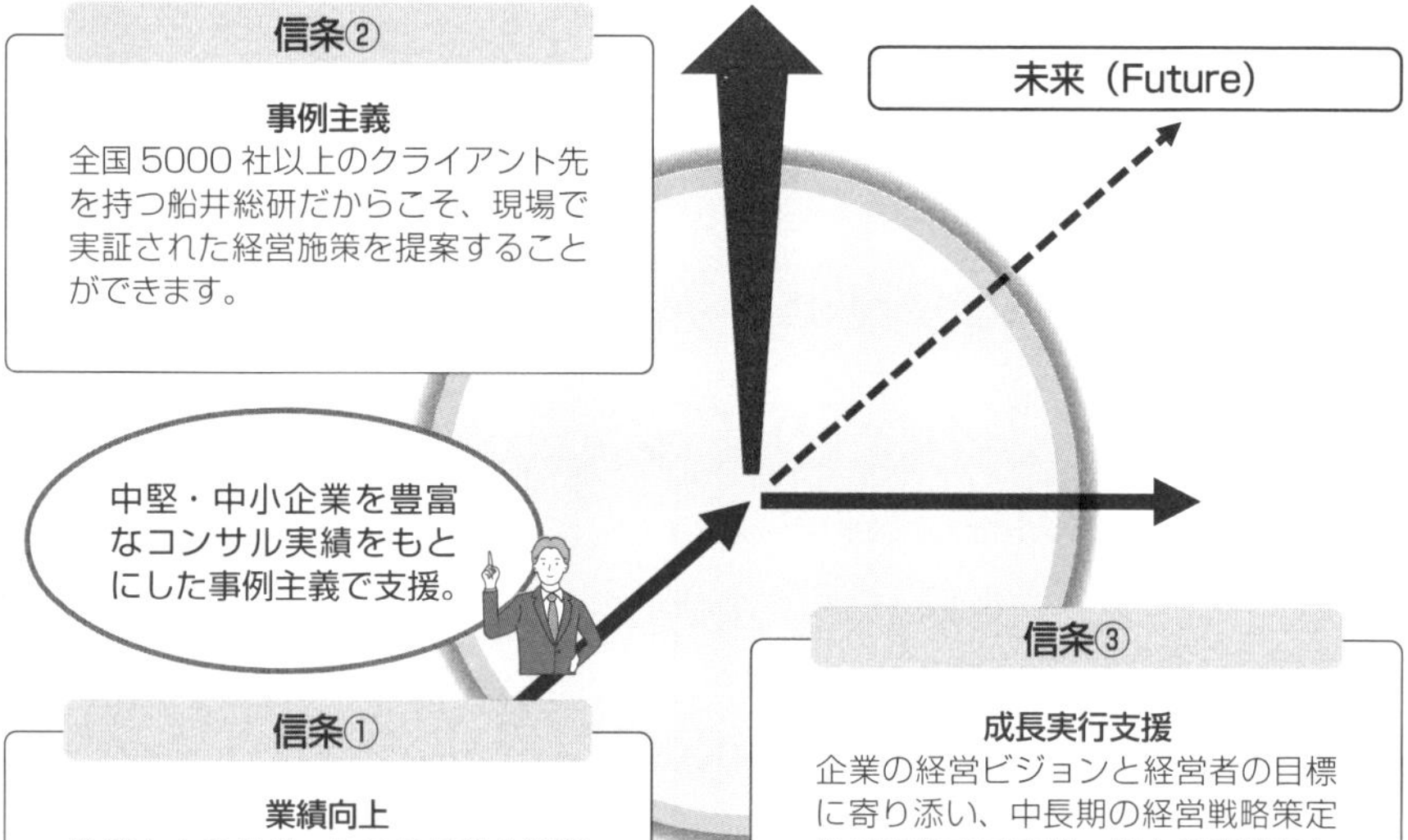

未来（Future）
中堅・中小企業を豊富なコンサル実績をもとにした事例主義で支援。

信条①

業績向上
業績向上のサポートこそが船井総研の役割であり、価値であると自負。企業には様々な経営課題が存在しますが、その中でも業績に直結する経営課題に対して最適な提案をします。

信条③

成長実行支援
企業の経営ビジョンと経営者の目標に寄り添い、中長期の経営戦略策定から実行まで支援。机上の空論になりがちな「あるべき論」ではなく、「具体的に何をすればいいのか」を明確にし、現場社員の研修や実行代行の支援もします。

■会社概要　※ホームページに記載のデータより（2023年12月10日現在）

【所在地】〒100-0005 東京都千代田区丸の内1-6-6 日本生命丸の内ビル21階
【設　立】1970年3月6日（現、船井総研ホールディングス）
　　　　　2013年11月28日（2014年7月に持株会社体制に移行）
【資本金】3,000百万円（2022年12月末時点）
【代　表】代表取締役社長 社長執行役員：真貝 大介
【従業員】817名（2022年12月末時点）

※同社ホームページから注目すべき特長をピックアップし、筆者がまとめたものです。最新のデータとは異なる場合がありますので、興味を持たれた方は、ぜひ、最新情報を自分で入手してください。

中堅・中小企業を対象に専門コンサルタントを擁する日本最大級の経営コンサルティング会社です。業種・テーマ別に「月次支援」「経営研究会」を両輪で実施する独自の支援スタイルをとり、「成長実行支援」「人材開発支援」「企業価値向上支援」「DX（デジタルトランスフォーメーション）支援」を通じて、社会的価値の高い「サステナグロースカンパニー」を多く創造することをミッションとしています。

その現場に密着し、経営者に寄り添った実践的コンサルティング活動は、様々な業種・業界経営者から高い評価を得ています。

■船井総合研究所の特徴

・年間コンサルティング契約社数：5359社（2021年実績）
・全体で172の経営研究会が主宰され、入会者数6550名と国内最大級のコンサルティング実績を誇る（2021年実績）。
・年間セミナー開催数1000件超。直面する経営環境・経営課題の解決に寄与するセミナーを業種・テーマ別に数多く実施している。
・各業種・テーマに精通した専門コンサルタントを750名以上擁し、「月次支援」「経営研究会」を両輪で実施する独自の支援スタイルをとる。
・銀行や会計事務所などの出資母体を持たない独立系のコンサルティング会社である。

経営コンサルティングの具体例としては、「事業の成長実行支援」、「採用や人材育成を目的とした人材開発支援」、「財務状況改善やESG対応などによる企業価値向上支援」、「DX（デジタルトランスフォーメーション）支援」などが挙げられます。

コンサルの目

カウンセリング機能

船井総研は、中堅・中小企業の経営者に向けて、具体的な経営コンサルティングを実施しています。そして、そこで得られた多種多彩な実践事例から抽出されたノウハウを、講演会やセミナーなどで紹介し、「コンサルファームに支払うゆとりがない企業」も知見を共有できるような仕組みをつくっています。

中堅・中小企業は、顧客と市場（エンドユーザー）との板挟みにあい、日々、難しいかじ取りが求められます。日業業務に追われ、資金繰りに苦労していると、未来への不安ばかり募ります。何とか時代に追い付こうと、休日には本を読み、大手企業の情報に触れてみますが、自社の参考にはなりません。また、雑誌などにある中小企業の成功事例も、個別性が強すぎて自社には使えません。

中堅・中小企業経営者に必要なのは、カウンセラーのようなコンサルタントかもしれません。

（廣川州伸）

Point

カリスマ経営者　船井総合研究所は一人のカリスマの手で生まれ成長してきたコンサルファーム。カリスマ経営者のクライアントへの影響力は大きく、彼の指導で時代の波に乗り、本物の商品やサービスを生み出した経営者は少なくない。そのDNAは、組織力をもってコンサルティングをする現体制にも引き継がれている。

主要コンサルファーム

日本の主要コンサルファームは、一般的に下表のように分類されていますが、ボーダレス化が進み、クラスターに分類すること自体が難しくなっています。

総合系コンサルファーム

■アクセンチュア
■日本IBM
■アビームコンサルティング
■ベイカレント・コンサルティング
■クニエ
■シグマクシス・ホールディングス
□キャップジェミニ
□日立コンサルティング

【ビッグ4】
■デロイトトーマツコンサルティング
■ PwCコンサルティング
■ KPMGコンサルティング
■ EYストラテジー・アンド・コンサルティング

その他

シンクタンク系ファーム

■野村総合研究所
■三菱総合研究所
■日本総合研究所
□みずほリサーチ＆テクノロジーズ
□三菱UFJリサーチ＆コンサルティング

その他

金融・人事系ファーム

□マーサージャパン
□コーン・フェリー・ジャパン
□タワーズワトソン
■日本M&Aセンターホールディングス
□ M&Aキャピタルパートナーズ
■ストライク

その他

ICT & DX特化ファーム

□アマゾン・ドット・コム
□アルファベット（グーグル）
□マイクロソフト
□富士通
□サイバーエージェント
□ NTTデータ経営研究所
□セールスフォース
■ ICMG（ICMG., Co Ltd.）
■ INDUSTRIAL-X
■ホットリンク

その他

中堅・中小専門ファーム

■船井総合研究所
□山田コンサルティンググループ
□マネジメントソリューションズ
□タナベコンサルティンググループ
□ビジネスコンサルタント
□日本能率協会コンサルティング
□プロレド・パートナーズ
□セレンディップ・ホールディングス
□フロンティア・マネジメント
□識学

その他

戦略系コンサルファーム

■マッキンゼー・アンド・カンパニー
■ボストン・コンサルティング・グループ
■ドリームインキュベータ（DI）
■経営共創基盤（IGPI）
■ベイン・アンド・カンパニー・ジャパン・インコーポレイテッド
■ローランド・ベルガー
□アーサー・D・リトル・ジャパン
□ A.T.カーニー

その他

※■は本書で取り上げたファーム

資料編

平成30年間の総括

●平成データウォッチ

元（1989)年 31 (2019)年	日経平均：3万8916円　最低賃金：492円　消費税0➡3% 日経平均：2万3657円　最低賃金：901円　消費税8%
元（1989)年 31 (2019)年	パソコン世帯普及：11.6%　携帯電話保有：　0.2% パソコン世帯普及：77.3%　携帯電話保有：139.8%
元（1989)年 31 (2019)年	1人当りGDP：338万円（USドル/円為替138円） 1人当りGDP：442万円（USドル/円為替109円） ※両年とも内閣府国民経済計算（GDP統計）
元（1989)年 31 (2019)年	非正規【男 8.7%・女36.0%】 1人世帯数：　787万　年労働時間：2088 h 非正規【男22.9%・女56.0%】 1人世帯数：1491万　年労働時間：1733 h

Section
D-1 平成30年間の総括

昭和で築き上げたものが、平成をつくり上げました。それゆえ平成30年間で積み上げたものが、令和の未来をつくり上げることになります。

■30年で何が起こったのか

平成を総括するには、次の3つの分析が必要になります。

①平成30年間に何が変わったのか
②令和の時代に残すべきものは何か
③令和に残してはならないものは何か

本来、平成30年間の総括は2020〜23年の間になされるべきでしたが、パンデミック対応、ウクライナショック対応、生成AIへの対応など、令和の時代を象徴するような出来事が立て続けに起きたため、平成の総括そのものが放置されたままとなっていました。

コロナ禍が収まりつつある2023年秋以降、平成30年間の総括をして、来るべき時代に向かう必要があります。

それを自社で進めるのは非効率的ですから、シンクタンクやコンサルファームのリポートを期待しましょう。

■【時間】の観点

パラダイム*が5年間で変化したら、劇的変化として認識できます。しかし、30年かけて変化していった結果、パラダイムがシフトしたのであれば、いつどこで何が起きたのか自覚できないまま、気がついたら30年前とは異質なビジネス環境にある――という現象が出てきます。

コンサルタントは、現状を「いまという時間だけを切り出して分析する」ことはしません。どんな出来事も、すべて「時間軸」の中で分析します。なぜなら、現状はすべて、過去からの流れの中で生まれているからです。

特に経営の場合、数字の持つ意味は「時系列（トレンド）」でとらえなければ意味がつかめません。

Term **パラダイム**　特定の時代や分野で支配的な見方、とらえ方、価値観のこと。科学・思想・産業・経済など、様々な分野で用いられている。ビジネスでは「社会や経済の構造そのもの」をパラダイムとし、それが変化して革命的・非連続的な変化を起こすことを**パラダイムシフト**と呼んでいる。

よくいわれることですが、「50％」という数字があるとき、「まだ50％」なのか「もう50％」なのかで、数字の持つ意味が逆転するからです。これを、よく精神論で語り、ポジティブシンキングにつなげる自称コンサルタントもおられますが、コンサルファームでは、トレンド分析をすることで「50％」の意味は明確になります。

「30％⬇40％⬇50％」と「70％⬇60％⬇50％」は意味が異なります。「70％⬇60％」というトレンドの中の「50％」を「まだ50％」とポジティブに考えてしまうと、対策が打てなくなるかもしれません。

■【空間】の観点

組織の内部にいると、組織そのもの、構造そのものの課題も見えにくいものです。それゆえ、問題が見つかっても原因にまでは思い至らず、そのまま通り過ぎてしまうことになります。

コンサル業務を外部に委託するメリットは、まさにそこにあります。組織の問題は、内部にいては見えないものです。第三者として、組織を離れた場所から多角的に見ていくことで、組織の問題が浮き彫りになるのです。

企業の寿命が30年といわれていたことには、意味がありました。30年たてば、時間も空間も「変容」している可能性があります。

■【人間】の観点

10年ひと昔といいますが、人間も30年たてば大きく変わります。「男子三日会わざれば刮目《かつもく》して見よ」というのは志のことを指しています。実際、人間が変化するには、最低3年くらいはかかるでしょう。別人になるには30年かかります。

パワーシフト

兆し……表層にとらわれない

- コンサルタントの仕事は「考えること」であり、いまを必死に生きる経営者では気づきにくい「表層的ではない別の未来」を提示することに尽きる。
- ある程度の時間がたった未来に行かなければ気づかないことは少なくない。しかし、コンサルタントは、いまの段階で未来に起こりうることを予想し、クライアントに新たな視点を提示することに存在価値を見いだしている。

Point

時間・空間・人間　私たちの住む世界は「時間・空間・人間」で成り立っていると考えることができる。その3点の中心には、掛け替えのきかない「自分」がある。その自分は、脳で論理的に考えるだけではなく、身体を持ち、五感があり、「時間・空間・人間」の情報に触れ、行動している。

1989（平成元）年

1億総中流社会として幸せになる夢の崩壊が始まった年

●平成データウォッチ

【政治】首相：竹下登（自由民主党）➡宇野宗佑（同）➡海部俊樹（同）
【経済】日経平均：3万8916円　最低賃金：492円　年労働時間：2088時間
【技術】パソコン保有世帯：11.6%　インターネット保有世帯人口：－%
【通信】携帯電話保有：0.2%　スマートフォン比率：－%
【国際】1人当りGDP：338万円（内閣府国民経済、USドル／円為替138円）
【生活】非正規【男8.7%・女36.0%】1人世帯数：787万　消費税0➡3%

●主な出来事

【社会】	1月7日	昭和天皇崩御（87）～皇太子明仁殿下 皇位継承
【国際】	1月20日	米大統領にジョージ・ブッシュ氏就任（共和党）
【経済】	4月1日	消費税スタート3%
【技術】	6月1日	NHK衛星第1・第2テレビ放送開始
【生活】	8月3日	大学進学率で女子が男子を上回る
【経済】	10月31日	三菱地所 米ロックフェラー・センター買収と発表
【国際】	11月9日～	東ドイツが西への旅行を自由化（ベルリンの壁崩壊）
【経済】	12月29日	日経平均株価3万8915円史上最高値（終値）

●特記事項

当時は「ジャパンは世界経済でナンバーワンだ」といわれ、バブル経済におどっていた時期。昭和天皇崩御の悲しみも、日本経済が世界を席巻する幻想を抑えることはできなかった。しかし令和を迎えた今日、私たちは知っている。平成元年は、幸せになる夢の崩壊が始まった年。政治を含めて、ビジョンがないまま迷走を続け、経済が凋落《ちょうらく》し、1人当たりGDP二流国に向かった。第四次産業革命の進展で、技術立国から転落し、国際社会からも孤立。GAFAに抑え込まれた。少子高齢化と共に国民生活の格差が拡大していく『平成』が幕を開けた。

パワーシフト

兆し……トレンドから深く読み込む

・バブル経済の絶頂期に「昭和」は終焉《しゅうえん》を迎え、「平成」が始まった。バブル経済の真っただ中にいる人々には、変化が急すぎて、未来につながる兆しを発見することは至難の業。
・多くの経営者がバブル経済につかっている中、コンサルタントは将来の兆しを発見することを目指して、調査分析に目を光らせることになる。

1990（平成2）年

バブルの日本を尻目に、世界の舞台では東西冷戦が終結に向かう

● 平成データウォッチ

【政治】首相：海部俊樹（自由民主党）
【経済】日経平均：2万3849円　最低賃金：516円　年労働時間：2052時間
【技術】パソコン保有世帯：10.6%　インターネット人口：－%
【通信】携帯電話保有：0.4%　スマートフォン保有世帯比率：－%
【国際】1人当りGDP：366万円（内閣府国民経済、USドル／円為替145円）
【生活】非正規【男8.8%・女38.1%】1人世帯数：845万　消費税3%

● 主な出来事

【社会】	2月18日	第39回衆院選 自民議席減も安定多数
【経済】	3月27日	大蔵省「不動産融資の総量規制」通達
【経済】	4月1日	太陽神戸・三井の両都銀合併
【生活】	7月26日	サラリーマンの44%「生活に不満」労働白書
【国際】	8月2日	イラクがクウェートに侵攻
【国際】	10月3日	東西ドイツ統一
【技術】	10月6日	セガ「ゲームギア」発売
【社会】	11月18日	沖縄県知事選 革新県政復活
【技術】	11月21日	任天堂「スーパーファミコン」発売

● 特記事項

1990年3月15日にソビエト連邦初の大統領に就任したミハイル・ゴルバチョフ氏が10月15日ノーベル平和賞を受賞した。その前年、東西冷戦の象徴だったドイツ・ベルリンの壁が事実上崩壊した。それを受け、米国ジョージ・ブッシュ大統領とゴルバチョフ最高会議議長が地中海のマルタ共和国・マルタ島で会談し、「冷戦の終結」を宣言していた。この流れの中、翌1991年、ゴルバチョフ大統領が辞任し、ソビエト連邦が解体された。冷戦の終わりと共に平成が始まっていたことになる。

パワーシフト

兆し……渦中を意識する

・1990年10月、まだバブル期の終焉を迎えていなかった日本は、世界経済をリードする立場に置かれていた。そのマインドの中、日本では「地球環境保全に関する関係閣僚会議」において、「当面の地球温暖化対策の検討についての行動計画」をまとめて公布した。それは、世界を変える大きなチャンスであったが、バブルに埋もれて消えてしまった。

1991（平成3）年

土地神話が崩れ、バブル経済が「崩壊していた」と気づいた

●平成データウォッチ

【政治】首相：海部俊樹（自由民主党）➡宮澤喜一（同）
【経済】日経平均：2万2984円　最低賃金：541円　年労働時間：2016時間
【技術】パソコン保有世帯：11.5%　インターネット人口：−%
【通信】携帯電話保有：0.7%　スマートフォン保有世帯比率：−%
【国際】1人当りGDP：382万円（内閣府国民経済、USドル／円為替135円）
【生活】非正規【男8.5%・女37.2%】1人世帯数：860万　消費税3%

●主な出来事

【国際】1月17日　湾岸戦争始まる
【技術】2月9日　美浜原発 原子炉自動停止事故
【経済】4月19日　「地価高騰 国民生活に重大な影響」土地白書
【経済】6月21日　4大証券 大口顧客へ巨額損失補塡が判明
【社会】11月5日　宮沢喜一内閣発足
【国際】12月26日　ソビエト連邦消滅

●年特記事項

1990年から金融政策でバブル対策がとられ、1991年5月2日地価税法の施行で、一定の土地等を有する個人および法人は納税義務者として課税されるようになり、バブル経済を下支えしていた「土地神話」が崩壊したとされている。

一方、世界を見れば、イラクがクウェートへ侵攻したことをきっかけに、米国の呼びかけにより編成された多国籍軍がイラクへ空爆を開始。「最新鋭兵器による攻撃のニュース映像から“まるでテレビゲーム”といわれた戦争だったが、のちに事実関係の「ねつ造」があったことが指摘されるなど、これまで絶対的な正義と見られていた米国の「世界警察神話」がゆるぎ始めた。

パワーシフト

兆し……温故知新というけれど

・コンサルタントは「歴史」に学ぶ。しかし、歴史といっても幅が大きい。例えば「昭和」に学ぶものは多いものだが、それを令和の時代に役立てようと思ったら、「昭和」では時代環境が違いすぎる。よほど本質的なことでなければ、令和に活かすことはできない。令和に活かすことを知りたければ「平成」に学ぶべきだと考えてみたい。

1992（平成4）年

バブル崩壊の影響が出て、嵐の前の静けさが襲ってきた

● 平成データウォッチ

【政治】首相：宮澤喜一（自由民主党）
【経済】日経平均：1万6925円　最低賃金：565円　年労働時間：1972時間
【技術】パソコン保有世帯：12.2%　インターネット人口：－%
【通信】携帯電話保有：1.1%　スマートフォン保有世帯比率：－%
【国際】1人当りGDP：388万円（内閣府国民経済、USドル／円為替127円）
【生活】非正規【男8.9%・女38.3%】1人世帯数：897万　消費税3%

● 主な出来事

【国際】	1月20日	米大統領にビル・クリントン氏就任（民主党）
【生活】	3月14日	東海道新幹線「のぞみ」運行開始
【経済】	3月27日	公示地価17年ぶりに前年水準下回る
【社会】	6月15日	国連平和維持活動（PKO）協力法成立
【社会】	7月26日	第16回参院選 自民復調し第1党維持
【経済】	8月11日	東証 平均株価1万5000円割れ
【技術】	9月12日	宇宙飛行士毛利衛さん米スペースシャトル搭乗
【生活】	9月12日	学校週5日制スタート
【生活】	9月14日	「65歳以上の人口が過去最高の13%」総務庁

● 特記事項

この年、官公庁は完全週休2日制を導入。公立学校で第2土曜日が休みとなり、学校週5日制の導入となった。高度経済成長期、バブル経済期と、ビジネス人は「モーレツ社員」として過重労働に苦しんでいたが、このとき働き方改革のようなものが進んでいたら、平成という時代はバラ色だったかもしれない。東海道新幹線「のぞみ・300系」の運転開始で、関西圏は完全に「日帰り圏内」となり、「技術革新で余った時間もひたすら働く」という習慣ができてしまった。

パワーシフト

第2の波……地球サミットは希望か

・1992年、ブラジルのリオ・デ・ジャネイロで、人類共通につき課題を世界規模で議論を重ねる「地球サミット」が開かれた。国際連合に加入している約180カ国が参加し、持続可能な開発目標の設定について議論し「アジェンダ21」が採択された。それは、人類が地球の持続可能性を妨げるはずはないという「根拠の不明確な希望」に支えられていた。

1993（平成5）年

バブル経済の成功体験が忘れられない

● 平成データウォッチ

【政治】首相：宮澤喜一（自由民主党）➡ 細川護熙（野党連立）
【経済】日経平均：1万7417円　最低賃金：583円　年労働時間：1913時間
【技術】パソコン保有世帯：11.9%　インターネット保有世帯人口：－%
【通信】携帯電話保有：1.4%　スマートフォン比率：－%
【国際】1人当りGDP：387万円（内閣府国民経済、USドル／円為替111円）
【生活】非正規【男9.4%・女38.5%】1人世帯数：932万　消費税3%

● 主な出来事

【技術】5月18日　マイクロソフト「Windows 3.1」日本語版発売
【社会】8月9日　細川護熙内閣発足 38年ぶりの政権交代
【経済】10月26日　JR東日本上場 初値は売り出し価格より22万円高
【生活】12月31日　「出生数、出生率とも戦後最低更新」厚生省

● 特記事項

バブル経済は急には止まれない。バブル期に計画された建築物が、景気後退の景色をあいまいにしていた。7月16日には横浜ランドマークタワーが開業。70階建て、高さ296.33メートルは当時、日本一の高さのビルだった。8月26日にはレインボーブリッジが開通。若者たちはジュリアナ東京のようなクラブで青春を謳歌していた。

一方、米国マイクロソフト社より1992年にリリースされたパソコン用のオペレーションシステム・Windows 3.1の日本語版が発売されて注目された。

技術立国日本は、平成になってからの10年間に世界の技術革新についていけず、のちにGAFAに手玉にとられ、コストダウンを求めて進出したアジアの工場群でもあとあと指導的立場が逆転することになるが、当時はバブルの熱をまだ引きずっていて、気づかなかった。

パワーシフト

第4の波……ウクライナ＆ガザ問題の兆し

・2023年に表面化したガザ地区の問題や、2022年に幕を開けたウクライナ問題も根は深く、歴史をひもとけば様々な「兆し」が残されている。
・1991年に湾岸戦争が終わり、スペインのマドリッドで中東和平会議が行われた。その翌年、ノルウェーのオスロでイスラエルとPLOとの交渉が始まり、1993年に「暫定自治原則宣言」（オスロ合意）が結ばれた。しかし、この枠組みをイスラム原理主義組織のハマスは拒否している。波乱の兆しである。

1994（平成6）年

自由民主党独占から、政権が変わる「政治の季節」が始まる

●平成データウォッチ

【政治】 首相：細川護煕（野党連立）➡羽田孜（同）➡村山富市（自社さ連立）
【経済】 日経平均：1万9723円　最低賃金：597円　年労働時間：1904時間
【技術】 パソコン普及率：13.9%　インターネット保有世帯人口：－%
【通信】 携帯電話保有：1.7%　スマートフォン比率：－%
【国際】 1人当りGDP：402万円（内閣府国民経済、USドル／円為替102円）
【生活】 非正規【男8.5%・女38.4%】1人世帯数：920万　消費税3%

●主な出来事

【技術】	2月4日	H-Ⅱロケット1号機打ち上げ成功
【社会】	4月28日	羽田孜内閣発足
【経済】	6月21日	NY外為市場1ドル＝100円突破
【社会】	6月30日	村山富市内閣発足（自社さ連立政権）
【国際】	7月8日	北朝鮮 金日成《キムイルソン》主席 死去
【生活】	8月31日	「ジュリアナ東京」閉店
【技術】	11月22日	セガ・家庭用ゲーム機「セガサターン」発売
【技術】	12月3日	ソニー「プレイステーション」発売
【社会】	12月10日	「新進党」結成（海部俊樹党首、小沢一郎代表幹事）

●特記事項

令和になって極端気象のラッシュがあり、「観測史上記録的な猛暑」にも見舞われた日本だが、すでに1994（平成6）年に経験していた。この年、7月13日に梅雨明けとなったものの、観測史上記録的な猛暑が続いた。全国3カ所で最高気温が40℃超えとなったほか、当時の観測史上最高気温をマークした地点が多数現れた。

ちなみに、この年の8月28日には第1回「気象予報士国家試験」が行われている。

パワーシフト

第4の波……生成AIの兆し

・1993年頃に誕生したディープラーニングは、まだ未知の部分が多かったものの注目を浴び、1994年には未来に向けた期待値が高まり、様々なトライアルが行われた。第三次AIブームの始まりである。

・ここでラーニングの対象となったのは「3V（Volume, Variety, Velocity＝量・多様性・速度）」を満たすデータである。

1995（平成7）年

天変地異と人災で不安が広がった

● 平成データウォッチ

【政治】首相：村山富市（自社さ連立）
【経済】日経平均：1万9868円　最低賃金：611円　年労働時間：1909時間
【技術】パソコン保有世帯：15.6%　インターネット保有世帯人口：－%
【通信】携帯電話保有：3.5%　スマートフォン比率：－%
【国際】1人当りGDP：411万円（内閣府国民経済、USドル／円為替94円）
【生活】非正規【男8.9%・女39.1%】1人世帯数：921万　消費税3%

● 主な出来事

【社会】	1月17日	阪神・淡路大震災
【社会】	3月20日	地下鉄サリン事件 13人死亡 約6300人被害
【経済】	4月19日	東京外為市場 1ドル＝79.75円 戦後最高値
【社会】	5月31日	青島都知事 世界都市博覧会中止を正式決定
【生活】	6月9日	育児休業法「育児・介護休業法」に改正
【技術】	7月1日	東京と札幌でPHSサービス開始
【国際】	9月5日	フランス 地下核実験再開
【技術】	11月23日	マイクロソフト「Windows 95」日本語版発売
【国際】	12月6日	「白川郷・五箇山の合掌造り集落」世界遺産登録

● 特記事項

1月17日に阪神・淡路大震災が発生。天変地異の恐さに改めて気づかされる。復興を進める中、3月20日午前8時、丸ノ内線・日比谷線・千代田線の車両内で神経ガス・サリンが散布され、乗客や駅員ら13人が死亡、6000人以上の重軽傷者が出る「地下鉄サリン事件」が発生。5月16日にはオウム真理教の教祖である麻原彰晃が逮捕された。

日本が恐怖にふるえている頃、米国ではAmazon.comがサービスを開始。パソコン用OS「Windows 95日本語版」が発売され話題になる。

パワーシフト

第1の波……DXの兆し

・1995年の日本のクリスマス商戦は、秋葉原電気街で発売された「Windows 95」のフィーバーで盛り上がった。Windows 95は、その後の世界のビジネスシーンを劇的に変えると共に、情報化が企業のビジネスから個人の価値創造へと向かう兆しでもあった。ちなみに、Windows 95の価格が数万円と高額な点に、米国の戦略性が見て取れる。

1996（平成8）年

アイデアは素晴らしいが、世界戦略がなかった日本

● 平成データウォッチ

【政治】 首相：村山富市（自社さ連立）➡橋本龍太郎（自由民主党）
【経済】 日経平均：1万9361円　最低賃金：624円　年労働時間：1919時間
【技術】 パソコン保有世帯：17.3%　インターネット保有世帯人口：−%
【通信】 携帯電話保有：8.2%　スマートフォン比率：−%
【国際】 1人当りGDP：421万円（内閣府国民経済、USドル／円為替109円）
【生活】 非正規【男9.4%・女39.8%】1人世帯数：1029万　消費税3%

● 主な出来事

【社会】	1月11日	村山首相辞任 橋本龍太郎内閣発足
【経済】	4月1日	三菱銀行と東京銀行合併「東京三菱銀行」誕生
【技術】	4月1日	検索サイト「Yahoo! JAPAN」サービス開始
【国際】	5月31日	2002年サッカーW杯 日韓共催決まる
【生活】	7月6日	国内出生数（前年）は過去最低 厚生省
【国際】	9月10日	国連総会 核実験全面禁止条約採択
【生活】	9月14日	65歳以上高齢者人口は過去最高と総務庁
【社会】	9月28日	「民主党」結成（菅直人・鳩山由紀夫代表）

● 特記事項

バブル崩壊ショックから立ち直れない技術立国日本の製造業、下請けの中小零細企業群に活躍の場が見いだせなかった若手ビジネス人を中心に、米国シリコンバレーで進んでいるイノベーション（日本では技術革新と訳された）に注目が集まる。

ICTで世界標準争奪レースが繰り広げられる中、日本では独自の画期的な商品が登場。その1つに携帯ゲーム機器「たまごっち」がある。女子高生がメインターゲットの「育てる携帯ゲーム」機は翌年に大ヒットし、マンガのメディアミックスが起こり社会現象になった。

パワーシフト

第1の波……DXの兆し

・Windows 95が普及し始めると、パソコンというデバイスの向こうに広がるインターネットの世界に目が行くようになる。それまでビジネス人と一部の趣味人（オタクと呼ばれていた）の道具だったパソコンとインターネットが、一般生活者に広がり始めた。その状況を見ていた三木谷氏は、1997年2月に仮想市場の運営会社を設立し、同年5月に従業員6名、サーバー1台、13店舗でサービスを開始した。

1997（平成 9）年

世界市場を見て何をすべきかを判断した起業

● 平成データウォッチ

【政治】首相：橋本龍太郎（自由民主党）

【経済】日経平均：1 万 5259 円　最低賃金：637 円　年労働時間：1900 時間

【技術】パソコン保有世帯：22.1%　インターネット保有世帯人口：9.2%

【通信】携帯電話保有：16.7%　スマートフォン比率：－%

【国際】1 人当り GDP：423 万円（内閣府国民経済、US ドル／円為替 121 円）

【生活】非正規【男 10.5%・女 41.7%】1 人世帯数：1116 万　消費税 3 ➡ 5%

● 主な出来事

【経済】	3 月 11 日	動燃の再処理工場内で爆発事故
【生活】	3 月 22 日	秋田新幹線「こまち」開業
【経済】	4 月 1 日	消費税 5%に引き上げ
【経済】	5 月	携帯電話で 10 円メールサービスを開始
【社会】	5 月 27 日	神戸連続児童殺傷事件
【国際】	8 月 31 日	ダイアナ元皇太子妃 トンネル事故で死亡
【生活】	10 月 1 日	長野新幹線「あさま」開業 高崎～長野間
【国際】	10 月 8 日	北朝鮮 金正日《キムジョンイル》労働党総書記就任
【経済】	11 月 17 日	北海道拓殖銀行 経営破綻
【経済】	11 月 24 日	山一証券 自主廃業を発表
【国際】	12 月 1 日	地球温暖化防止京都会議 開幕
【生活】	12 月 18 日	東京湾海底トンネル「アクアライン」開通

● 特記事項

四大証券会社の 1 つだった山一證券が損失隠し事件の影響により経営破綻し、廃業となる。ショッピングモールの楽天市場が開設され、企業のモール参入ハードルが下がった。

パワーシフト

第 2&5 の波……SDGs と生成 AI の兆し

・1997 年、京都で開催された国連気候変動枠組条約第 3 回締約国会議（COP3）で、国際的な取り組みのための国際条約が採択された。

・この年、チェスの世界王者にAIである「ディープブルー」が勝利。のちに来る「AIが人間の能力・英知を追い越していく」兆しが見て取れた。その衝撃は、「まだ20年は人間にかなわない」といわれた囲碁・将棋の世界にも及んだ。

1998（平成 10）年

日本が低迷中、米国ではスタートアップ企業が乱立

● 平成データウォッチ

【政治】 首相：橋本龍太郎（自由民主党）➡小渕恵三（同）
【経済】 日経平均：1 万 3862 円　最低賃金：649 円　年労働時間：1879 時間
【技術】 パソコン保有世帯：25.2%　インターネット人口：13.4%
【通信】 携帯電話保有：25.2%　スマートフォン保有世帯比率：−%
【国際】 1 人当り GDP：416 万円（内閣府国民経済、US ドル／円為替 131 円）
【生活】 非正規【男 10.3%・女 42.9%】1 人世帯数：1063 万　消費税 5%

● 主な出来事

【経済】	3 月 17 日	政府 銀行 21 行に公的資金投入決定
【技術】	7 月 25 日	マイクロソフト「Windows 98」日本語版発売
【社会】	7 月 30 年	小渕恵三内閣発足
【技術】	8 月 29 日	アップル「iMac」日本発売
【経済】	10 月 23 日	長銀＝日本長期信用銀行が破綻 一時国有化に
【国際】	11 月 16 日	ムーディーズ 日本の国債を 1 段階下と発表
【生活】	11 月 30 年	高校生の就職内定率 62.7% 過去 20 年間で最低
【経済】	12 月 14 日	日債銀＝日本債権信用銀行が破綻

● 特記事項

7 月 25 日、パソコン用 OS「Windows 98 日本語版」が発売され、仕事でもデジタル化が進んでいく。インターネットが世界市場に直結することを理解した経営者が新規事業に参入。8 月に米国アップル社の iMac が日本で発売され、マイクロソフトとアップルの戦いを傍観していた日本の経営者を尻目に、米国では多くのスタートアップ企業が生まれる。

1996（平成 8）年、米国スタンフォード大学生による「検索エンジン」の研究プロジェクトがスタート。それは 1998（平成 10）年 9 月 4 日に法人化され、グーグルとなった。

パワーシフト

第 1 の波……DX 前夜

・米国では1990年代の後半にシリコンバリーを中心として「ITバブル」が発生。スタートアップ企業が乱立し、投資家（エンジェル）が群がった。その結果、1998年には早くも倒産する企業が続出する。日本では、1998年7月30日に発足した小渕内閣の経済企画庁長官に、民間人閣僚として通産省出身の作家・堺屋太一氏が起用され、IT戦略がスタートした。

1999（平成11）年

20世紀の終わりに「2000年問題」に直面した年

● 平成データウォッチ

【政治】首相：小渕恵三（自由民主党）

【経済】日経平均：1万8934円　最低賃金：654円　年労働時間：1842時間

【技術】パソコン保有世帯：29.5%　インターネット人口：21.4%

【通信】携帯電話保有：32.8%　スマートフォン保有世帯比率：－%

【国際】1人当りGDP：412万円（内閣府国民経済、USドル／円為替114円）

【生活】非正規【男11.1%・女45.2%】1人世帯数：1059万　消費税5%

● 主な出来事

【技術】	2月	NTTドコモiモードサービス始まる
【国際】	3月24日	NATOユーゴ空爆を開始
【経済】	3月30年	政府 大手15行に公的資金7兆余の資本注入
【技術】	6月1日	ソニー 子犬型ロボット「AIBO」発売
【生活】	6月15日	「男女共同参画社会基本法」成立
【社会】	10月5日	自自公3党連立発足
【技術】	12月1日	パイオニア 世界初DVDレコーダー発売
【技術】	12月31日	コンピュータ2000年問題 各分野で警戒

● 特記事項

1980年代の絶頂期、さらにバブル崩壊の1990年代前半でも、日本が「技術立国」であり、「品質では世界市場を席巻できる」と信じていた時代が続く。だが、平成になって最初の10年間で日本企業が学んだことは、「“顧客ニーズから逸脱した機能”や“技術を誇示するための製品”は、世界市場では価値創造ができない」という現実だった。

この年、長期販売不振の日産自動車が、フランスの自動車メーカー・ルノーと資本提携を結び、最高執行責任者にカルロス・ゴーンが就任。

パワーシフト

第1の波……すべてがDXに向かう

・1999年、日本では世界に先駆けてモバイル分野のイノベーション「iモード」が登場。実は2007年にスタートしたアップル社のiPhoneにiモードを超える技術は1つもない。ジョブズがしたことは、パソコンとタブレットとモバイルツールを1つに統合し、製品をデザインしたことのみ。しかも指を使って画面をスクロールする技術も、ソニーが開発したものだった。

2000（平成12）年

のちに暴発するプーチン大統領が歴史に登場した

● 平成データウォッチ

【政治】首相：小渕恵三（自由民主党）➡森喜朗（同）
【経済】日経平均：1万3786円　最低賃金：659円　年労働時間：1859時間
【技術】パソコン保有世帯：38.6%　インターネット人口：37.1%
【通信】携帯電話保有：40.4%　スマートフォン保有世帯比率：－%
【国際】1人当りGDP：417万円（内閣府国民経済、USドル／円為替108円）
【生活】非正規【男11.7%・女46.4%】1人世帯数：1099万　消費税5%

● 主な出来事

【技術】3月4日　「プレイステーション2」発売
【社会】4月5日　森喜朗内閣発足 閣僚全員が再任
【国際】5月7日　ロシアの大統領にプーチン氏が就任
【経済】6月19日　「ナスダック・ジャパン」取引開始
【生活】6月20日　「インターネット利用に年代格差」通信白書
【経済】7月1日　金融庁発足
【経済】10月2日　DDI・KDD・IDOが合併 KDDI発足
【技術】12月1日　BSデジタル放送開始
【技術】12月18日　NTT家庭向け光ファイバーサービス試験開始発表

● 特記事項

何か重大な事件が起きたとき、「なぜ、それが起きたのか」を知るためには、歴史をさかのぼる必要がある。2022年2月からのウクライナ侵略で世界の人々を恐怖に追いやっているロシアのプーチン大統領。彼が大統領に就任したのは2000年のことになる。

その年、シドニーオリンピックで高橋尚子さんが日本女子陸上選手として初の金メダルを獲得し、国民栄誉賞を受賞。日本は希望に満ちていた。

パワーシフト

第2の波……SDGs前夜

・SDGsで解決する17テーマは多種多様であり、地球環境と人間の尊厳を守る世界規模での施策が求められている。そのスタートは1997年の京都議定書になるが、2000年にニューヨークで開かれた国連ミレニアム・サミットで「国連ミレニアム宣言」がなされたことも大きい。この年になってようやく、気候変動が100年単位で考えるべき人類共通の問題だと意識できたのである。

2001（平成 13）年

21 世紀のスタートに、世界を震撼させた 9.11

● 平成データウォッチ

【政治】 首相：森喜朗（自由民主党）➡小泉純一郎（同）
【経済】 日経平均：1 万 543 円　最低賃金：664 円　年労働時間：1848 時間
【技術】 パソコン保有世帯：50.1%　インターネット人口：46.3%
【通信】 携帯電話保有：48.0%　スマートフォン保有世帯比率：－%
【国際】 1 人当り GDP：408 万円（内閣府国民経済、US ドル／円為替 122 円）
【生活】 非正規【男 12.5%・女 47.9%】1 人世帯数：1102 万　消費税 5%

● 主な出来事

【国際】 1 月 20 日　米大統領にジョージ・ブッシュ氏就任（共和党）
【経済】 3 月 19 日　日銀 初めての「量的金融緩和政策」開始
【生活】 3 月 31 日　「USJ」大阪にオープン
【社会】 4 月 26 日　小泉純一郎内閣発足
【技術】 5 月 30 年　モバイル通信 3G サービス開始
【生活】 7 月 10 日　「インターネット利用に格差」情報通信白書
【技術】 8 月 29 日　H-ⅡA ロケット 1 号機打ち上げ成功
【生活】 9 月 4 日　「東京ディズニーシー」オープン
【国際】 9 月 11 日　米同時多発テロ
【経済】 9 月 12 日　日経平均株価 1 万円下回る（1984 年以来）
【国際】 10 月 8 日　米 アフガニスタン空爆開始
【技術】 10 月 24 日　アップル iPod を日本で発表

● 特記事項

この年は 21 世紀のスタートと共に「9.11 米国同時多発テロ」として記録された。民間航空機 4 機がハイジャックされ、そのうち 2 機がニューヨーク世界貿易センタービルに、1 機が米国国防総省・ペンタゴンに激突。一連の事件による死者は約 3000 人か。

パワーシフト

第 1 の波……日本でも IT バブル崩壊

・1990年代後半に米国で起きたITバブルの過熱と崩壊は、数年遅れて日本経済を直撃した。2000年12月～2002年1月、日本で起きた景気後退期は「ITバブル崩壊」とされている。米国のITバブル崩壊ではアマゾンやグーグルは生き残った。
・2001年9月11日を境に、世界は協調から分断の時代に入った。

2002（平成14）年

経済の運命共同体と確認し、希望を探し始めた

● 平成データウォッチ

【政治】首相：小泉純一郎（自由民主党）
【経済】日経平均：8579円　最低賃金：663円　年労働時間：1873時間
【技術】パソコン世帯普及：57.2%　インターネット人口：57.8%
【通信】携帯電話保有：54.3%　スマートフォン保有世帯比率：－%
【国際】1人当りGDP：404万円（内閣府国民経済、USドル／円為替125円）
【生活】非正規【男15.0%・女49.3%】1人世帯数：1080万　消費税5%

● 主な出来事

【国際】	1月1日	欧州12カ国で単一通貨ユーロ流通開始
【生活】	3月26日	「夫婦で家事や育児を分担すべき」国民生活白書
【経済】	4月18日	成田空港B滑走路供用開始
【経済】	5月28日	「日本経団連」発足
【生活】	6月24日	全国初の「路上禁煙条例」可決 東京 千代田区
【社会】	9月17日	小泉首相 訪朝 初の日朝首脳会談

● 特記事項

よくも悪くも、日本は独立した国家として、経済では「運命共同体」としてまとまる必要がある。適度な競争はいいが、内輪もめばかりしていては、世界市場で勝ち残ることはできない。

そこで必要なことは、産官学の連携であり、民間企業同士の相乗効果を狙った共創になる。その意味で、経済団体連合会（経団連）と日本経営者団体連盟（日経連）が統合し、日本経済団体連合会（日本経団連）が発足し、日本商工会議所、経済同友会と並ぶ経済三団体の1つとなったことの意味は大きい。小泉首相が日本の首相として初めて北朝鮮を訪問。金総書記が日本人拉致問題を認め謝罪。拉致されていた日本人5名が帰国できた。

パワーシフト

第3の波……パンデミックの兆し

・人類を滅亡への導く危険なウイルスは、どこから来てどこに向かうのか。2002年、中国の広州で致死率1割という強力な重症肺炎SARSが発生。ウイルスのゲノム解析を進めると、ハクビシンや野生のコウモリなどから類似ウイルスが発見された。この段階で2020年の未来がわかっていたら、ワクチン研究予算を100倍に増やして備えることができただろう。

2003（平成 15）年

1990 年代「失われた 10 年～ 20 年」のどん底が「底を打った」

● 平成データウォッチ

【政治】首相：小泉純一郎（自由民主党）
【経済】日経平均：1 万 677 円　最低賃金：664 円　年労働時間：1864 時間
【技術】パソコン保有世帯：63.3%　インターネット人口：64.3%
【通信】携帯電話保有：59.4%　スマートフォン保有世帯比率：－%
【国際】1 人当り GDP：406 万円（内閣府国民経済、US ドル／円為替 116 円）
【生活】非正規【男 15.6%・女 50.6%】1 人世帯数：1067 万　消費税 5%

● 主な出来事

【生活】1 月 31 日　完全失業率 5.4% 過去最悪
【国際】3 月 20 日　イラク戦争始まる
【技術】3 月 28 日　日本初の情報収集衛星打ち上げ
【生活】4 月 1 日　サラリーマン本人の医療費自己負担率が 3 割に
【経済】4 月 28 日　日経平均株価 バブル崩壊以降最安値（当時）
【社会】6 月 6 日　有事関連法成立 他国の「武力攻撃事態」を想定
【生活】7 月 25 日　自殺者 5 年連続で 3 万人超える
【技術】12 月 1 日　テレビ地上デジタル放送開始（東京・大阪・名古屋）

● 特記事項

この年、日経平均株価の終値が 7607 円 88 銭まで下落、バブル後の当時の最安値を更新したことにより、底を打ったという見方が広まる。

この年、パソコン保有世帯は 63.3%、インターネットに接続している人口比率は 64.3%と、いずれも「3 人に 1 人がパソコンのある家庭で、インターネットに接続している」環境にあった。この時代に大活躍したのが、1999（平成 11）年 2 月に登場した NTT ドコモの i モード。話す電話から使う電話に進化させた功績は大きいものの、のちにスマートフォンに追い越されることになる。

パワーシフト

第 1 の波……ジョブズの発見①

・年代は特定できないが、2000～03年に来日したスティーブ・ジョブズは、ソニー研究所に立ち寄った。そこで紹介されたのが、指だけで画面を操作するマルチタッチ技術。当時、経営難に陥っていたソニーでは、画期的な技術を商品化につなげる予算がとれなかった。ジョブズがスマホのコンセプトを編み出したのは、それから間もなくのこと。

2004（平成16）年

海の向こうでは、スタートアップ企業が続出していた

● 平成データウォッチ

【政治】 首相：小泉純一郎（自由民主党）
【経済】 日経平均：1万1489円　最低賃金：665円　年労働時間：1840時間
【技術】 パソコン保有世帯：65.7%　インターネット人口：66.0%
【通信】 携帯電話保有：63.9%　スマートフォン保有世帯比率：－%
【国際】 1人当りGDP：408万円（内閣府国民経済、USドル／円為替108円）
【生活】 非正規【男16.3%・女51.7%】1人世帯数：1082万　消費税5%

● 主な出来事

【経済】 4月1日　東京の営団地下鉄が民営化 東京メトロ誕生
【国際】 4月8日　イラクで日本人3人拘束
【社会】 7月11日　第20回参院選 民主議席 自民上回る
【社会】 10月23日　新潟県中越地震
【技術】 12月2日　任天堂 携帯ゲーム機「ニンテンドーDS」発売
【技術】 12月12日　「プレイステーションポータブル」発売

● 特記事項

この時期、低迷する日本市場とは遠く離れた米国シリコンバレーでは、無数のスタートアップ企業が生まれ、そして巨星となるべく事業化が行われた。それらの起業家の最大の特徴は「最初から世界制覇を狙っていた」ことだろう。米国ハーバード大学の学生だったマーク・ザッカーバーグが同級生たちと開発した学生限定のSNSは、各地域の大学に解禁され、最終的に13歳以上の年齢であれば誰でも使えるようになった。

日本では、11月2日に東北楽天ゴールデンイーグルス（楽天）が50年ぶりに新規参入球団となり、12月1日にはオリックスと近鉄が合併。12月24日にはソフトバンクによる福岡ダイエーホークス買収がプロ野球オーナー会議で承認された。

パワーシフト

第1の波……ジョブズの発見②

・日本のソニー研究所で、キーボードやペンではなく指を使うマルチタッチに触発されたジョブズは、2004年、タブレット端末で「意匠登録申請」をしている。特許はソニー研究所やデバイス製造会社が押さえているので、ジョブズはコンセプトデザインを意匠登録で押さえることで、iPadやiPhone商品化の権利を守っていたことになる。

2005（平成17）年

郵政民営化も大事だったが、ほかにも課題は山積していた

● 平成データウォッチ

【政治】 首相：小泉純一郎（自由民主党）

【経済】 日経平均：1万6111円　最低賃金：668円　年労働時間：1830時間

【技術】 パソコン保有世帯：64.6%　インターネット人口普及：70.8%

【通信】 携帯電話保有：68.1%　スマートフォン保有世帯比率：－%

【国際】 1人当りGDP：418万円（内閣府国民経済、USドル／円為替110円）

【生活】 非正規【男17.7%・女52.5%】1人世帯数：1158万　消費税5%

● 主な出来事

【生活】 6月1日　「クールビズ」開始

【社会】 9月11日　第44回衆院選 郵政解散 自民圧勝

【経済】 10月1日　道路公団が民営化

● 特記事項

日本国際博覧会「愛・地球博（愛知万博）」が3月25日に開幕したこの年、郵政民営化を目指す小泉首相が衆議院を解散。翌月に行われた衆院選で自由民主党は圧勝し、10月14日に郵政民営化関連法案が成立した。

ちなみに日本ではないものの、この年には恐ろしい天変地異が起きている。インドネシアのスマトラ島の北西沖のインド洋で、マグニチュード9.1を記録する巨大地震が発生した。これは1960年に発生したチリ地震のマグニチュード9.5に次ぐ巨大地震であり、死者・行方不明者は22万人以上とされている。

世界にはマグニチュード9.0以上の地震がありうること、また巨大地震による津波は要注意であることを、私たちに思い起こさせてくれた。これらの事例に学び、地震研究者のみならず、気象学者も「いつ来てもおかしくない日本の巨大地震」について警鐘を鳴らしたものの、「想定外は想定しない」という方針でスルーされていった。

パワーシフト

第1の波……ジョブズの発見③

・ジョブズがコンセプトデザインに基づいてひそかにiPhoneの商品化を進めていた2005～6年、日本はiモードの全盛期に入っていた。インターネットを活用した新しいコンテンツがたくさん生まれたが、iモードなど日本独自の機能を盛り込んだ携帯電話は、のちにガラケー（ガラパゴス化した携帯電話）と呼ばれることになる。DXは、日本市場だけではなく、世界市場で構想しなければならないことが明確になった。

2006（平成18）年

iPS細胞に未来への希望を託していた

● 平成データウォッチ

【政治】首相：小泉純一郎（自由民主党）➡安倍晋三（同）
【経済】日経平均：1万7226円　最低賃金：673円　年労働時間：1843時間
【技術】パソコン保有世帯：68.3%　インターネット人口：72.6%
【通信】携帯電話保有：71.8%　スマートフォン保有世帯比率：－%
【国際】1人当りGDP：420万円（内閣府国民経済、USドル／円為替116円）
【生活】非正規【男17.9%・女52.8%】1人世帯数：1204万　消費税5%

● 主な出来事

【経済】	1月23日	ライブドア 堀江貴文社長ら逮捕
【生活】	6月2日	65歳以上の高齢者の割合 初めて20%超 高齢社会白書
【技術】	8月11日	iPS細胞をつくり出すことに成功
【社会】	9月26日	安倍晋三内閣発足
【国際】	10月9日	北朝鮮が初めての地下核実験
【生活】	12月1日	新語・流行語大賞のトップテンに「格差社会」
【国際】	12月30日	イラク サダム・フセイン元大統領が死刑執行

● 特記事項

世界が核戦争の影におびえ、実際に多くの内戦や紛争を抱え、武力による衝突が起きている世界にあって、幸いなことに日本では、平成30年間は平和に過ごすことができていた。そこで生命についての最大の関心事は「誰かに殺されること」「侵略から国を守ること」などではなく、いかにして「個人として長く生きられるか」ではなかったか。

再生医療の切り札として期待される「iPS細胞」を研究していた京都大学の山中伸弥ら研究チームが、マウスを使ったiPS細胞の開発に成功したと米国学術誌で論文を発表。翌年11月にはヒトiPS細胞の開発に成功したというニュースに、私たちは希望を見いだしていた。

パワーシフト

グローバルの罠《わな》

・平成の30年間に、日本の得意な技術をベースとした製品群の多くが姿を消した。原因として語られるのは「市場のニーズを読み損ねた過剰な技術志向」だろう。例えば半導体・液晶・携帯電話など、本来は世界を制覇してもおかしくない卓越した技術が、他国に流出し、市場に合わせた製品となって日本の製品を駆逐する。残念ながら、その教訓は令和になっても活かされていない。

2007（平成19）年

米国がくしゃみをすれば、必ず日本にも影響がある

● 平成データウォッチ

【政治】 首相：安倍晋三（自由民主党）➡福田康夫（同）
【経済】 日経平均：1万5308円　最低賃金：687円　年労働時間：1852時間
【技術】 パソコン保有世帯：71.0%　インターネット人口：73.0%
【通信】 携帯電話保有：75.7%　スマートフォン保有世帯比率：－%
【国際】 1人当りGDP：421万円（内閣府国民経済、USドル／円為替118円）
【生活】 非正規【男18.3%・女53.3%】1人世帯数：1198万　消費税5%

● 主な出来事

【経済】	3月6日	北海道 夕張市が財政再建団体に
【生活】	4月27日	6割以上が都市と地方の格差拡大を実感
【国際】	8月9日	サブプライムローンの焦げ付き問題で世界同時株安
【社会】	9月12日	安倍首相 辞任表明
【社会】	9月25日	福田康夫内閣発足
【生活】	10月12日	「赤福」が和菓子の製造日や消費期限を改ざん
【生活】	10月28日	大阪の「船場吉兆」が消費期限を偽装

● 特記事項

平和ぼけした「小さな話」にうつるかもしれないが、かつて炭鉱の街として栄えた夕張市が、バブル崩壊などの影響もあって観光業が振るわない中、自転車操業状態から深刻な財政難に陥り、とうとう財政再建団体へと移行したことは、衝撃だった。自治体とはいえ、経営に失敗すれば破綻してしまうのである。

一方、世界に目を向ければ、この年に米国で低所得者層向けに拡大していたサブプライムローンの信用不安により、世界のマーケットが大混乱に陥った。その結果、投資家の多くは「いつか確実に来る株式市場の暴落」に備え、カウントダウンをするようになった。

パワーシフト

ある日突然、なのか①

・バタフライ効果と呼ばれる現象がある。アマゾンで蝶《ちょう》が羽ばたいてできた小さな風が、めぐりめぐって日本に台風をもたらす、そんな発想だ。同様に、2008年に起きたリーマンショックは、株価予想をするプロには1年前からいずれ起きることがわかっていた。リーマンブラザーズの破綻も同様である。ただし、翌年の何月何日なのか、それは誰にもわからなかった。兆しは、そういう構造になっている。

2008（平成20）年

スマホ文化が生まれ、日本のｉモード文化がガラパゴス化に

● 平成データウォッチ

【政治】 首相：福田康夫（自由民主党）➡麻生太郎（同）
【経済】 日経平均：8860円　最低賃金：703円　年労働時間：1836時間
【技術】 パソコン保有世帯：73.1%　インターネット人口：75.3%
【通信】 携帯電話保有：80.4%　スマートフォン保有世帯比率：－%
【国際】 1人当りGDP：403万円（内閣府国民経済、USドル／円為替103円）
【生活】 非正規【男19.1%・女53.6%】1人世帯数：1193万　消費税5%

● 主な出来事

【生活】 1月17日　ゆとり教育転換へ
【生活】 4月1日　「後期高齢者医療制度」スタート
【技術】 7月11日　iPhone日本で発売
【国際】 9月15日　米大手証券会社リーマン・ブラザーズ経営破綻
【社会】 9月24日　麻生太郎内閣発足
【生活】 12月1日　刑事裁判への「被害者参加制度」スタート

● 特記事項

米国では、前年にアップル社iPhoneが発売されていたが、この年、ソフトバンクモバイルが国内で初めてiPhone 3Gの販売をスタートした。渋谷の店舗には3日前から並んだ人まで現れたという。孫正義社長は「パソコンより携帯を使う時代」の到来について述べている。

実際、そのとおりに市場は動いた。iPhoneの使い勝手のよさはイノベーションであり、「デジタル革命のシンボル」となった。そこで問題にしたいのは、なぜ、ジョブズがiPhoneを開発できたかという点。iPhoneが生まれる前、ジョブズは日本に来てソニーの研究所に立ち寄り、タブレットの画面を指でスイスイと操作するインターフェイスを見学している。

パワーシフト

ある日突然、なのか②

・2008年9月、リーマンショックで世界の金融市場は激震に見舞われた。経営者は、自分たちが、もろい地盤の上、液状化している地盤の上に超高層ビルを建築し、それが未来永《えい》劫《ごう》、自分たちの居住空間として機能すると信じ込んで暮らしていた、というあやうい現実を知る。リーマンショックは、金融の垣根を越え、世界はどん底に落ちていった。それは何の兆しだったのだろうか。

2009（平成 21）年

米国初の黒人大統領に期待していた

● 平成データウォッチ

【政治】 首相：麻生太郎（自由民主党）➡鳩山由紀夫（民主党）
【経済】 日経平均：1 万 546 円　最低賃金：713 円　年労働時間：1768 時間
【技術】 パソコン世帯：73.2%　インターネット人口：78.0%
【通信】 携帯電話保有：84.1%　スマートフォン保有世帯比率：−%
【国際】 1 人当り GDP：389 万円（内閣府国民経済、US ドル／円為替 94 円）
【生活】 非正規【男 18.3%・女 53.3%】1 人世帯数：1196 万　消費税 5%

● 主な出来事

【国際】 1 月 20 日　米大統領にオバマ氏就任（民主党）
【経済】 3 月 10 日　日経平均株価終値がバブル崩壊後の最安値更新
【生活】 5 月 15 日　国内で初めて新型インフルエンザの感染者確認
【生活】 5 月 21 日　裁判員制度スタート
【国際】 5 月 25 日　北朝鮮が二度目の地下核実験
【生活】 6 月 26 日　経済格差が学力格差につながる懸念 文部科学白書
【生活】 6 月 30 年　非正規と正規に収入格差 労働経済白書
【社会】 9 月 16 日　鳩山由紀夫内閣発足
【国際】 10 月 9 日　オバマ大統領 ノーベル平和賞
【生活】 10 月 20 日　貧困率を初めて公表 厚生労働省

● 特記事項

米国史上初の黒人大統領が誕生。そのバラク・オバマの選挙運動中のスローガン「YES, WE CAN」は日本でも流行した。

この年の 4 月、メキシコを中心に発生した豚インフルエンザに対して、政府が緊急対策方針を決定。その後、WHO（世界保健機関）が警戒レベルを 4 に引き上げたのを受け、政府は新型インフルエンザの発生を宣言。この段階で未来を見通すことができれば……。

パワーシフト

第 3 の波……パンデミック前夜

・この年に流行した新型インフルエンザによる死者数は、WHOの発表では約1万8500人。ところが、一般には15倍の約28万人が死亡したとみられていた。WHOの把握した死者数は「検査によって新型インフルエンザと確認された数」となる。発展途上国で検査を受けられないまま死亡するケースは含まれない。

2010（平成22）年

GAFAにおびえながら、宇宙に夢を託していた

●平成データウォッチ

【政治】首相：鳩山由紀夫（民主党）➡菅直人（同）
【経済】日経平均：1万229円　最低賃金：730円　年労働時間：1798時間
【技術】パソコン保有世帯：74.6%　インターネット人口：78.2%
【通信】携帯電話保有：87.8%　スマートフォン保有世帯比率：9.7%
【国際】1人当りGDP：394万円（内閣府国民経済、USドル／円為替88円）
【生活】非正規【男18.8%・女53.8%】1人世帯数：1239万　消費税5%

●主な出来事

【技術】	5月28年	アップルの多機能端末「iPad」発売
【社会】	6月8日	菅直人内閣発足
【生活】	6月15日	「仕事を辞める30代女性多い」男女共同参画白書
【社会】	7月11日	第22回参院選 民主敗北「ねじれ国会」に
【国際】	11月28日	ウィキリークス 米外交当局の機密文書を公表開始
【生活】	12月4日	東北新幹線 八戸〜新青森間が開通し全線開通
【技術】	12月24日	モバイル通信LTEサービス開始

●特記事項

平成30年間を振り返るとき、科学技術の進歩により成し遂げられたことには、とても勇気づけられる。小惑星探査機「はやぶさ」が7年間の宇宙の旅を終え帰還し、イトカワから持ち帰ったサンプルを封入したカプセルが地球へと放たれ、南オーストラリアの砂漠に着陸したことには感動があった。ちなみに「はやぶさ」が小惑星イトカワ表面から採取し、地球に届けた試料から2019年に「水」が検出された。小惑星表面に含水鉱物があることは間接的にわかっていたが、表面物質から直接水が検出されたのは、今回が初めて。含有量は予想以上に多く、さらに水の特性は地球のそれと似ていることもわかった。

パワーシフト

第2の波……コトラーの指摘

・2010年、マーケティングの大御所フィリップ・コトラーが「マーケティング3.0」を提唱。1.0は製品中心のマーケティング、2.0は消費者中心であり、3.0は人間中心とされている。人間は単なる消費者ではなく、特別の価値観を持ち、世界の持続可能性を考えた生活を進める存在。企業には、ステークホルダーの共感を得られるような、新たな価値観に基づく経済活動が求められた。

2011（平成23）年

東日本大震災が発生し、日本は非常事態となる

● 平成データウォッチ

【政治】首相：菅直人（民主党）➡野田佳彦（同）
【経済】日経平均：8455円　最低賃金：737円　年労働時間：1789時間
【技術】パソコン保有世帯：76.0%　インターネット人口：79.1%
【通信】携帯電話保有：93.3%　スマートフォン保有世帯比率：29.3%
【国際】1人当りGDP：391万円（内閣府国民経済、USドル／円為替80円）
【生活】非正規【震災年のためデータなし】1人世帯数：1179万　消費税5%

● 主な出来事

【国際】2月14日　日本のGDP世界3位に後退
【技術】2月26日　携帯ゲーム機「ニンテンドー3DS」発売
【社会】3月11日　東日本大震災（東北地方太平洋沖地震）
【生活】3月12日　九州新幹線 博多～新八代間開通し全線開業
【国際】5月1日　国際テロ組織率いるオサマ・ビン・ラディン殺害
【生活】6月14日　生活保護受給者200万人超える59年ぶり
【技術】7月24日　地上テレビアナログ放送終了 デジタル放送移行

● 特記事項

この年はあとあとまで「東日本大震災が発生した年」として記憶されることになる。東北沖でマグニチュード9.0の巨大地震が発生。マグニチュード9.0は日本国内観測史上最大規模、米国地質調査所（USGS）の情報によれば1900年以降、世界でも4番目の規模の地震だった。

東北や関東の沿岸部には高さ10メートル超の津波が押し寄せ、広範囲に甚大な被害を及ぼした。また福島第一原子力発電所では、津波の影響で浸水して停電したことにより原子炉の冷却ができなくなり、メルトダウンが発生。原子力事故に発展した。

パワーシフト

第2の波……関連性に目を向ける

・東日本大震災は、原発のメルトダウンと共に、世界の人々に大きな衝撃を与えた。そこで起きた事象は気候変動とは直接的に関係のない「地震」や「津波」が原因ではあったが、都市文明が崩壊する姿は、のちの地球温暖化による極端気象がもたらす甚大な被害を連想させた。地球そのものを壊し始めていることに、多くの人が気づいたことになる。

2012（平成24）年

この頃からAI（人工知能）が劇的な進化をとげる

● 平成データウォッチ

【政治】首相：野田佳彦（民主党）➡安倍晋三（自由民主党）
【経済】日経平均：1万395円　最低賃金：749円　年労働時間：1808時間
【技術】パソコン保有世帯：77.3%　インターネット人口：79.5%
【通信】携帯電話保有：100.1%　スマートフォン保有世帯比率：49.5%
【国際】1人当りGDP：392万円（内閣府国民経済、USドル／円為替80円）
【生活】非正規【男19.7%・女54.5%】1人世帯数：1216万　消費税5%

● 主な出来事

【技術】	1月14日	永世棋聖がコンピュータ将棋に敗北
【生活】	4月17日	日本の総人口 過去最大の25万9000人減
【生活】	5月22日	「東京スカイツリー」オープン
【生活】	9月14日	100歳以上5万人超 過去最多 厚生労働省まとめ
【経済】	10月1日	「日本郵便」発足 郵便局会社と郵便事業会社が統合
【国際】	11月15日	中国共産党トップの総書記に習近平氏
【技術】	12月8日	任天堂 家庭用ゲーム機「Wii U」発売
【社会】	12月16日	第46回衆院選 自民圧勝 政権奪還
【社会】	12月26日	安倍晋三内閣 再び発足

● 特記事項

京都大学教授の山中伸弥教授がiPS細胞の研究開発に成功したことが評価されノーベル医学・生理学省を受賞した。

11月15日、中国の総書記に習近平が就任。のちに、中国共産党中央委員会は国家主席の任期を「2期10年まで」とする憲法の条文を削除する改正案を発表。この改正で習近平氏は任期が切れる2023年以降も国家主席の座にとどまることができるようになった。のちのちのプーチンのことを考えると、危険な匂いのする改正であった。

パワーシフト

第5の波……生成AIの脅威

・チェスの世界チャンピオンはAIの軍門に下ったが、囲碁・将棋は、平成が続く間は「負けることはない」とみられていた。しかし2012年、将棋の世界に衝撃が走った。人間にかなわないはずのコンピュータソフトが、将棋界のレジェンドの一人、名人経験者で永世棋聖の照合を持つ米長邦雄氏に勝利。この事件を境に、AIは本格的な進化を始めた。

2013（平成25）年

東京オリンピック・パラリンピックが決まって沸いた

● 平成データウォッチ

【政治】首相：安倍晋三（自由民主党）

【経済】日経平均：1万6291円　最低賃金：764円　年労働時間：1792時間

【技術】パソコン保有世帯：78.0%　インターネット人口：82.8%

【通信】携帯電話保有：106.2%　スマートフォン保有世帯比率：62.6%

【国際】1人当りGDP：402万円（内閣府国民経済、USドル／円為替98円）

【生活】非正規【男21.2%・女55.8%】1人世帯数：1329万　消費税5%

● 主な出来事

【国際】	2月12日	北朝鮮が地下核実験
【経済】	3月20日	日銀新総裁に黒田東彦氏就任
【技術】	3月21日	東京メトロ全線でインターネット利用可能に
【経済】	3月30年	将棋現役プロ棋士が初めてAIソフトに負ける
【生活】	5月23日	三浦雄一郎さん世界最高齢80歳エベレスト登頂
【社会】	7月21日	第23回参院選 自民大勝「ねじれ」解消
【生活】	7月25日	日本人の女性の平均寿命が世界1位に
【生活】	8月1日	インターネット依存中高生は推計全国50万人超
【経済】	8月9日	国の借金が初めて1000兆円を超える
【生活】	9月13日	全国100歳以上5万4000人余 過去最多

● 特記事項

この年の9月、「おもてなし」の言葉と共に2020年東京オリンピックの開催が決定。1964年以来、56年ぶりとなる。それがのちにどのような結果につながったのかを知っている今日でも、スポーツの祭典が生み出す感動は、日本国民の一人ひとりに大きな影響を与えてくれた貴重な「成果」だったと思えてくる。

パワーシフト

第3の波……東京オリンピック

・2013年9月、プレゼンで「おもてなし」の文化を語った日本で、オリンピックが開かれることが決まった。2020年の開催だが、私たちは、パンデミックによってオリンピック開催が1年間先延ばしになったことを知っている。しかし、コンサルタントに突き付けられている課題は、2013年の時点で、数年後にそのような事態になることの兆しをなぜ察知できなかったか、ということになる。

2014（平成26）年

消費税が5%から8%になったのはなぜ？

● 平成データウォッチ

【政治】首相：安倍晋三（自由民主党）
【経済】日経平均：1万7451円　最低賃金：780円　年労働時間：1789時間
【技術】パソコン保有世帯：78.7%　インターネット人口：82.8%
【通信】携帯電話保有：112.5%　スマートフォン保有世帯比率：64.2%
【国際】1人当りGDP：411万円（内閣府国民経済、USドル／円為替106円）
【生活】非正規【男21.8%・女56.6%】1人世帯数：1366万　消費税5➡8%

● 主な出来事

【経済】	1月29日	トヨタ 世界初の1000万台 グループ2013年生産台数
【技術】	3月9日	宇宙飛行士の若田光一さんが日本人初の船長に就任
【生活】	4月6日	岩手の三陸鉄道が全線で運転再開
【生活】	4月15日	総人口の4人に1人が65歳以上に 総務省発表
【国際】	6月29日	過激派組織がISが国家樹立を宣言
【社会】	11月16日	沖縄県知事に翁長雄志氏が当選
【経済】	12月3日	はやぶさ2打ち上げ成功

● 特記事項

理化学研究所と米国の研究チームが、マウスの体細胞を利用して、あらゆる細胞に変化できる万能細胞「STAP（Stimulus-Triggered Acquisition of Pluripotency＝刺激惹起性多能性獲得）細胞」についてマスコミで発表。生物学の常識を覆す大発見で、「若返りに使えるのでは」と注目されたが、発表された論文に複数の不正があると指摘され、論文は撤回された。同年12月19日に「様々な検証を進めた結果、STAP現象の確認に至らなかった」として実験は打ち切られた。女性スタッフの上司が自殺し、彼女も失意のまま研究室を去ることになるが、その後もSTAP細胞は見つけられない。

パワーシフト

第3の波……パンデミックと第4の波……ウクライナ問題

・1976年、エボラウイルスは、現在の南スーダンとコンゴ民主共和国で同時発生。2014～16年の西アフリカの流行は最大かつ最も深刻なものとなった。
・2014年2月、ウクライナの政権が崩壊すると、ロシアはウクライナ領土であるクリミア半島に侵攻し、クリミア自治共和国ではロシア編入を問う住民投票を行った。これはロシアによる2022年のウクライナ侵略の前哨戦《ぜんしょうせん》となっている。

2015（平成 27）年

銀座、秋葉原、六本木などがインバウンド（訪日観光の外国人）で大混雑

● 平成データウォッチ

【政治】首相：安倍晋三（自由民主党）

【経済】日経平均：1 万 9034 円　最低賃金：798 円　年労働時間：1784 時間

【技術】パソコン保有世帯：78.0%　インターネット人口：83.0%

【通信】携帯電話保有：119.3%　スマートフォン保有世帯比率：72.0%

【国際】1 人当り GDP：426 万円（内閣府国民経済、US ドル／円為替 121 円）

【生活】非正規【男 21.9%・女 56.4%】1 人世帯数：1352 万　消費税 8%

● 主な出来事

【生活】3 月 14 日　北陸新幹線 長野～金沢間開業

【国際】3 月 20 日　外国人不法残留 22 年ぶりに増加

【生活】5 月 19 日　2015 年春の大卒就職率 96.7%

【生活】7 月 1 日　日本人の人口 27 万人減 最大の減少数に

【経済】7 月 20 日　東芝 不正会計処理問題で第三者委「組織的関与」

【生活】8 月 5 日　フリースクールに 4200 人 文科省初調査

【社会】10 月 13 日　沖縄県知事 辺野古埋め立て承認取り消し正式表明

● 特記事項

技術立国日本が低迷している間に、日本の「観光都市としての魅力」は世界から注目され、訪日観光客、いわゆるインバウンドが拡大。1989（平成元）年に 284 万人だったインバウンドが 1000 万人を超えたのは 2013（平成 25）年。2015（平成 27）年には 1974 万人と、2000 万人に迫る勢いで拡大した。それに伴い、日本の家電や化粧品、薬、ブランド品などを大量に購入する「爆買い」が注目され、この年の流行語大賞にも選ばれた。

観光客増大は地域経済をうるおしたが、オーバーツーリズムが問題になった。

パワーシフト

第 2 の波……SDGs スタート

・この年は、国連が地球規模の課題を共有し、持続可能な世界を目指す SDGs がスタートした年として「歴史年表」に記されている。しかし、何かが始まるということは、その前に長期間の下準備が必要となる。国連は、1980 年代から心配してきた地球温暖化による気候変動対策が、いよいよ「待ったなし」となっている事実に絶望しつつ、宣言したのである。

2016（平成28）年

ポケモンGOが世界的な大ヒットになった

● 平成データウォッチ

【政治】 首相：安倍晋三（自由民主党）
【経済】 日経平均：1万9114円　最低賃金：823円　年労働時間：1782時間
【技術】 パソコン保有世帯：79.1%　インターネット人口：83.5%
【通信】 携帯電話保有：123.1%　スマートフォン保有世帯比率：71.8%
【国際】 1人当りGDP：429万円（内閣府国民経済、USドル／円為替109円）
【生活】 非正規【男22.2%・女56.0%】1人世帯数：1343万　消費税8%

● 主な出来事

【国際】	1月6日	北朝鮮が核実験「初の水爆」
【経済】	1月29日	日銀 マイナス金利導入を決定
【技術】	3月15日	人工知能「AlphaGo」韓国人囲碁棋士を圧倒
【生活】	3月26日	北海道新幹線開業
【国際】	5月9日	「パナマ文書」公表
【生活】	6月29日	65歳以上が総人口の4分の1超に
【技術】	7月22日	スマホ向けゲームアプリ「ポケモンGO」配信開始
【社会】	7月31日	東京都知事選 元防衛相の小池百合子氏が初当選
【社会】	8月8日	天皇陛下お気持ち表明 生前退位のご意向示唆
【生活】	9月16日	世帯間の所得格差 過去最大を更新

● 特記事項

日本には、カップ麺、アニメやゲームなど、世界のトップを走り続けている製品分野がある。そのクオリティと生産体制、独自の文化は世界から羨望の目で見られている。その流れの中で、スマホアプリのポケモンGOが配信スタート。拡張現実（AR）とGPS位置情報を融合させたポケモンGOは、1年後に世界的大ヒットとなった。

パワーシフト

第3の波……エボラウイルス

・前年、2015年1月から半年間、西アフリカでエボラ出血熱が流行し、2万人もの感染者が出た。その翌年、2016年にはケニアのナイロビにおける第43回IPCC総会で、「海洋・雪氷圏に関する特別報告書」の作成を決定。それを受けて、日本でもGHG（温室効果ガス）の削減目標を作成することになる。
・エボラウイルスの脅威とSDGsは、本流で通じていることも自覚できた。

2017（平成29）年

米国でトランプ政権が誕生し、当時の安部首相が駆け付ける

●平成データウォッチ

【政治】首相：安倍晋三（自由民主党）

【経済】日経平均：2万2765円　最低賃金：848円　年労働時間：1781時間

【技術】パソコン保有世帯：76.7%　インターネット人口：80.9%

【通信】携帯電話保有：128.6%　スマートフォン保有世帯比率：75.1%

【国際】1人当りGDP：439万円（内閣府国民経済、USドル／円為替112円）

【生活】非正規【男21.9%・女55.5%】1人世帯数：1361万　消費税8%

●主な出来事

【技術】	3月3日	「ニンテンドースイッチ」発売
【生活】	4月14日	人口6年連続減少 総務省
【生活】	5月4日	子どもの数36年連続減 過去最低更新
【国際】	6月23日	英国国民投票でEU離脱が過半数を超え成立
【社会】	10月22日	第48回衆院選 自民圧勝 与党で3分の2超確保
【国際】	11月9日	米大統領選 トランプ氏当選（共和党）

●特記事項

共和党のドナルド・トランプ氏が第45代大統領に就任。彼の4年間の功罪は多々指摘されているが、「気候変動」について触れておきたい。

トランプ氏は気候変動対策を「金のかかるでたらめ」と呼んだりするが、就任6カ月後に「気候変動への国際的な取り組みを決めた2015年のパリ協定から離脱する」と宣言し、科学界を落胆させた。

パリ協定は2015年12月、地球の気温上昇を産業革命前と比較して2度上昇より「かなり低く」抑え、1.5度未満とするための取り組みを推進すると、気候変動枠組条約の締約国が合意したもの。これまでに200カ国近くが批准している。

パワーシフト

第1の波……本流は変わらない

・米国で起きたDXの波を受け、日本でも2016年からDXの潮流が生まれていた。しかし、経済産業省がDXについての研究を進めたのが2017年、その成果を経済界に知らしめたのが2018年の「2025年の崖」ということになる。

・ここで注目したいことは、すべての事象は「連続」してとらえなければ「兆し」は見えてこない、ということ。点の事象を見ずに線や面でとらえるのである。

2018（平成30）年

日本から世界に通用する経営者が生まれることを信じた

● 平成データウォッチ

【政治】 首相：安倍晋三（自由民主党）
【経済】 日経平均：2万15円　最低賃金：874円　年労働時間：1769時間
【技術】 パソコン保有世帯：78.4%　インターネット人口：79.8%
【通信】 携帯電話保有：133.8%　スマートフォン保有世帯比率：79.2%
【国際】 1人当りGDP：440万円（内閣府国民経済、USドル／円為替110円）
【生活】 非正規【男22.2%・女56.1%】1人世帯数：1413万　消費税8%

● 主な出来事

【生活】	4月3日	「子ども食堂」急増 全国で2000カ所超える
【社会】	6月28年	西日本を中心に全国的に広範囲で記録的な大雨
【社会】	9月30年	沖縄県知事選で前衆院議員の玉城デニー氏初当選
【経済】	10月6日	東京都中央区の築地市場が83年の歴史に幕
【生活】	10月25日	いじめ認知件数41万超 過去最多
【生活】	10月25日	ネットいじめ過去最多
【生活】	10月27日	不登校14万人超 過去最多

● 特記事項

日産の会長カルロス・ゴーンが、2011年3月期から2018年3月期までの8年間の有価証券報告書に、役員報酬を少なく記載し、未記載分は退任後に未払い報酬として受領するつもりだったとしていた行為が「金融商品取引法違反」に当たるとして逮捕された。

日産を経営危機から救った「救世主」であり「名経営者」とたたえられていた人物が、1年余りの間にルノー・日産・三菱自動車のすべての要職から離れ、最後には逃亡者となってしまった事件は、すべての日本の経営者が自分事として顛末《てんまつ》を見守る必要があった。

パワーシフト

すべては関連する

・平成の30年間は、一つひとつの事象を見れば「点」の出来事になる。しかし、どのような事象にも、そこに至る原因がある。その原因を調べていくと、深いところで、大きな潮流に行き当たる。それがDX・SDGs・パンデミック・ウクライナ＆ガザの戦争・生成AIの脅威による潮流となる。コンサルタントは、表層的な分析ではなく、常に潮流を意識して未来予測をしている。

2019（平成31）年

【元 年】日経平均：3万8916円　最低賃金：492円　消費税0➡3%
【31年】日経平均：2万3657円　最低賃金：901円　消費税8%

【元 年】パソコン世帯普及：11.6%　携帯電話保有：　0.2%
【31年】パソコン世帯普及：77.3%　携帯電話保有：139.8%

【元 年】1人当りGDP：338万円（内閣府国民経済、USドル／円為替138円）
【31年】1人当りGDP：442万円（内閣府国民経済、USドル／円為替109円）

【元 年】非正規【男　8.7%・女36.0%】
1人世帯数：　787万　年労働時間：2088h
【31年】非正規【男22.9%・女56.0%】
1人世帯数：1491万　年労働時間：1733h

●特記事項

2019年5月1日午前0時0分、令和の時代が始まった。平成30年間は、日本のみならず世界の構造が激変し、新たなルールが生まれた時代。大手も中小も、変化に対応した企業だけが生き残ることができた。

パワーシフト

ガラパゴスからの脱却

平成の30年間という歴史を象徴するような出来事が、2023年3月に起きた。2015（平成27）年1月に国主導で生まれた有機ELディスプレイメーカー「JOLED」が337億円の負債を抱えて経営破綻したのである。同社は、日本を代表する電機メーカーのソニーとパナソニックが母体。世界市場で巻き返しを図るため、経済産業省とファンドの産業革新機構の主導で世界最高水準の技術の結集を実現したものだ。2015年から8年間で累計1390億円の税金による投融資があったとされた。

なぜ、うまくいかなかったのか。筆者が思うに、それは単純に「平成30年間の最初の10年間にすべきことを、最後の10年間に行ったから」にほかならない。あまりにも動きが遅く、残念ながら世界市場のスピードに追い付けなかった。

Column

中堅・中小企業を支援する方法

エピソードの宝庫

筆者のミッションは、労働人口の8割を占める中堅・中小企業のスタッフが、仕事で幸せになることです。日本の場合、平成30年間、中堅・中小企業は大変厳しい経営環境にありました。そこに、第1章で述べたとおり「DX・SDGs・パンデミック・ウクライナ・生成AI」による激しい潮流が襲いました。

そこで「支援したい」という気持ちが高まってきたのですが、中小経営者にとって毎月5万円の顧問料を支払うのも大変。ここでも発想の転換が必要でした。そこでいろいろと考えた末、中堅・中小企業の社長に取材を申し込みました。そして、教えていただいた体験談から他の中小企業にも応用できそうなコンセプトを抽出し、本にまとめるようになりました。ベストセラーは書けませんでしたが、何冊かロングセラーを世に出すことができたのです。

中堅・中小企業で成功している会社は、エピソードの宝庫でした。何よりもトップの社長が素晴らしい。大手でトップに上り詰めるには類いまれな調整能力が必要ですが、中小で市場に認められるには、類いまれなアントレプレナーシップが必要となります。筆者の場合、調整能力よりアントレプレナーシップに興味があったので、特に中堅・中小企業経営者への取材は、わくわくと感動の連続でした。

日本一楽しい町工場

雑誌取材のあと、数年後、また会いたくなって取材に行くこともありました。

会いたくなる経営者の一人は、群馬県にある有限会社中里スプリング製作所の中里良一社長です。同社は従業員が20名ほどの町工場でしたが、2023年12月現在、全国47都道府県の468市に2310社の顧客がいます。同社はSDGsにもESG経営にも対応。何よりステキなのが、100年企業を目指していることです。

中里社長への初めての取材は20年前、雑誌のトップインタビューでのこと。事業戦略のユニークさと共に「顧客の仕事を断る権利」や「会社の経費でバネをアートにする」など、日本一楽しい町工場を目指す姿勢に感動しました。

その後、10年前にも取材。その際は、技術を活かして遊び心を演出する「ばね鋼房」の見学もさせてもらいました。

バネといえば鉄鋼でできている硬い物ですが、同社では鉄鋼を自在に変形させて仕上げる技術をもとに、ワイヤーを使った文字、パズル、雑貨など、遊び心のある新しいアートを生み出していたのです。10年前にも驚きましたが、2024年1月にいただいた同社の会社案内によれば、インテリアやアクセサリー、店舗ディスプレイにも使える作品まで制作。イメージに合わせたオリジナルアートも手がけています。

※筆者のお気に入りは「知恵の輪」や「書きづらいボールペン」です。

索引
INDEX

■さ行

■あ行

■か行

■な行

■は行

■た行

■や行

■ら行

■わ行

■アルファベット

■ま行

■数字

著者略歴

廣川　州伸（ひろかわ　くにのぶ）
1955年生まれ。東京都立大学（旧）卒業後、マーケティング会社に就職。1998年合資会社コンセプトデザイン研究所を設立。新規事業コンセプト開発を推進。2009年より一般財団法人WNI気象文化創造センター理事。2013年に「謎解きクロス®」を創造。2019年より日本初「パズル小説®作家」となり、一般財団法人地域活性機構の理事を務める。著書は『現代新書・週末作家入門』『ゾウを倒すアリ』（講談社）、『世界のビジネス理論』（実業之日本社）、『仕事でシアワセをつかむ本』（秀和システム）、『なぜ、ヒツジが空を翔べたのか？』（IDP新書）、近著に『AIと共にビジネスを進化させる11の提言』（ごきげんビジネス出版）、『大人のための「寓話」50選』（辰巳出版）、『改革・改善のための戦略デザイン　観光業DX』（秀和システム）など30冊を超える。

本文イラスト　タナカ　ヒデノリ

図《ず》解《かい》入門《にゅうもん》業界《ぎょうかい》研究《けんきゅう》
最新《さいしん》コンサル業界《ぎょうかい》の動向《どうこう》とカラクリがよ～くわかる本《ほん》［第《だい》5版《はん》］

発行日　2024年　3月12日　第1版第1刷

著　者　廣川《ひろかわ》　州伸《くにのぶ》

発行者　斉藤　和邦
発行所　株式会社　秀和システム
〒135-0016
東京都江東区東陽2-4-2　新宮ビル2F
Tel 03-6264-3105（販売）Fax 03-6264-3094
印刷所　三松堂印刷株式会社　Printed in Japan

ISBN978-4-7980-6739-1 C0033

定価はカバーに表示してあります。

乱丁本・落丁本はお取りかえいたします。

本書に関するご質問については、ご質問の内容と住所、氏名、電話番号を明記のうえ、当社編集部宛FAXまたは書面にてお送りください。お電話によるご質問は受け付けておりませんのであらかじめご了承ください。